Le Voyage de Jason

DU MÊME AUTEUR
aux Éditions Albin Michel

LE VOYAGE DU BRENDAN
LE VOYAGE DE SINDBAD

TIM SEVERIN

Le Voyage de Jason

La conquête de la Toison d'Or

Traduit de l'anglais
par Françoise et Guy Casaril

DESSINS PAR TRONDUR PATURSSON
AVEC 77 ILLUSTRATIONS EN COULEURS

Albin Michel

Édition originale anglaise :

THE JASON VOYAGE
Hutchinson & Co (Publishers) LTD

Traduction française :

22, rue Huyghens, 75014 Paris

ISBN 2-226-02847-1

Introduction

> « *Heureux qui comme Ulysse a fait un beau voyage,*
> *Ou comme cestuy-ci qui conquit la Toison...* »
>
> Joachim du BELLAY.

Conduire à la rame et à la voile une galère de vingt avirons de Grèce en Géorgie soviétique, environ mille cinq cents milles nautiques *, ne pouvait être qu'un exploit d'équipe. En tant que capitaine de l'*Argo*, j'estime qu'il n'est pas d'introduction mieux appropriée pour ce récit du Voyage de Jason que la liste des hommes et des femmes qui ont constitué son équipage du vingtième siècle — qu'ils aient parcouru les quinze cents milles, plus les essais et la livraison du bateau à son port de départ, ou bien ramé une seule journée. Ce sont les nouveaux Argonautes.

Principal voyage

Dave Brinicombe : de Volos en Géorgie — *preneur de son*
Miles Clark : de Volos à Istamboul
Jonathan Cloke : d'Armutlu en Géorgie
Peter Dobbs : de Volos à Çanakkalé
John Egan : de Volos en Géorgie (plus essais et livraison) — *photographe*
Richard Hill : de Volos en Géorgie — *opérateur de cinéma*
Nick Hollis : de Volos en Géorgie — *médecin*

* Note : 1 mille nautique égale 1 852 mètres. 1 nœud égale 1 mille à l'heure.

Adam Mackie : de Zonguldak en Géorgie — *médecin*
Peter Moran : de Volos en Géorgie (plus livraison) — *cuisinier*
Seth Mortimer : de Paleo Trikeri en Géorgie — *photographe*
Cormac O'Connor : d'Istamboul en Géorgie
Trondur Patursson : de Volos à Abana (plus livraison) — *artiste peintre*
Tim Readman : de Volos en Géorgie (plus livraison) — *commissaire de bord*
Mark Richards : de Volos en Géorgie (plus essais et livraison) — *maître de nage*
Tim Severin : de Volos en Géorgie (plus essais et livraison) — *capitaine et timonier*
Peter Warren : de Çanakkalé en Géorgie (plus essais et livraison)
Peter Wheeler : de Volos en Géorgie (plus essais et livraison) — *charpentier de marine*

Volontaires grecs

Costas Ficardos (plus livraison)
Élias Psareas
Théodore
Antonis Karagiannis

Volontaires turcs

Ali Uygun
Deniz Demirel
Umur Erozlu
Erzin Yirmibesoglu
Kaan Akça
Mustafa Pikdoken
Husnu Konuk
Ziya Derlen
Yigit Koseoglu
Bulent Doveci
Nurettin Kumru
Ertunc Goksen
Cevdat Tosyali
Mehmet
Yuksel

Volontaires du Bosphore

Ferruh Manau
Taner Tokay
Yunus Yilmaz
Berattin Kokçay

Emir Turgan
Mehmet Yavas
Elfi Cetinkaya
Nejat Akdogan
Mehmet Burckin
Ozgen Korkmazlar
Bulent Tanagan
Engin Cezzar

Volontaires géorgiens

Vladimir Beraija
Jumber Tsomaya
Georgi Topagze
Anatoly Akaev
Leonti Negeftidi
Paata Natsvlishvili
Vladimir Petruk
Givi Tskhomarya
Aivar Strengis
Zurab Tsitskishvili

Équipage des essais

James Neeves
Jason Hicks
Chris Murphy
Chris Bedford
Andy Stirrup
Paul Owers
Chris Burton
Robin Gwynn
Mac Mackenzie
John Woffinden
Robert Hamlin
Jane Townson
Jannet Tjook

Équipage de la livraison

Martin Anketill (plus essais)
Stematis Chrisphatis
David Gilmour (plus essais)
Mike Kerr (plus essais)
Mike Kostopoulos
Clive Raymond (plus essais)
Tom Skudra (plus essais)
Philip Varveris
Tom Vosmer (plus essais)
Ian Whitehead
ainsi que :
Lon Lyddon
Doreen
Ron

Itinéraire de l'ARGO

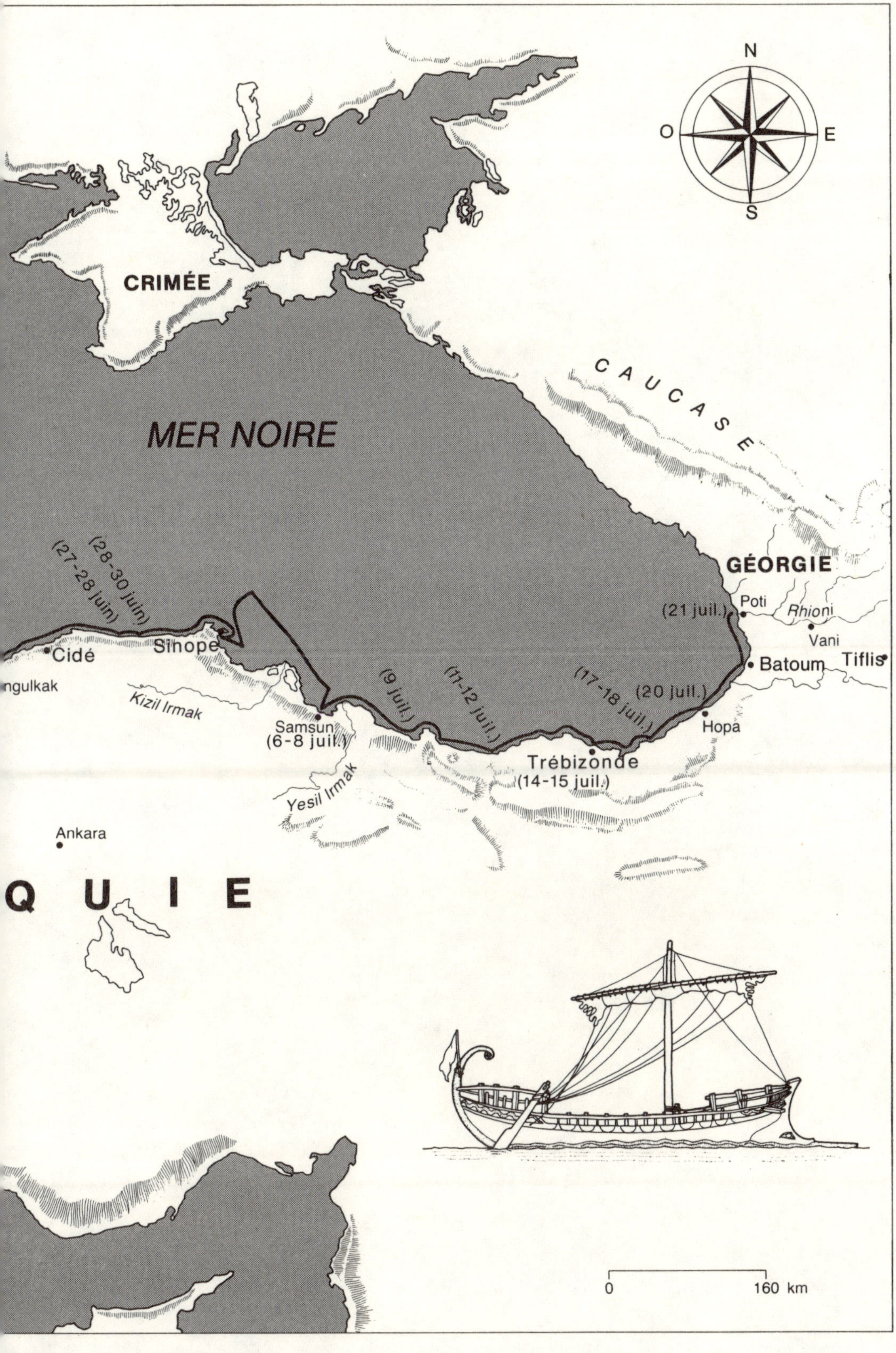

N
O
E
S
CRIMÉE
MER NOIRE
CAUCASE
GÉORGIE
Poti
Rhioni
(21 juil.)
Vani
Batoum
Tiflis
(20 juil.)
Hopa
(17-18 juil.)
Trébizonde
(14-15 juil.)
(11-12 juil.)
(9 juil.)
Samsun
(6-8 juil.)
Yesil Irmak
Kizil Irmak
Sinope
Cidé
ngulkak
(28-30 juin)
(27-28 juin)
Ankara
QUIE
0
160 km

1
Recherches

C'est le roi Péléas qui les envoya. Il avait reçu un oracle qui lui prédisait un sort affreux — la mort par suite des machinations de l'homme qu'il verrait venir de la ville avec un pied nu... La prophétie se confirma bientôt. Jason, en traversant l'Anavros pendant une crue d'hiver, perdit une de ses sandales qui resta dans le lit de la rivière bouillonnante, mais sauva l'autre de la vase, et se présenta peu après au roi. A peine Péléas le vit-il, qu'il songea à l'oracle et décida de l'envoyer dans une périlleuse aventure au-delà des mers. Il espérait qu'au large ou dans les pays étrangers, il surviendrait à Jason tant de mésaventures qu'il ne reverrait jamais sa ville natale.

Ainsi commence la première légende de voyage de la littérature occidentale : l'épopée de Jason et des Argonautes partis à la conquête de la Toison d'Or. Elle retrace l'aventure d'une grande galère, montée par des héros de la Grèce antique, partie vers un pays lointain en direction de l'est. Là, dans les branches d'un chêne, non loin d'un fleuve, se trouvait une Toison sacrée, en or, gardée par un immense serpent. Si les héros parvenaient à rapporter la Toison en Grèce, le prince Jason, l'homme à une seule sandale, reprendrait à son demi-oncle, l'usurpateur

Péléas, le trône dont il était l'héritier légitime. Au cours de leur voyage, raconte la légende, nos héros rencontrent plus d'une aventure : ils accostent dans une île peuplée uniquement de femmes, qui désirent faire d'eux leurs maris ; un chef de tribu barbare les provoque en un combat singulier, dont le perdant mourra sous les coups ; les redoutables Sympligades — les Roches-qui-se-heurtent — leur barrent le passage et ils n'évitent le naufrage que d'un cheveu. Un prophète aveugle, tourmenté par des démons femelles ailés, leur donne des indications précieuses, et quand les Argonautes atteignent enfin le pays lointain, la fille du roi, la princesse Médée, s'éprend de Jason d'un tel amour fou qu'elle trahit sa famille, aide Jason à voler la Toison et s'enfuit avec lui vers la Grèce.

Une légende aussi romanesque ne pouvait que traverser les siècles. Homère rapporte que c'était déjà un « conte sur les lèvres de tous les hommes » quand il a entrepris de composer l'*Odyssée*. Les plus grands poètes grecs, Euripide, Eschyle et Sophocle, s'en sont inspirés dans leurs tragédies. Au troisième siècle avant notre ère, Apollonios de Rhodes, alors directeur de la grande bibliothèque d'Alexandrie, a écrit la version la plus complète qui ait survécu : « Poussé par le dieu du chant, je m'élance, pour commémorer les héros d'autrefois qui ont conduit la bonne nef *Argo* à travers les détroits, dans la mer Noire et entre les Sympligades à la conquête de la Toison d'Or. »

Vingt-deux siècles plus tard, mes compagnons et moi-même nous sommes élancés, nous aussi, pour commémorer ces héros d'autrefois, mais d'une manière différente. Apollonios avait accompagné les Argonautes en poésie, nous espérions les suivre dans la réalité. Nous sommes donc partis à la rame sur la réplique d'une galère de l'époque de Jason, bateau à vingt avirons d'un type datant de trois mille ans, en quête de notre propre Toison d'Or : les faits réels qui sous-tendent la légende des Argonautes. Notre guide ? Un exemplaire des *Argonautiques* d'Apollonios, enveloppé dans plusieurs couches de plastique pour le protéger de la pluie et de l'embrun, à bord d'une embarcation non pontée... Les pessimistes avaient calculé, que sauf vents favorables en chemin, il nous faudrait souquer plus d'un million de coups d'aviron par homme avant d'atteindre notre but.

Notre galère, le nouvel *Argo,* était un ravissement pour les yeux. Les recherches, les plans et la construction avaient exigé de nous trois longues années d'efforts, mais ses lignes élégantes nous récompensaient maintenant de chaque minute passée. Avec ses cinquante-quatre pieds (16,50 m) de long, du bout de sa curieuse étrave en forme de museau jusqu'à la gracieuse pointe de sa queue relevée, il ressemblait plus à un animal marin qu'à un bateau. De chaque côté, les avirons se relevaient puis s'abaissaient comme les pattes d'un insecte géant rampant sur la surface calme des flots bleu foncé de la Grèce. Deux yeux peints lançaient des regards malveillants vers l'avant, au-dessus de l'étrange nez de l'étrave, et tout au bout de cette espèce de bélier, une sorte de poignée fixée pour se hisser à bord respirait comme une narine et ronflait chaque fois que l'eau bouillonnante s'engageait dans l'espace vide.

— Qu'y a-t-il là-bas ? cria soudain quelqu'un, le bras tendu vers le sillage, légèrement par tribord. On dirait l'aileron de quelque chose de gros. Peut-être un requin en maraude.

— Je ne savais pas qu'il y avait des requins en Méditerranée, répondit une voix.

— Qu'est-ce que c'est, Trondur ? lançai-je vers l'avant, de mon poste à la barre. Cela mérite un essai ?

Une sorte de colosse à la barbe en broussaille, assis parmi les rameurs sur les bancs de nage, hocha légèrement la tête. Trondur Patursson, marin émérite et peintre de talent, avait participé à deux de mes expéditions précédentes, et nous nous connaissions si bien qu'il était inutile, entre nous, de gaspiller des mots.

— *Ja !* grogna-t-il, et il se pencha pour prendre une tête de harpon dans son fourre-tout, sous le banc de nage. Puis il se dirigea vers l'étrave de l'*Argo* et, une minute plus tard, la tête de harpon était fixée solidement à sa hampe de bois. Trondur prit position, bien campé sur la proue, l'arme à la main, pareil à Poséidon lui-même.

— Attention, tout le monde, dis-je calmement. Nous allons essayer de prendre ce requin pour la gamelle.

L'équipage se mit à ramer à coups lents, en trempant les pales aussi silencieusement que possible pour ne pas alerter la proie. Plus que jamais, la galère semblait un animal de la mer — un prédateur qui va se jeter sur sa victime.

Je poussai doucement la barre de sorte que le nez de la galère pivote et se dirige vers le triangle noir du grand aileron qui s'enfonçait et se relevait délicatement dans les flots. Le requin ne semblait pas avoir perçu notre présence. Vaguement angoissé, j'essayai de me rappeler les vieilles techniques de chasse à la baleine, dont parlent les livres : valait-il mieux demander à l'équipage de souquer ferme quelques bons coups puis de laisser le bateau courir sur son erre jusqu'au requin ? Ou bien de ramer doucement pendant tout le trajet — pour se glisser subrepticement jusqu'à la victime ? La première solution me parut plus logique.

— Bordée de bâbord, arrêtez... Continuez, tribord.

Les bâbordais soulevèrent leurs avirons hors de l'eau et des gouttes tombèrent des pales sur la surface calme, huileuse, de l'Égée. La bordée de tribord donna cinq coups d'avirons, puis je les arrêtai à leur tour. La galère continua de glisser, silencieuse, en obliquant légèrement vers son objectif. Nous étions presque au-dessus du requin maintenant, je pouvais voir sa forme sous l'eau, grosse masse tachetée de trois mètres de long qui luisait sous les rayons tamisés du soleil. L'animal commença à soupçonner la présence du bateau, car il voulut se détourner. L'ombre de la galère passa sur lui, et il plongea verticalement, vers la sécurité. Au même instant, Trondur lança son arme...

Le harpon s'enfonça dans les flots presque sans bruit puis s'arrêta brusquement. Les deux tiers de sa hampe étaient encore hors de l'eau. La tête barbelée avait été bloquée par la peau du requin — exactement comme par une grume de bois dur. Et l'animal se déchaîna, se tordit, essaya de fuir au milieu des éclaboussures. Trondur saisit la ligne du harpon pour l'empêcher de se dévider, et pendant un instant elle se tendit. Puis le harpon, qui avait disparu, remonta brusquement à la surface et sa hampe flotta sur l'eau. La tête n'avait pas tenu. Trondur, flegmatique, ramena la ligne à bord et nous montra la pointe de métal. L'impact avait tordu la tête du harpon presque à angle droit : on aurait dit le crochet d'un grappin !

— Raté ! dit Trondur en secouant sa tête hirsute. Il faut lancer vertical.

D'un geste il nous montra qu'il avait lancé trop à plat. Pour percer suffisamment la peau dure du requin, le harpon aurait dû frapper perpendiculairement.

— Adieu notre petit déjeuner, annonça Peter Dobbs. La chair du requin est excellente, frite aux petits oignons.

Peter, Trondur et deux autres membres de l'équipage de la galère — notre médecin Nick Hollis et le commissaire du bord Tim Readman — n'étaient pas des novices dans ce genre de voyage. Ils m'avaient accompagné de Mascate, en Oman, jusqu'à Canton, en Chine : huit mille milles nautiques sur une réplique de navire marchand arabe du huitième siècle de notre ère. Au cours de cette traversée de sept mois pour vérifier les origines de la légende de Sindbad le Marin, les matelots omanis de notre équipage nous avaient enseigné les meilleures recettes pour accommoder le requin et varier un peu le régime du bord. Naturellement, au moment de choisir l'équipage de cette galère partie sur les traces de Jason et des Argonautes, j'avais pris contact avec mes anciens camarades. Aussitôt, Tim et Peter avaient demandé des congés à leurs employeurs. Nick s'était arrangé avec sa clinique pour avoir l'été libre ; et Trondur, qui vivait dans les îles Féroé, où il exerce son art de peintre et de sculpteur, n'eut qu'à garnir son sac à dos de ses pinceaux et de ses crayons et à gagner la Grèce — sans oublier ses hameçons et ses têtes de harpon.

Il y trouva deux hommes qui avaient participé à la construction de la galère. Peter Wheeler, ingénieur anglais de vingt-trois ans, le charpentier de notre équipage ; et John Egan, du comté de Mayo, en Irlande, l'homme à tout faire du chantier naval avant de devenir l'un des deux photographes de l'expédition. L'autre photographe, Seth Mortimer, arriva à la dernière minute et ne fut pas peu surpris quand il posa les yeux pour la première fois sur le maître de nage du bateau, qui avait pour tâche d'apprendre aux novices comment on tient un aviron. Le « maître » Mark Richards s'était complètement rasé le crâne, et ses années d'aviron, au niveau de la compétition, avaient tellement développé ses muscles qu'il arborait un torse de lutteur de foire. Avec son crâne luisant et ses biceps de colosse, on l'aurait pris pour un contremaître d'esclaves dans un vieux film d'Hollywood. Nul ne pouvait soupçonner en le voyant qu'il avait fait des études classiques à l'université d'Oxford, et lisait couramment le latin et le grec. Personne ne pouvait m'aider mieux que lui à démêler les pièges du texte grec des *Argonautiques.*

A côté de Mark, sur le même banc de nage, se trouvait un de ses anciens rivaux, Miles Clark, qui avait ramé dans l'équipe de

Miles

Cambridge pour la course célèbre, et derrière eux, tout à l'avant, s'affairait l'homme le plus important de l'équipage : Peter Moran, notre cuisinier. Après cinq années de formation dans une école supérieure hôtelière, il avait désiré un dépaysement total avant de revêtir le smoking noir qui sert d'uniforme à sa profession. Il ne chômait guère ! Torse nu, en sueur, avec des taches de graisse jusque sur son visage réjoui, il régnait sur une minuscule cambuse de deux mètres carrés, juste sous l'étrave. Il n'avait qu'un réchaud à alcool pour satisfaire les estomacs exigeants de vingt galériens toujours affamés, mais cette perspective ne le troublait nullement.

— S'ils m'aident à préparer les légumes et à tout nettoyer après, nous nous entendrons à merveille, me dit-il. Mais je vous avertis, que personne ne rôde autour des provisions. Sinon ils pilleront tout et il ne nous restera rien.

Chaque fois que je posais les yeux sur cet équipage de vrais gaillards, j'étais tenté de le comparer aux héros du légendaire *Argo* pendant son voyage à la conquête de la Toison d'Or. La liste des Argonautes diffère d'un texte à l'autre, car presque chaque cité de la Grèce classique a revendiqué après coup l'honneur d'avoir donné un de ses fils à l'équipage de Jason. Le rôle final du bateau ressemble à l'énumération de toutes les grandes provinces et villes hellènes, mais certains personnages ressortent avec plus de relief.

Jason avait pris pour timonier Tiphys, « marin expérimenté capable de sentir monter la houle en haute mer, et d'apprendre du soleil et des étoiles quand se préparaient des tempêtes ou quand une nef pouvait faire voile ». La vigie était Lyncée à l'œil perçant, qui voyait plus loin et plus clair que tout homme sur Terre. Le charpentier, maître artisan responsable de la construction du premier *Argo,* « la plus belle de toutes les nefs ayant bravé la mer avec des rames », n'était autre qu'Argos. Le coureur le plus rapide du monde, Euphème de Ténare, se trouvait également à bord. On disait qu'il pouvait courir sur les flots houleux de la mer grise sans se mouiller les pieds. Il y avait encore les jumeaux Castor et Pollux — le premier, génie de l'équitation, et le second, champion de boxe de Grèce, talent utile pour sauver l'équipage de la mort au cours du voyage. Deux autres Argonautes, Mopsos et Idmon, étaient des devins, capables de lire les augures, de prédire l'avenir et de traduire les cris des oiseaux. Calaïs et Zétès, fils de Borée, le vent du nord, avaient hérité de leur père le pouvoir de voler dans les airs. Quant au puissant Ancée, vêtu d'une peau d'ours, c'était un rameur si phénoménal qu'il avait, avec son aviron, autant de puissance de nage que l'homme le plus fort dont les pas aient foulé la Terre : Hercule lui-même.

Quand et comment Hercule se joignit aux Argonautes dépend de la version de la légende, et la durée de son séjour avec l'expédition n'est pas clairement définie, comme nous le verrons. Mais les Anciens jugeaient inconcevable que le grand héros Hercule n'eût pas pris part à la conquête de la Toison d'Or, et ils lui avaient donc réservé une place dans l'aventure. De même, à l'époque où son culte devint très populaire, Orphée, le chantre mythique de Thrace, se vit attribuer un rôle important dans le projet. Il distrayait les rameurs en jouant de sa lyre ; sa musique calmait les tempêtes et apaisait les Argonautes quand ils se querellaient ; enfin les échos charmeurs de ses chants faisaient monter les poissons à la surface de la mer, où ils dansaient dans le sillage de la galère.

La légende de Jason et la conquête de la Toison d'Or exerçaient sur moi, depuis fort longtemps, une sorte de fascination. Comme la plupart des gens, j'avais découvert Jason à l'école, dans une anthologie de légendes grecques, entre les aventures de Thésée et du Minotaure, les Travaux d'Hercule et tous les récits passionnants de la vie des dieux sur l'Olympe et de leurs interventions dans les existences des hommes et des femmes du monde grec antique. Plus tard, en tant qu'historien de l'exploration, intéressé par la place occupée par les grands voyages dans la littérature, j'ai compris à quel point la légende de Jason est importante. Elle occupe une place unique dans les lettres occidentales : c'est la première épopée de voyage qui soit parvenue jusqu'à nous. Elle se situe avant même l'*Odyssée* d'Homère et — pour des raisons que je devais apprendre bien plus tard — la saga des Argonautes relate des événements qui ont apparemment eu lieu à la fin de l'Âge du Bronze, au treizième siècle avant notre ère. Le bateau qui a emmené les héros, l'immortel *Argo,* est la première embarcation de l'histoire dont le nom a été conservé. Aux yeux d'un marin, c'est extrêmement important : pour la première fois, un bateau n'est pas seulement un objet flottant inanimé, un véhicule anonyme. L'*Argo* est un bateau qui porte un nom, et donc identifiable, doté d'une personnalité à lui. Dans les anciennes versions de la légende, l'*Argo* pouvait parler avec une voix humaine. Le nom même d'Argonautes, donné à l'équipage, provient du nom du bateau. Dans notre monde moderne habitué à entendre parler d'astronautes, de cosmonautes et même d'aquanautes, il n'est pas inutile de rappeler que les Argonautes ont été les premiers aventuriers d'une lointaine épopée.

L'histoire et la littérature de la Grèce antique ont attiré depuis des générations de nombreux érudits. Était-il possible, me demandai-je, qu'ils n'aient pas tout appris sur un voyage aussi important ? N'était-il pas impudent de ma part, de réexaminer des textes qu'un si grand nombre de professeurs célèbres avaient étudiés pendant tellement d'années à la lueur de connaissances encyclopédiques ? Restait aussi la question de l'âge même de la légende des Argonautes. En théorie, le voyage avait eu lieu à une époque si reculée qu'on ne pourrait sans doute trouver aucune preuve permettant de retracer son itinéraire. Pourtant, en relisant les *Argonautiques,* je m'aperçus que personne n'avait sérieusement contesté la géographie de la légende. Les opinions autorisées concordaient : l'*Argo* était parti du nord de la Grèce et s'était rendu au fond de la mer Noire, vers l'est, dans ce que l'on appelait à l'époque la Colchide — aujourd'hui la Géorgie soviétique.

Mais l'accord des érudits s'arrêtait là. Certains voyaient dans le récit une œuvre de pure imagination, un mythe intéressant inventé pour amuser le public. D'autres estimaient que la légende relatait peut-être un événement réel de l'Âge du

Bronze — mais les rajouts des siècles successifs l'avaient beaucoup trop modifiée pour qu'on puisse remonter à la source. Certains critiques faisaient observer que si Jason et son voyage sont cités en passant ici et là, dès l'époque homérique, la première version complète de l'histoire n'a pas été écrite avant le milieu de troisième siècle avant notre ère, presque mille ans après l'événement qu'elle décrit.

Selon une autre école de pensée, le voyage était matériellement impossible. Ces critiques estimaient qu'aucune embarcation de l'Âge du Bronze n'aurait pu survivre aux mille cinq cents milles nautiques de navigation côtière que suppose une traversée de Grèce en Colchide. Les bateaux primitifs auraient fait naufrage ou se seraient brisés. Après tout, il n'était guère croyable qu'une embarcation de cette époque ait pu franchir le détroit du Bosphore pour entrer dans la mer Noire. Selon les tenants de cette conception, les courants contraires du Bosphore seraient beaucoup trop violents pour que la galère de Jason ait pu les remonter. Il aurait fallu un bâtiment d'au moins cinquante avirons, avec deux rangées de bancs de nage superposés, pour vaincre le Bosphore à la rame, or les historiens de la marine n'ont aucun indice de l'existence d'un navire de ce type et de cette puissance avant la fin du huitième siècle avant notre ère. Et comme preuve supplémentaire, ces critiques faisaient observer que l'invention de ces bateaux avait provoqué une expansion spectaculaire du commerce grec dans la mer Noire, et la fondation de nombreuses colonies hellènes sur ses côtes. La légende des Argonautes, prétendaient-ils, était antidatée. Jamais Jason et ses hommes n'étaient allés jusqu'en Colchide, ni d'ailleurs plus loin que le site actuel d'Istanbul, sur le Bosphore. Tout le monde cependant ne se montrait pas aussi catégorique pour éliminer de la légende tout fondement de vérité. Le *Dictionnaire Classique d'Oxford,* qui fait toujours autorité, indique à l'article *Argonautes,* « une des plus anciennes légendes grecques, basée peut-être à l'origine sur un exploit réel ».

Mais le voyage de Jason était-il un « exploit réel » ? Le seul moyen de régler la question, au moins pour les principaux sceptiques, était de construire un bateau de l'époque, d'essayer de lui faire remonter le Bosphore à la rame contre le courant, puis de gagner la Géorgie soviétique.

Avant même d'envisager une expérience de ce genre, encore fallait-il que je vérifie la valeur du texte de base, les *Argonautiques* d'Apollonios. Je fus rassuré très vite. Leur auteur n'était pas un plaisantin, au contraire. Apollonios de Rhodes passait pour l'un des esprits les plus éminents de son temps. Les Ptolémées avaient choisi cet ancien disciple du grand Callimaque comme précepteur royal et l'avaient nommé à un poste prestigieux : directeur de la Bibliothèque d'Alexandrie. Il avait donc un accès direct au plus vaste dépôt de science et de sagesse de toute l'Antiquité, à la plus importante collection de parchemins et d'archives. Nous savons aussi que ses collègues passèrent ses *Argonautiques* au crible de leur érudition et ne manquèrent pas de corriger les erreurs et de relever les manques. Il est précisé, en effet, qu'Apollonios écrivit d'abord une version beaucoup plus longue de son épopée, mais les critiques s'acharnèrent tellement sur cette œuvre qu'il quitta Alexandrie et passa plusieurs années à remodeler et raccourcir son texte. La communauté académique de l'époque accepta cette version révisée, et même si ses critères de valeur étaient différents de ceux de l'âge moderne, nous ne saurions douter que les *Argonautiques* d'Apollonios en notre possession représentent un texte d'érudition composé par un homme d'une culture hors pair, qui a utilisé pour raconter l'aventure de Jason et des Argonautes les meilleures sources existant de son temps.

A supposer donc que ce texte écrit fournisse une base saine pour une nouvelle expédition des Argonautes, que savait-on de concret sur les bateaux de l'époque ? Surtout, était-il possible de réunir assez de données pour reconstruire une embarcation du treizième siècle avant Jésus-Christ qui fût du type de l'*Argo* ? De toute évidence, il existait à la fin de l'Âge du Bronze, dans la Méditerranée orientale, différentes sortes de navires : des bateaux de fret, des bateaux de cabotage, des bateaux pour naviguer à Chypre et dans le Levant, d'autres pour les eaux de la Crète et de la Grèce continentale, des bateaux à rames, des bateaux à voile, des vaisseaux de guerre. Et sans doute trouvait-on des variantes régionales et locales de chaque type, selon le chantier de construction et l'utilisation prévue. Le bateau de Jason, selon toutes les sources, était une galère, choix sans doute logique pour un bâtiment destiné à une expédition amenée à se défendre en territoire hostile. Seule une galère pourrait embarquer suffisamment de combattants pour lancer un assaut vainqueur si le gardien de la Toison d'Or, le roi de Colchide, refusait de la remettre de bon gré.

Depuis une vingtaine d'années les recherches historiques sur la marine antique ont amassé un énorme corpus de connaissances sur les premiers bateaux grecs, et tout indique que la galère grecque n'a pas été une invention soudaine. Comme le « grand canot », des Vikings, la galère grecque a évolué lentement au cours des siècles. Nous pouvons aujourd'hui remonter la lignée des bateaux vikings, qui ressemblent à certains égards aux galères de Méditerranée, sur une période de mille trois cents ans ; or les modifications de la ligne et des méthodes de construction se sont avérées vraiment très graduelles. Il y a toute raison de supposer que la galère grecque a évolué selon le même processus conservateur. En réunissant toutes les preuves, j'espérais donc parvenir à un vaisseau représentatif de l'époque de Jason : une galère de la fin de l'Âge du Bronze.

Selon les *Argonautiques*, le bateau de Jason avait été construit spécialement sur une plage voisine de la ville d'Iolchos — aujourd'hui Volos — capitale de la famille royale de Jason. Et je bénéficiai alors d'un véritable coup de chance : je découvris que la première représentation d'une galère grecque qui ait survécu, peinte sur des tessons de poterie ancienne, avait été trouvée sur le site archéologique de Volos. Les tessons étaient petits et en miettes, mais les archéologues grecs qui les avaient recueillis avaient pu les réunir comme les pièces d'un puzzle et combler les manques pour reconstituer l'image d'un bateau. Ce n'était qu'une petite esquisse modeste, mais d'une importance indéniable car elle révélait que dès le seizième siècle avant notre ère — date des tessons, soit plusieurs siècles avant l'époque de Jason — des bateaux grecs comportaient déjà plusieurs traits caractéristiques : le bec en forme de bélier, la poupe relevée et l'aviron latéral en guise de gouvernail. Des représentations plus tardives, entre le septième et le quatrième siècle av. J.-C., fournissaient bien entendu beaucoup plus de détails techniques, et notamment la façon dont les voiles étaient gréées et manipulées.

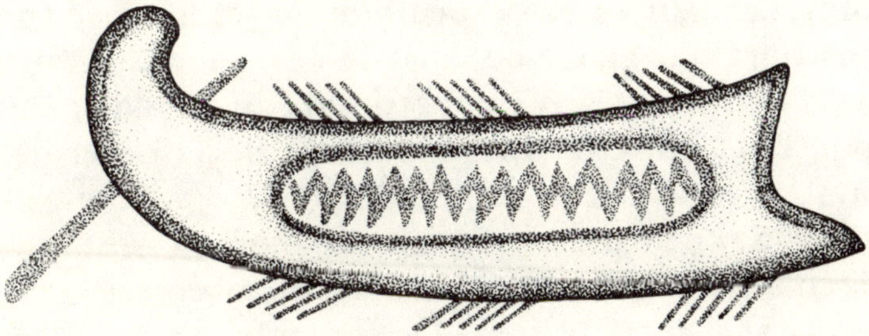

Le bateau de « Volos », vers 1600 av. J.-C.

Mais de quelles dimensions devait être une galère ? L'*Argo* de Jason passait pour le plus grand et le plus splendide bateau de son temps, mais ses dimensions ne sont jamais précisées. A bord, selon les différents récits, se trouvaient de trente à cinquante hommes, peut-être davantage, mais tous n'étaient pas forcément des rameurs. Les premiers bateaux à rames grecs ne se mesuraient pas à la longueur mais au nombre d'avirons. Dans les poèmes homériques, on en rencontre de trois types : les galères à vingt, trente et cinquante rames. Je me rendis compte tout de suite que construire une galère de cinquante rames serait impossible. Jamais je n'aurais les moyens de m'offrir un aussi grand vaisseau, et où trouverais-je cinquante hommes pour le faire naviguer ? D'un autre côté, si une expédition au royaume de la Toison d'Or réussissait avec le bateau de la plus petite taille — et notamment la remontée du

Bosphore à la rame —, mon expérience n'en serait que plus convaincante. S'il était possible de gagner la Géorgie soviétique avec une galère de vingt rameurs, l'entreprise aurait été beaucoup plus aisée pour Jason sur un bateau plus grand. De toute évidence, je ne pouvais choisir qu'une modeste galère de vingt rameurs. Cette dimension revient d'ailleurs sans cesse dans les textes les plus anciens : le vingt rames était la « bonne à tout faire » des premières flottes hellènes, il servait d'éclaireur, d'escorte et de courrier. Par exemple, ce fut dans une galère à vingt rameurs que Télémaque, le fils d'Ulysse, partit chercher des nouvelles de son père absent, chez le roi de Pylos — une génération seulement après l'expédition de Jason. Si je parvenais à construire une galère de vingt rames, j'aurais un bateau représentatif de l'époque. A son bord, un équipage de rameurs résolus pourrait peut-être suivre le sillage de Jason et de ses Argonautes.

Je savais à qui demander les plans de mon vaisseau. Colin Mudie, architecte de construction navale, avait déjà dessiné deux bateaux anciens pour moi. De ses tables à dessin étaient sorties les spécifications techniques du *Sohar,* navire marchand arabe du huitième siècle aux plats-bords littéralement cousus avec sept cents kilomètres de corde de coco — à son bord, nous avions refait le voyage de Sindbad le Marin. Auparavant, en 1976-1977, le talent de Colin avait conçu les spécifications du *Brendan,* bateau de cuir, recouvert de peaux de vache, dans lequel j'avais effectué avec trois compagnons la périlleuse traversée de l'Atlantique nord, par l'Islande, pour vérifier si des moines irlandais avaient bien pu atteindre le Nouveau Monde presque mille ans avant Christophe Colomb.

Quand je téléphonai à Colin pour lui annoncer que j'envisageais de reconstruire une galère de la Grèce antique, il ne parut pas surpris le moins du monde : « Viens donc me voir, répondit-il, nous en discuterons. » Une semaine plus tard, dans son bureau, je lui exposai dans ses grandes lignes mon projet « argonautique », conscient de lui poser un problème d'une complexité presque insoluble. Pour transformer mon chaos de données en une forme de bateau « possible », Colin me fit subir un contre-interrogatoire serré. Combien d'hommes aurais-je à bord et pour combien de temps ? Passeraient-ils la nuit en mer ou bien accosterions-nous chaque soir au coucher du soleil ? Si c'était le cas, comment se présenteraient les plages où nous nous échouerions ? Quelle serait leur pente ? A quelle saison de l'année ferions-nous le voyage ? Quel bois utilisaient les Anciens pour leurs constructions navales, et en trouvait-on encore ? Si oui, en quelle longueur et en quelle qualité ? Quelle proportion du voyage espérais-je faire à la voile par rapport à la rame ?

Je répondis de mon mieux à ce tir de barrage, tandis que la plume de Colin naviguait sur son bloc-notes. Je devinai, au feu serré de ses questions, que c'était le genre de projet auquel sa femme Rosemary et lui adorent se consacrer pour rompre la routine de leur travail normal. Tout ce qui m'avait échappé au cours de mes recherches, Colin et Rosemary le dénicheraient dans leurs dossiers, et appliqueraient le mélange fécond d'érudition et d'habileté pratique qui demeure la marque de tout ce qu'ils font. La plume de Colin, qui prenait pour l'instant des notes, ferait bientôt de petites esquisses, puis des dessins préliminaires, et enfin les plans techniques d'une galère de vingt rameurs — comblant ainsi un fossé de trois millénaires. Quand je quittai leur maison, j'avais déjà abordé grâce à eux une pléiade de sujets plus mystérieux les uns que les autres : pourquoi les premiers Grecs divisaient la coudée olympique en vingt-quatre doigts ; quelle distance un homme, muni d'un poids déterminé, peut-il franchir en ramant constamment pendant huit heures d'affilée ; et comment les anciens constructeurs navals grecs « préformaient » leur bois en faisant ployer des arbres vivants dont ils fixaient la cime au sol avec des cordes pour qu'ils poussent selon la courbe requise. Les entretiens avec Colin et Rosemary étaient toujours passionnants, et la rapidité avec laquelle Colin me remit une étude préliminaire me révéla à quel point les problèmes de l'*Argo* l'intriguaient.

— Cela s'annonce vraiment très bien, me dit-il quand il me

rappela au téléphone. Tout semble concorder. Une solution conduit logiquement à la suivante.

— Mais la construction elle-même ? demandai-je un peu nerveux. Le bateau sera-t-il facile à construire ?

— Tout dépendra du chantier que tu trouveras. L'*Argo* sera le plus élaboré de tes trois bateaux historiques. Mais d'un autre côté, ajouta-t-il en riant, plus un bateau est difficile à construire, mieux il navigue une fois à la mer... en général !

Deux semaines plus tard, je reçus un dessin de mon nouveau bateau. « Galère de 20 rameurs pour M. Tim Severin », disait le titre encadré. « Étude préliminaire. Dessin n° 365-1. » Sur une plage en pente douce, une galère de 54 pieds (16,46 m) large de 9 pieds 4 pouces (2,84 m) avec des bancs pour vingt rameurs. La cocarde que Colin avait dessinée au-dessus du nez en bélier lui donnait un air vraiment effronté.

— Montre ce dessin à ton constructeur, et vois ce qu'il en dira, me répondit Colin quand je le félicitai. Ensuite, nous songerons aux modifications qu'il jugera nécessaire.

L'ennui, c'est que je n'avais pas encore trouvé de constructeur valable, ni n'avais la moindre idée de l'endroit où chercher. Naturellement, je voulais construire le bateau en Grèce. Mais rares sont les chantiers navals habitués à construire des galères de la fin de l'Âge du Bronze ! Il faudrait que je mette la main sur un homme très spécial. Et tout d'abord, à qui pourrais-je m'adresser dans cette recherche ? Qui pourrait m'orienter sur la bonne voie, en Grèce, me conseiller dans le choix d'un chantier traditionnel possédant les compétences et l'imagination nécessaires ? Qui m'assisterait dans les négociations et m'indiquerait les filières ? Sans parler de la nécessité de posséder un vocabulaire complet, grec et anglais, des termes de marine.

Où donc dénicher cet oiseau rare ? Plein d'optimisme, je décidai que le meilleur endroit pour commencer mon enquête serait le Salon Nautique annuel de Londres, au lendemain de Noël : il y a toujours parmi les exposants des sociétés de location de yachts pour vacances d'été dans les eaux hellènes.

En posant des questions à droite et à gauche, peut-être pourrais-je glaner le nom d'un patron de yacht ou d'un amateur de voile connaissant suffisamment les chantiers navals grecs pour me conseiller.

Je ne m'attendais certes pas à trouver l'oiseau rare en personne au Salon Nautique. Mais au premier stand de loueur, quand j'expliquai mon problème, le visage de la réceptionniste s'épanouit aussitôt.

— Oh, pourquoi ne demandez-vous pas à John Vas ?

— John qui ?

— Je ne connais pas son vrai nom. C'est assez difficile à prononcer, alors tout le monde l'appelle simplement John Vas. C'est plus court. Il habite Athènes et nous aide pour tous les problèmes de location sur place. Il vient toujours à Londres pour le Salon Nautique. Il est ici. Je l'ai vu il y a quelques minutes, près du stand. Attendez-moi, je vais essayer de le trouver.

Cinq minutes plus tard, elle me présentait à un sexagénaire de grande taille, à l'air très austère, qui parlait un anglais impeccable d'une voix grave, pleine d'autorité. En fait, avec son blazer bleu marine, son pantalon de flanelle grise, ses chaussures de yachting et son foulard, John Vasmadjidès aurait pu passer pour un Anglais. Il avait travaillé trente-deux ans pour British Airways à l'aéroport d'Athènes, et terminé sa carrière comme chef d'escale. Il venait de prendre sa retraite pour se consacrer à sa vraie passion : la voile et tout ce qui touche à la mer. Je supposais qu'au cours de sa longue carrière professionnelle il avait affronté toutes sortes de crises — des voyageurs furieux ou bouleversés d'avoir manqué leur vol, égaré leurs bagages ou perdu leur billet, sans parler des détournements d'avions. Dans ces situations, John Vas devait se montrer olympien. Jamais je n'avais rencontré un homme ayant une influence plus apaisante sur son entourage. Cela tenait en partie à sa masse, car John était un personnage imposant, mais aussi à son attitude, prudente et résolue. Pour John, aucun problème ne s'avérait insoluble, aucun récit trop long à entendre, aucune crise trop délicate à résoudre. Sa lenteur apparente était complètement trompeuse. Il faisait tout très vite, en mettant à contribution un vaste réseau d'amis et une énorme réserve d'expérience.

Dès ma première conversation avec lui, j'eus l'impression que John connaissait tous les constructeurs, les voiliers, les fournisseurs et les capitaines de port de Grèce — ou avait en tout cas un moyen de les contacter. Il m'offrit aussitôt son aide. Je pourrais m'adresser à lui dès mon arrivée en Grèce à la recherche de chantiers, et il me conseillerait. Pendant les dix-huit mois d'activité frénétique qui suivirent, pour construire et essayer la réplique d'une galère d'il y a trois mille ans en une véritable course contre la montre, John joua un rôle essentiel. Grâce à son don de démêler les difficultés, sa gentillesse et sa patience avunculaires, il reçut sur notre projet le surnom d'Oncle John. Quand un membre de l'équipe avait le moindre problème en Grèce ou sollicitait un conseil, la réaction naturelle était toujours : « Pourquoi ne t'adresses-tu pas à Oncle John ? Il pourra sûrement t'aider. »

Un mois plus tard, armé d'une carte routière de la Grèce et d'une copie du dessin de ma galère, je louai une voiture pour me rendre dans les chantiers navals traditionnels qu'Oncle John m'avait suggérés. Il faisait un froid vif, la chaîne de montagne centrale était enneigée et mes recherches devinrent vite désespérées. En effet, la liste de chantiers possibles, dressée par Oncle John, se réduisait à presque rien, et les endroits semblaient plus éloignés les uns des autres qu'il était géographiquement possible autour de la péninsule grecque. Pendant des heures et des heures je suivais de petites routes secondaires qui dégénéraient en pistes couvertes d'ornières et de nids-de-poule, pour se terminer sur quelque grève glaciale, parsemée de carcasses pourrissantes et de bateaux abandonnés, remontés loin de l'eau pour la durée de l'hiver. J'appris vite que seul le patron du chantier était qualifié pour répondre à mes questions et que les compagnons, intimidés, détournaient systématiquement la tête à l'arrivée d'un inconnu. Ou bien le patron était absent, ou bien il se trouvait à moitié enterré dans les entrailles d'un bateau en réparation ; dans ce dernier cas, il n'appréciait guère qu'un étranger l'interrompe pour lui parler d'absurdités comme la construction d'une galère antique. Même si je parvenais à convaincre le brave homme de ramper hors de sa cale pour écouter ma proposition, la conversation se poursuivait en général à deux mètres d'une scie à ruban, dont la plainte suraiguë rendait toute discussion à peu près impossible, surtout dans un mélange inextricable de grec et d'anglais, ponctué par les interjections déconcertées et déconcertantes des badauds.

Je fis ainsi le tour d'une douzaine de chantiers de villages, d'un bout à l'autre de la Grèce continentale et dans les îles voisines, sans la moindre lueur d'espoir. Oncle John m'accompagna même dans les vastes chantiers navals du Pirée où, contre toute attente, survivaient encore deux constructeurs de bateaux de bois. Leurs ateliers étaient pris en sandwich entre les masses énormes de navires condamnés, en cours de démolition, au milieu d'une cacophonie de coups de marteau, parmi les sifflements aigus des chalumeaux à découper. Tout ce que je voyais m'indiquait que la construction navale traditionnelle en Grèce était sur le point de mourir. On construisait encore de petits bateaux de pêche, mais ils sortaient en général des mains des pêcheurs eux-mêmes ou bien des charpentiers amateurs. Il ne restait qu'une poignée de constructeurs professionnels travaillant le bois à temps plein. Et dans tous ces chantiers, on se bornait à effectuer des réparations, jamais on ne construisait de bateau neuf. J'entendais toujours les mêmes raisons — manque de bois de qualité, absence de demande pour des bateaux traditionnels, ouvriers à la retraite ou attirés par de meilleurs emplois. Il m'arrivait de déplier le dessin de ma galère à l'allure fière et de demander si un bateau de ce genre pourrait être construit. La réaction était une incrédulité narquoise ou une stupéfaction absolue. Pourquoi diable avais-je envie d'un bateau d'allure aussi insolite ? Était-ce lié au tourisme ? demandaient les plus malins. Quand j'évoquais l'éventualité de partir en mer Noire, sans moteur, tous secouaient la tête. Quelle idée folle ! Et dans quel but ? Il faudrait que je dépense une fortune pour payer les rameurs...

Je ne rencontrai un peu de compréhension que près de Volos même, à l'endroit où l'*Argo* de Jason avait été construit, avec le bois du mont Pélion qui domine la ville. Un charpentier naval jeta un coup d'œil au dessin et lança le plus naturellement du monde : « Oh ! Vous voulez construire l'*Argo* ! » Comme si je lui parlais d'un youyou banal. Par bonheur, il comprenait un peu l'allemand et je pus lui expliquer la taille de ma galère et quelques détails de sa construction. Mais quand je lui demandai si son chantier pourrait entreprendre le travail, il m'exprima ses regrets : trouver le bois adapté serait très difficile, et jamais il ne parviendrait à recruter assez de charpentiers compétents pour terminer dans les délais, d'autant qu'il était impossible de calculer à l'avance le nombre d'heures de travail nécessaires pour une commande aussi inhabituelle. Comme la plupart des autres patrons de chantiers traditionnels, il se consacrait surtout à la réparation de bateaux de bois, pas à la construction.

Assez abattu, je rentrai à Athènes, voir Oncle John. C'était mon avant-dernière journée en Grèce. J'avais prévu d'aller en avion dans une autre île, dans l'espoir d'y trouver un bon chantier. Le lendemain matin, le vent soufflait en tempête et le vol fut annulé.

— Pourquoi n'essayez-vous pas Spetsai, me proposa John, vous y trouverez peut-être l'homme qu'il vous faut. Cela fait une longue trotte en voiture et aucun bac ne quittera le port à cause du mauvais temps, mais si vous vous rendez à l'embarcadère en face de Spetsai, vous trouverez bien un bateau-taxi pour vous conduire dans l'île : elle n'est qu'à un mille nautique de la terre ferme. Je vais téléphoner à un de mes amis, il m'indiquera peut-être un nom pour vous.

Spetsai me semblait l'endroit le plus improbable de toute la Grèce pour trouver un constructeur naval traditionnel. Je connaissais l'île de réputation : les riches Athéniens y construisaient déjà des résidences d'été au début du siècle, et avec le développement fantastique du tourisme grec, Spetsai avait subi le déluge des voyages organisés. A en juger par tous ce que j'avais vu ailleurs, ce ne devait être qu'un affreux ramassis d'hôtels de béton bâtis à la va-vite et d'HLM pour estivants le long des plages, avec les vieux ports défigurés par des bacs dégorgeant des hordes de vacanciers tandis que les pêcheurs abandonnent leurs filets pour promener le chaland — opération moins pénible et plus lucrative.

Ma première impression de Spetsai confirma ces craintes. Dès que je débarquai du canot-taxi sur la jetée du Port-Neuf, les ravages du tourisme me sautèrent aux yeux sous le ciel triste de fin janvier. L'inévitable série de cafés autour du port était barricadée pour l'hiver. De l'autre côté des vitrines sales, des centaines et des centaines de chaises et de tables métalliques défraîchies s'empilaient, sinistres, avec leurs pieds raides comme les pattes d'insectes morts. Les pancartes qui vantaient les joies de l'été — hamburgers, glaces à la vanille, chambres à louer, cocktails et promenades en mer — s'écaillaient tristement. Des auvents déchirés battaient, lugubres, sous la bourrasque. En tout cas, Spetsai avait été épargné par l'avalanche classique des hôtels de béton, et le centre ville demeurait relativement préservé, quoique par cette matinée d'hiver les étroites rues tortueuses fussent vides de toute vie. Pas une seule créature animée, hormis un couple de chats faméliques blottis sous les tables branlantes d'un minuscule marché au poisson. A en juger par la minceur des flancs de ces bêtes, on avait dû vider vraiment très peu de poissons au marché de Spetsai cet hiver-là. Le chauffeur du bateau-taxi s'était hâté d'amarrer sa barque et de filer chez lui dans les rues latérales, où la population apparemment épuisée par le choc des milliers de touristes à servir dans autant de langues qu'à la tour de Babel, dix-huit heures par jour, sept jours par semaine pendant toute la saison d'été, s'était effondrée pour hiverner. On avait l'impression d'un village évacué en prévision d'un raz de marée.

Je tournai à gauche pour suivre la route côtière qui me conduirait — m'avait précisé John — au Vieux-Port, où se trouvaient encore les chantiers. Je devais m'enquérir d'un certain Vasilis Delimitros, réputé le meilleur constructeur naval de la petite île. Et dès que je me rapprochai du Vieux-Port, j'entendis effectivement tous les bruits caractéristiques d'un chantier naval traditionnel — la plainte facilement reconnaissable des rabots électriques, les coups de marteau intermittents, le cri soudain des perceuses et le chant des scies à ruban. Après le vide et le silence complets du Port-Neuf, on recevait un choc en découvrant, au coin de la rue, le Vieux-Port bourdonnant d'activité. Tout n'était que bruit et mouvement. Des charpentiers s'affairaient, emmitouflés contre le vent froid, et des scooters allaient et venaient sur le quai. Des câbles électriques sortis des maisons serpentaient à travers la route jusqu'à la quinzaine de bateaux gisant sur la grève, à des stades divers de construction. Ils étaient éparpillés au petit bonheur autour du port, ici sur le bord de la route comme une voiture en stationnement, là dans un jardin, ou sur une allée de gravier conduisant à la plage entourée de rochers. Une carcasse de bateau dépassait même d'un garage en sous-sol d'une maison, avec la lessive sur le balcon au-dessus, et l'autre moitié du garage aménagée en discothèque. C'était, de très loin, le centre le plus important et le plus actif de construction navale traditionnelle que j'avais trouvé en Grèce, et je m'étonnai de voir que cette activité, mourante ailleurs, continuait de s'épanouir à l'ombre même d'un grand centre touristique.

Je me frayai un chemin au milieu des piles de planches et des câbles électriques, sous les regards curieux des charpentiers, à qui je demandai mon chemin. L'avantage d'une île touristique, c'est qu'un grand nombre de ses habitants parlaient anglais. « Où puis-je trouver Vasilis Delimitros, s'il vous plaît ? » Dans les regards, la curiosité se fit plus vive. « Continuez, faites le tour du port, me dit-on. Le chantier de Vasilis est le dernier. Vous ne pouvez pas le manquer. »

J'appris plus tard la raison de ces coups d'œil étranges. Vasilis avait une réputation redoutable, on le considérait un peu comme un Tartare. D'une indépendance farouche, il travaillait seul et détestait qu'on le dérange. On m'a même raconté ceci : un estivant, qui regardait Vasilis travailler à son bateau, lui avait demandé trois fois d'expliquer ce qu'il faisait au juste. Les deux premières fois, le curieux n'avait obtenu pour réponse qu'un grognement inarticulé ; la troisième, Vasilis s'était retourné brusquement, l'air mauvais, et avait jeté ses outils dans les mains du plaisancier abasourdi. « Tenez ! Si ça vous intéresse tellement, faites-le donc vous-même ! » aurait lancé Vasilis en s'éloignant, sans un regard derrière lui. Les autres charpentiers du Vieux-Port devaient se demander ce jour-là quel accueil allait me réserver Vasilis au cœur de l'hiver, alors qu'il ne s'attendait sûrement pas à être importuné par un inconnu.

Au bout du Vieux-Port, près des rochers, je trouvai une sorte d'appentis, attenant lui aussi à une discothèque. Il y avait là deux petits bateaux de pêche en cours de construction, une pile de bois et un homme de petite taille, en pantalon de travail et gros chandail de laine, visiblement très affairé. Il lançait des regards mauvais, mais pas à moi — à l'un des bateaux en chantier. Il l'attaquait à l'herminette — outil qui évoque un hybride entre hachette et marteau — comme s'il éprouvait pour cette malheureuse embarcation une haine implacable. Des copeaux volaient en tout sens tandis qu'il rouait sa cible de coups vengeurs. De temps en temps, il s'arrêtait, reculait d'un pas et penchait la tête pour juger son travail. Puis il se précipitait de nouveau à l'attaque, grimaçant, concentré. Il portait sur la tête un curieux couvre-chef : un cône de feutre gris mité, orné de plusieurs taches de cambouis, et pendant un instant, il me rappela un gnome des contes de Grimm. Il lança un coup d'œil rapide dans ma direction, sans plus. Je le regardai s'affairer, et il continua comme si je n'existais pas. Il travaillait à une vitesse foudroyante et, de toute évidence, il ne se fiait qu'à son œil. En quelques minutes, je pus voir les courbes de plusieurs membrures entrer en harmonie l'une avec l'autre à mesure qu'il leur donnait à l'herminette la forme précise qu'il désirait. Jamais il n'hésitait, pas même une seconde, il rognait le bois en trop sur un rythme de staccato. Puis il jetait soudain l'herminette sur son épaule pour reculer d'un pas et juger de nouveau les lignes du bateau.

Après avoir observé un moment ce travail de virtuose, je partis à la recherche d'un interprète, car Oncle John m'avait prévenu : il était peu probable que Vasilis, charpentier de bateaux en bois travaillant presque exclusivement pour des pêcheurs grecs, parle un seul mot d'anglais. Par bonheur, le patron de la discothèque se trouvait dans sa salle. Il accepta de me servir de truchement et je repartis avec lui vers le chantier.

— Excusez-moi, *mestri,* dit mon interprète d'une voix hésitante. Ce monsieur désirerait parler quelques minutes avec vous. Au sujet de la construction d'un bateau.

Avec une politesse exagérée, Vasilis posa son herminette et, d'un signe de tête, nous demanda de le suivre dans son atelier. Il pêcha une cigarette dans la poche de son veston, accroché à un clou derrière la porte, m'en offrit une, que je refusai, et alluma la sienne.

— *Libon ?* (Eh bien ?)

C'était le premier mot qu'il prononçait. Mon interprète lui expliqua en quelques mots que je cherchais un homme pour construire un bateau de bois.

— Un bateau très spécial, coupai-je, un bateau historique comme personne n'en a construit depuis des siècles, la copie d'une galère de la Grèce antique.

L'expression de Vasilis ne varia pas, et il ne prononça pas une syllabe.

— Voici un dessin du bateau, repris-je, préparé par un architecte de marine en Angleterre.

Et j'étalai l'élégante étude de Colin sur l'établi de Vasilis, au milieu d'un fouillis de pierres à huile, de bocaux de clous et d'outils divers.

— Croyez-vous que l'on puisse construire un bateau de ce genre à l'époque actuelle ?

Avec l'air patient de quelqu'un qui aurait préféré vaquer à ses affaires, Vasilis se pencha sur le dessin et l'examina.

— Quelle longueur ?

— Environ seize mètres.

Pas de réaction.

— Les planches du bordage, ajoutai-je, devront être ajustées à la manière d'autrefois avec des centaines de tenons de bois engagés dans des mortaises. Les anciens charpentiers les ajustaient ainsi. Est-ce un problème ?

— Non.

Sans un mot de commentaire.

— Combien faudra-t-il de temps pour le construire ? demandai-je.

— Y aura-t-il une cabine ?

— Non, non. C'est un bateau non ponté.

— Un moteur ?

— Non. Il naviguera à la rame et à la voile, comme les galères d'autrefois.

— Pour la construction, quatre à cinq mois, répondit Vasilis imperturbable.

— Ce ne sera pas simplement pour la frime, insistai-je. Je veux faire un long voyage avec le bateau, partir à la voile et à la rame en mer Noire pour tirer au clair la légende de Jason et des Argonautes.

Vasilis ne répondit pas. La conversation semblait ne prêter à aucune hésitation, comme son travail à l'herminette. Je posai donc la question vitale.

— Pourrez-vous le construire pour moi ?

— Oui.

— Quand commenceriez-vous le travail ? Il faut que le bateau soit prêt pour effectuer le voyage pendant l'été 1984.

Vasilis calcula un instant.

— Je commencerai en octobre prochain.

Il écrasa sa cigarette, sortit de son atelier, reprit son herminette, et au bout de quelques secondes les copeaux volaient. L'entretien était terminé.

Plus tard, beaucoup plus tard, quand la galère terminée fut sur le plan incliné, prête à être lancée, un journaliste vint d'Athènes interviewer Vasilis. Pourquoi s'était-il lancé dans la construction d'un bateau aussi inhabituel et difficile, qui posait des problèmes inconnus ? Un bateau si différent de ceux que Vasilis construisait normalement ? Le simple fait d'accepter cette commande mettait en péril sa réputation de maître charpentier. Pourquoi prendre ce risque ?

Vasilis regarda le journaliste à sa manière habituelle, franche et directe.

— Je l'ai fait, répondit-il, pour la Grèce.

2
Vasilis

Colin envoya les plans définitifs à Spetsai. Ils montraient en détail la façon dont la galère devait se construire : la largeur, l'épaisseur et la longueur de chaque bordage, de chaque traverse ; la place et la forme de toutes les pièces au nom pittoresque et insolite que comporte un bateau de bois : hiloire, bauquière, carlingue, guibre et genou (ou allonge de couple). Il y avait un dessin spécial de la courbe, et la coupe exacte de la quille terminée en queue de scorpion ; un petit croquis montrait la meilleure façon d'assembler les éléments avec d'innombrables languettes de bois maintenues par des chevilles. Colin avait également calculé la dimension et la forme de la voile : un parallélogramme de trois cents pieds carrés (environ vingt-huit mètres carrés), taille somme toute très modeste, devait suffire à entraîner un bâtiment aussi léger à une vitesse respectable. Colin avait également joint à mon attention un calcul qui me fit réfléchir — un diagramme me précisait l'angle sous lequel chavirerait le bateau si je le pressais trop fort.

La ligne de l'*Argo* était conçue avant tout pour aider les rameurs à le faire avancer au prix du moindre effort pendant les accalmies. Un autre croquis précis de Colin représentait trois hommes-robots — l' « homme quelconque » — assis dans leur position de nage, pour montrer l'espace dont ils disposeraient pour manœuvrer leurs avirons sans s'éjecter mutuellement des bancs. Mais nous savions, lui et moi, que nous aurions du mal à trouver ces « hommes quelconques » : de toute manière, un homme qui s'engagerait dans une expédition aussi épuisante — je me demandais encore qui pourrait bien se porter volontaire pour des heures et des heures d'éreintement intégral aux bancs de nage — ne serait probablement pas « quelconque ».

L'attention méticuleuse de Colin pour le détail était vitale pour le succès de la galère, mais comment allais-je convaincre Vasilis de suivre des idées aussi étrangères à son monde ? Les feuilles de papier venant d'un bureau d'architecte naval en Angleterre n'avaient aucun sens pour lui. Il travaillait sur la base de ses années d'expérience, et tenait ses connaissances d'un long apprentissage ; tellement de bateaux de pêche grecs traditionnels lui étaient passés entre les mains qu'il connaissait par cœur la taille et la forme de chaque bout de bois, et la manière de le mettre en place. Vasilis ne se reconnaissait aucun maître et ne travaillait jamais à partir de dessins. Il fallait manifestement que je trouve un moyen de traduire les plans techniques de Colin en une sorte de mode d'emploi que Vasilis accepterait de suivre, sans blesser sa fierté légitime de maître charpentier. J'eus soudain l'idée susceptible de fournir la réponse : une maquette de galère, une maquette splendide, précise au millimètre, si bien construite que Vasilis en admirerait la technique, et s'en inspirerait. C'était parier sur le talent de Vasilis : s'il était aussi bon charpentier qu'on me l'avait dit, il serait capable, à partir d'un modèle réduit, de construire « au coup d'œil », un bateau de taille normale.

Tom Vosmer, ancien du Voyage de Sindbad, était un génie des maquettes de bateau. Lorsque je l'avais rencontré, Tom fabriquait des modèles réduits à titre professionnel et restaurait des maquettes de bateaux antiques. Jamais je n'avais oublié que sa femme Wendy, en faisant le ménage du salon, avait engorgé son aspirateur avec de minuscules canons de bronze tombés entre les poils du tapis ! A la fin du Voyage de Sindbad, Tom et Wendy étaient partis vivre en Australie, où ils avaient lancé un chantier de construction navale en bois. Bien qu'à l'autre bout du monde, Tom était manifestement mon homme, personne mieux que lui ne pourrait construire une maquette de galère de l'Âge du Bronze.

Le résultat ne déçut aucun de mes espoirs. Trois mois plus tard, un gros paquet en forme de bidon arriva pour moi d'Australie, à l'aéroport de Londres. Ouvrir le paquet fut en quelque sorte résoudre un puzzle chinois. Après avoir ôté le couvercle du bidon, je trouvai une série d'instructions écrites : dévisser ce boulon, tourner ce verrou, ôter l'autre couche de protection, défaire cette vis, tirer sur cette poignée puis extraire enfin de son nid rembourré une maquette merveilleuse de la galère, parfaite jusqu'en ses moindres détails. Même les languettes qui maintiendraient à leur place les bordages du bateau réel se trouvaient sur le modèle réduit. Ces tenons de bois enfoncés dans les trois millimètres d'épaisseur des bordages de la maquette étaient invisibles, mais avec son souci de précision scrupuleuse, Tom les avait mis. De l'extérieur on ne distinguait que des rangées de jolis petits points, pas plus gros qu'une tête d'épingle : chacun d'eux était la tête d'une minuscule cheville de bois qui fixait à sa place une languette cachée. Comme toujours, Tom s'était avéré perfectionniste.

Lors de mon voyage suivant en Grèce, j'emportai la maquette. Quand je la posai sur son établi, Vasilis conserva son indifférence habituelle.

— Voici comment doit être le bateau terminé, lui dis-je, en essayant de prendre un air dégagé moi aussi.

Pendant un instant, je crus reconnaître une lueur d'approbation dans le regard que Vasilis lançait à la maquette.

— J'ai procédé également à plusieurs expériences pratiques depuis notre précédente rencontre, continuai-je. J'ai essayé de ployer une pièce de bois de bonne taille pour voir si je pourrais obtenir la courbe prévue pour la quille, sur les plans de Colin Mudie.

Andy, le neveu d'Oncle John, me servait d'interprète. Marin habile, il put traduire mes explications avec précision. Chez moi, en Irlande, j'avais parcouru les bois à la recherche d'un arbre de seize mètres et de diamètre suffisant. Je l'avais fait abattre et remorquer jusqu'à mon village. J'avais coupé les branches à la hache, puis j'avais péniblement équarri le tronc à la section prévue. Ensuite, j'avais fait tremper le bois dans l'eau de mer pour le ramollir, puis j'avais mis en place un treuil et je l'avais courbé selon le dessin de Colin, à la manière d'un arc géant. Cela m'avait pris un temps infini, et j'espérais que l'expérience ferait beaucoup d'effet sur Vasilis. Mais à la fin de ma longue dissertation, le charpentier grec ne réagit que par une courte phrase, qu'Andy ne traduisit même pas.

— Qu'a-t-il dit ? demandai-je.

Andy sourit d'un air gêné.

— Eh bien, traduisez ! insistai-je.

— Il a dit simplement : « Et après ? »

L'autre raison de mon voyage à Spetsai était d'apprendre de Vasilis où il se proposait de trouver le bois de la galère. Les fragments les plus anciens de bateaux naufragés en Méditerranée qu'ont recueillis des plongeurs, ainsi que les fouilles des archéologues à terre montrent que le bois le plus populaire pour la construction, des bateaux comme des maisons, était une espèce méditerranéenne de pin, *Pinus brutia*, le pin d'Alep. J'avais demandé à Vasilis d'utiliser ce même bois pour construire la galère, et découvert à cette occasion que mon charpentier et ses confrères de Spetsai préféraient encore cette essence pour la plus grande partie de leurs travaux. On m'apprit que ce bois venait de l'île de Samos, près de la côte turque, à l'autre bout de la mer Égée. J'allai donc à Samos voir le marchand de bois qui fournissait habituellement Vasilis. Je désirais lui demander de prendre un soin particulier au choix des bois de la galère.

Au cœur des montagnes de Samos, dans le genre de village isolé et préservé qu'adorent les brochures touristiques, avec une vue sur la mer Égée à vous couper le souffle, je trouvai le marchand de bois derrière son comptoir d'épicier, dans une rue si étroite que seuls des piétons et des mulets pouvaient s'y engager. Vardikos, le marchand de bois, m'expliqua que la forêt était exploitée depuis des siècles ; les coupes étaient maintenant strictement réglementées et les bûcherons contrôlés. Chaque homme avait une limite annuelle. Heureusement, dit-il, j'étais venu tôt dans l'année, et il pourrait donc réserver cette commande spéciale de Vasilis dans son quota. Il irait dans les bois avec son fils marquer de bons arbres, il les abattrait pendant les mois d'été et les traînerait à la route avec ses mules. Des camions prendraient alors les grumes pour les expédier par bateau en Grèce continentale.

En redescendant du village, je quittai la route pour marcher un peu dans la forêt clairsemée où Vardikos coupait son bois. Je compris ce qu'il voulait dire : le bon bois était rare ; la plupart des pins, des spécimens pitoyables, tordus et rabougris. Certains arbres tors pouvaient convenir pour les membrures courbes du bateau, mais il n'y avait presque aucun tronc assez droit pour fournir un bordage de longueur convenable. Je me demandai comment Vasilis pourrait se débrouiller avec des matériaux aussi lamentables. Sa tâche serait vraiment difficile, mais nous n'avions pas le choix. J'avais déjà vu les pentes chauves du mont Pélion, près de Volos, où Argos, le charpentier de Jason, avait coupé son bois. Il n'y restait plus un seul arbre adulte. Thucydide, l'historien grec, se plaignait déjà au cinquième siècle avant notre ère que les forêts de Grèce avaient été rasées sans merci pour construire les flottes de guerre ; les charpentiers étaient obligés d'aller chercher leurs bois en Italie ou en Asie Mineure. Aujourd'hui, pour la construction navale traditionnelle en Grèce, il ne reste plus que de rares bosquets de pins d'Alep, à Samos et dans l'île voisine de Mytilène. Mais je n'étais pas du tout certain que Vardikos puisse fournir à Vasilis tout ce dont il aurait besoin.

Deux mois plus tard, Oncle John me téléphona d'Athènes avec une nouvelle consternante. Même lui semblait désespéré.

— Tim, j'ai bien peur que nous ayons des ennuis. Je viens de prendre les nouvelles à la télévision. Il s'est produit un immense incendie de forêt à Samos. Des arbres en flammes sur tout l'écran. On a envoyé des pompiers de la Grèce entière.

Des avions spéciaux combattent le feu en versant de l'eau et des produits chimiques ; vraiment très grave. Le journaliste a annoncé que presque toute la forêt de pins a été détruite, je crains que cela ne comprenne le bois de votre bateau.

Je raccrochai, la gorge nouée. Jamais je ne pourrais obtenir ailleurs, en temps voulu, le bois qu'il me fallait. La construction de la galère allait être retardée d'au moins un an, cela semblait inévitable.

Une semaine plus tard, Oncle John me rappela. Il avait essayé de joindre Vardikos à maintes reprises, mais sans succès. Les lignes téléphoniques de Samos que ne requisitionnaient pas les services d'urgence avaient fondu du fait de l'incendie. Mais avec son obstination habituelle, John avait fini par parler au marchand de bois.

— Tim, m'apprit-il. C'est presque incroyable. Vardikos ne devait envoyer votre bois que le mois prochain. Mais, je ne sais pourquoi, il a décidé de prendre de l'avance. Le bois de Vasilis a quitté Samos par bateau la veille de l'incendie de forêt. La dernière cargaison de bois qui ait quitté l'île ! Tout le reste, les grumes sur le bord des routes comme.les arbres debout, a été réduit en cendres... Vasilis pourra commencer à temps.

Samos n'était pas mon seul sujet d'inquiétude. J'avais envoyé une lettre au président de la Fédération de Yachting de Turquie. Pouvait-il, lui demandai-je, me conseiller sur la manière la plus efficace de solliciter l'autorisation d'organiser une expédition maritime le long des côtes de son pays, en descendant souvent à terre, le soir, sur des plages reculées ? Les autorités formuleraient-elles des objections ? J'expliquai que j'espérais conduire un petit bateau depuis la mer Égée, à travers les Dardanelles, la mer de Marmara et le Bosphore, puis dans la mer Noire jusqu'à la frontière turco-soviétique. La Fédération de Yachting pouvait-elle m'indiquer les conditions que je rencontrerais ?

Alpay Cin, le président de la Fédération, était la courtoisie en personne. Quand j'arrivai à Istamboul pour un voyage de reconnaissance sur cette partie de l'itinéraire, il avait déjà pris contact avec la marine turque. L'officier commandant de l'École navale avait mis à notre disposition une vedette à moteur pour que je puisse voir de mes yeux les difficultés que présente la remontée du Bosphore à la rame.

Ce fut une expérience décourageante : la vedette à moteur de l'amiral devait forcer l'allure pour remonter les eaux rapides du détroit, et un pilote officiel du Bosphore m'affirma que les cargos se faisaient souvent dérouter par le courant. Chaque année, au moins un navire malchanceux était jeté à terre. Parfois son étrave démolissait les fenêtres du premier étage des maisons construites sur la rive. La carcasse, déchiquetée à l'arrière, d'un très gros pétrolier s'était échouée à l'entrée des détroits ; le bateau n'avait pas pu vaincre le courant. Des tourbillons s'étaient saisis de lui et l'avaient projeté contre un autre navire. Le pétrolier avait pris feu et explosé en une gigantesque boule de flammes, que les gens de la région avaient pris pour une explosion nucléaire.

Sur la côte turque de la mer Noire, les amis d'Alpay Cin à la Fédération de Yachting m'avaient organisé une entrevue avec l'amiral commandant la flotte turque en mer Noire. On me fit franchir un barrage de sentinelles en uniforme immaculé, portant gants blancs et casques à bande rouge, puis j'entrai dans le bureau de l'amiral, meublé de fauteuils trop rembourrés, d'un style presque ottoman. C'était un personnage aimable et magnifique, l'image même du Grand Turc, avec sa large poitrine embellie par plusieurs rangées de décorations et de rubans. Il m'offrit le thé dans des tasses de porcelaine fine et quand j'expliquai mon calendrier pour l'expédition, il ne put retenir un rire de gorge.

— En tout cas, si vous parvenez ici l'été prochain, vous nous rendrez visite à la bonne saison, dit-il. La mer Noire n'a pas une bonne réputation. Les gens d'ici affirment qu'il n'y a que quatre ports sûrs : Samsun, Trébizonde, juillet et août…

Il lança la tête en arrière et son rire tonitruant fit vibrer les tasses sur les soucoupes.

A mon retour, je profitai encore d'une de ces coïncidences

heureuses qui semblaient faire partie de ce voyage. Je n'avais pas l'intention de recruter mon équipage avant que la galère soit bien avancée. Mais une lettre m'attendait, adressée par celui qui allait être mon premier rameur. L'auteur de la lettre, diplômé de Keble, mon ancien collège d'Oxford, suivait un cours d'administration, mais il s'ennuyait, désirait un changement et se demandait si, par hasard, je n'organisais pas une autre expédition. Pourrais-je le prendre dans mon équipe ? Il s'excusait de n'avoir pour ainsi dire aucune expérience de la navigation à voile, sa passion était l'aviron. Il avait fait partie du huit d'Oxford, était capitaine des bateaux à Keble, et entraînait cette année-là l'équipe d'aviron du collège. Je remarquai aussitôt qu'il avait fait à Oxford des études de lettres classiques. Mon premier volontaire était à la fois un passionné d'aviron et de grec ! Je me demandai si ce Mark Richards, car c'était son nom, savait dans quel engrenage il mettait le doigt. Il ne pouvait pas se douter que je me proposais de suivre les traces de Jason et des Argonautes sur une galère de vingt rameurs.

Colin Mudie avait alors presque terminé son travail. Un seul élément de la galère restait encore à décider : la taille exacte et la forme du bélier. Aucun texte vraiment ancien n'indique que le bélier servait d'arme de combat pour percer les coques de vaisseaux ennemis en les percutant à grande vitesse. De l'avis de Colin, c'était à l'origine une forme destinée à aider la galère à mieux fendre les flots, comme les saillies que l'on trouve dans les étraves de nombreux bateaux modernes, juste au-dessous de la ligne de flottaison. Il avait obtenu que des étudiants du Collège d'Éducation supérieure de Southampton fassent, dans le cadre de leur programme, des essais en bassin d'un modèle réduit de galère. On me demanda de prévoir des maquettes simples pour les essais, avec trois nez de forme différente que l'on pourrait fixer aux étraves pour effectuer des comparaisons en bassin.

Je descendis donc un matin à Southampton voir comment les étudiants s'en sortaient. Je les trouvai suspendus la tête en bas à une sorte de pont roulant surmontant le bassin des essais, en train de prendre des notes sur les performances de la maquette jaune canari, traînée d'un bout à l'autre du bassin au milieu des grincements et des sifflements du mécanisme. Mon cœur battit plus vite quand le professeur lança le système qui créait des vagues artificielles. A son tour suivant, le petit bateau se mit à rouler et à tanguer, comme pris de folie. Il embarqua des paquets d'eau et de toute évidence, dans la réalité, il aurait sombré.

— Ne vous en faites pas, me rassura le professeur. L'ordinateur qui commande le mécanisme des vagues est programmé pour simuler une tempête en mer du Nord. Je ne crois pas que votre galère aura à affronter ce genre de coup de tabac.

Les essais confirmèrent ce que Colin soupçonnait : le bélier améliorait nettement le comportement de la galère. Elle glissait plus facilement sur l'eau et le bélier aplatissait la vague d'étrave, de sorte que les rameurs plongeraient leurs avirons dans une eau plus calme. De toute évidence, les anciens constructeurs connaissaient leur affaire, et Colin décida d'augmenter la longueur du bélier de deux pieds (61 cm). Les essais en bassin précisèrent également un facteur que je jugeai préférable de ne pas révéler prématurément aux candidats rameurs disposés à conduire l'*Argo* de Grèce en Union Soviétique : vingt hommes normalement en forme, ramant à une cadence susceptible d'être tenue pendant plusieurs heures de suite, n'exerceraient, tous ensemble, qu'une puissance de deux chevaux-vapeur. Leur effort combiné, tous les muscles bandés, ne serait pas plus efficace que le plus petit des moteurs hors-bord prévu pour le plus minuscule des canots pneumatiques. Comment mon équipage allait-il déplacer une galère de huit tonnes, son matériel et ses hommes dans le Bosphore, contre les courants que j'avais vus de mes yeux quelques jours plus tôt ? C'était une question que je préférais ne pas aborder.

Fidèle à sa promesse, Vasilis était prêt à commencer le travail sur la galère au début d'octobre. Il me conduisit à la petite scierie où le bateau de Samos avait livré les grumes de Vardikos. Elles y seraient débitées à longueur approximative. Pour la première fois, je vis Vasilis à l'œuvre avec ses confrères. A son arrivée à la scierie, malgré notre rendez-vous, rien n'était prêt. Personne en vue et la lame de la grande scie à ruban était cassée. Vasilis se lança aussitôt à l'attaque : il fallait remplacer la scie sur-le-champ et débiter son bois sans délai. Les ouvriers de la scierie reçurent la tirade comme des agneaux de lait. Vasilis, olympien, demeura debout et continua de marmonner entre ses dents jusqu'à ce que la grande lame de la scie à ruban soit réglée et coupe ses grumes. Cela ne suffit pas à le détendre. De temps en temps, il poussait un coup de gueule en direction du scieur, enjambait les grumes, pestait contre Vardikos qui ne lui avait pas envoyé exactement ce qu'il voulait. Mais, oui, cela ferait tout de même l'affaire. Ensuite, il arracha au patron de la scierie la promesse de livrer les planches débitées au Vieux-Port de Spetsai en moins de deux jours. Juste après l'aurore, le surlendemain, un vieux camion étique chargé à craquer de notre bois se fraya péniblement un chemin jusqu'au chantier. A côté du camion, sautant à chaque nid-de-poule sur son scooter, Vasilis, coiffé de son chapeau de feutre conique, semblait un chien de berger jappant derrière son troupeau...

Puis Tom et Wendy Vosmer arrivèrent d'Australie. Ils avaient accepté de passer l'hiver à Spetsai : Tom serait conseiller technique, chargé de surveiller l'authenticité des méthodes de construction, et ferait tout le travail pratique que Vasilis, farouchement indépendant, lui laisserait accomplir. Tom devrait faire preuve, dans sa mission, d'une grande diplomatie. On m'avait averti à maintes reprises que Vasilis n'aimait pas qu'un autre charpentier touche à un seul copeau des bateaux qu'il construisait. Il travaillait seul, ou avec un apprenti choisi par lui-même, dont la principale tâche consistait à apporter les outils, tenir l'autre bout de la planche, balayer l'atelier, et d'une manière générale servir le maître. Cet apprenti, un brave garçon répondant au nom de Mimas, pilotait une vedette de louage en été, et n'aidait Vasilis que pendant les semaines calmes de l'hiver. Cinq mois de travail avec Vasilis suffisaient amplement à Mimas ! Incidemment celui-ci nous apprit pourquoi Vasilis ne parlait jamais à Dino, le charpentier qui travaillait à un bateau sur la route, juste au-dessus de l'atelier de Vasilis. Dino était un excellent charpentier lui aussi, et il partageait même avec Vasilis la scie à ruban. Les deux hommes travaillaient à dix mètres l'un de l'autre huit heures par jour, six jours par semaine, bon an mal an. Mais ils ne se parlaient jamais. Selon Mimas, Dino et Vasilis avaient fait leur apprentissage ensemble et lorsqu'ils s'étaient mis à leur compte, il semblait naturel qu'ils s'associent. Mais un jour, pour une raison jamais révélée, il s'était produit une querelle si vive que l'un des deux hommes se trouva à l'hôpital et l'autre au poste de police. Depuis ce jour-là, ils n'avaient pas échangé un seul mot.

Tom Vosmer se montra très compréhensif. Les constructeurs traditionnels ont tous un caractère indépendant, m'assura-t-il. C'est notoire. Ils aiment travailler seuls et suivre leurs manies. Il ne désirait nullement se mêler de la façon dont Vasilis travaillerait. Parfait, me dis-je, mais tout le projet reposait sur un seul homme : Vasilis. S'il perdait intérêt, s'il se défilait, s'il tombait malade — à Dieu ne plaise ! —, jamais la galère ne serait terminée à temps. C'était une perspective inquiétante, mais s'il existait un seul homme capable de s'entendre avec Vasilis, c'était bien Tom Vosmer. Il était aussi perfectionniste, aussi patient que lui, et il apprenait consciencieusement le grec pour pouvoir converser avec le maître.

Nous avions loué un appartement hors saison, dans une maison de la colline qui domine l'atelier de Vasilis sur le Vieux-Port. Chaque matin, de notre balcon nous pouvions voir la silhouette impossible à confondre de Vasilis qui descendait la pente raide de l'autre côté du port pour gagner son chantier. Derrière son scooter trottait une boule hirsute de poils gris et marron : son chien bâtard, que nous avions surnommé Chiffon. La silhouette cahotait sur le chemin qui contourne le port, disparaissait puis resurgissait presque sous notre balcon. Le teuf-teuf du scooter s'arrêtait et Vasilis, suivi de Chiffon descendait la sente jusqu'à son atelier tandis que de dessous les planches, les vieux chiffons, les coques retournées et les bidons de peinture vides apparaissait une horde de chats galeux à demi sauvages, le nez braqué vers le sac de plastique qui pendait de la main de Vasilis. Ce sac de plastique était révélateur : Vasilis, le Tartare farouche et agressif, avait un point faible. Chaque jour, il apportait à manger aux épaves de la gent féline qui hantaient les abords de son chantier. Même le dimanche, jour de repos, il descendait de chez lui, à l'autre bout de la ville, pour leur donner leur pitance.

Vasilis décida de construire la galère sur une étendue de grève juste derrière son atelier. Mimas fut chargé de déblayer le terrain et l'on installa des traverses pour poser la quille mince de la galère. Il se produisit alors le premier affrontement entre les habitudes traditionnelles de Vasilis et les exigences du nouveau bateau. Je demandai à Vasilis de construire la quille avec, en son milieu, une légère courbure vers le haut. En théorie du moins, quand la galère serait mise à flot, le poids des hommes et des provisions chargés au centre exercerait une pression qui aplatirait cette courbure, et la quille se trouverait droite dans l'eau.

Comme je le craignais, Vasilis fut consterné. Jamais personne n'avait songé à une courbure au milieu de la quille d'un bateau neuf, me dit-il. C'était un signe d'usure, visible sur de vieux bateaux mal construits, parvenus à la fin de leurs jours. Dans sa véhémence, il m'entraîna de l'autre côté du port à l'endroit où gisait sur la grève un bateau vieillissant.

— Là ! dit-il en me montrant la courbure horrible. Regardez ! Ce bateau est fini. On voit qu'il ne lui reste plus qu'un an ou deux pour mourir. Comment pouvez-vous avoir envie d'un bateau neuf qui ressemble à ça ? Affaissé des deux bouts ! Jamais de la vie je n'ai entendu parler d'un bateau à quille cintrée. C'est une idée folle.

Quatre fois, cinq fois, Tom et moi expliquâmes patiemment à Vasilis la théorie de la quille cintrée, et par bonheur il se trouvait dans un de ses bons jours. Après deux heures de discussion, il baissa les bras.

— D'accord, je le ferai. Mais c'est votre idée. Pas la mienne.

Et d'une façon fort comique, il mima le désespoir : il se prit la tête dans les mains et feignit d'éclater en sanglots.

Deux semaines plus tard, quand la quille cintrée de la future galère fut en place sur ses traverses, sa bosse centrale sautait aux yeux de tous. Deux vieux Grecs l'examinèrent de la route et firent quelques commentaires sur cette bizarrerie. Mais Vasilis avait déjà décidé de faire une vertu de cette forme peu orthodoxe.

— Vous ne voyez donc pas l'avantage ? leur lança-t-il avec un grand geste de la main. Elle est exactement comme il faut.

Vardikos n'avait pas trouvé de pièce de bois assez longue pour former la quille dans une seule longueur, il avait fallu l'assembler. Le corps central, massif, du bélier avait été fabriqué, lui aussi, avec des pièces de bois plus petites chevillées à une section de racine présentant une bonne courbe, qui conférait la forme de base. Après la préparation des pièces, nous avions tout assemblé, la quille et le bec, sur les traverses de montage. Dès que la longue quille fut bien en place, Vasilis s'agita comme un possédé pour enfoncer de chaque côté un nombre incroyable de cales et d'entretoises qui empêcheraient le bois de « travailler ». Précaution essentielle, me dit-il, parce que le pin d'Alep, coupé depuis peu, avait tendance à se vriller en séchant. Si la quille n'était pas maintenue rigoureusement immobile, elle perdrait sa forme, et il serait impossible de construire le bateau.

Pourquoi ne pas utiliser du vieux bois ? lui demandai-je. Deux raisons : pour trouver du bois vraiment sec, il aurait fallu s'y prendre des années à l'avance ; surtout, le pin juste coupé est meilleur pour la plupart des travaux, parce que plus souple. Je compris que je venais de tomber sur la solution pratique d'un problème dont se sont beaucoup soucié les historiens. Comment les Grecs de l'époque classique avaient-ils pu remplacer en si peu de temps leurs flottes décimées après de grandes défaites ? Certains érudits supposaient que de vastes réserves de bois sec existaient dans les anciens chantiers navals pour construire des bateaux neufs. Mais comment les charpentiers d'autrefois avaient-ils pu calculer leurs besoins futurs ? Notre Vasilis venait de nous donner la réponse : les anciens charpentiers n'utilisaient sûrement pas du bois sec. Comme notre Spetsiote, ils se servaient de bois frais, coupé en fonction de leurs besoins, et ils le préféraient à cause de sa souplesse. Le talent du charpentier, ancien ou moderne, consistait à savoir comment chaque pièce de bois se comporterait en séchant, de combien elle rétrécirait, dans quel sens elle vrillerait ; et bien entendu, il en tenait compte en construisant son bateau.

Pour l'étape suivante nous n'appliquâmes pas la technique des charpentiers de l'Antiquité. Ils construisaient la coque de leurs bateaux en fixant les planches entre elles, à partir de la quille, comme une coquille d'œuf, puis ils plaçaient la membrure à l'intérieur. Mais Tom prépara des pièces de bois courbes qui serviraient de guide à Vasilis pour former la coque. Plus tard, quand la coque en serait à un stade satisfaisant, on enlèverait certaines de ces « formes » et les autres deviendraient les membrures définitives de la galère. Nous estimions, Tom et moi, que c'était la méthode la plus rationnelle. Vasilis devait fabriquer un bateau de forme entièrement nouvelle pour lui. C'était trop lui demander que d'apprendre en plus une séquence de travail qui différait du tout au tout avec ses habitudes, surtout avec des planches qui se tordaient et vrillaient de façon si erratique. L'important, c'était que la coque terminée ait la forme spécifiée par Colin.

En fin d'après-midi, le jour où nous avions mis la quille et les premières « formes » en place, je restai au chantier après le départ des autres. Je voulais recevoir une impression personnelle de ce que serait ce nouveau bateau. Pour la première fois, il y avait assez de bois assemblé pour que je me fasse une image de ma galère d'il y a trois mille ans. Debout sur la grève devant le squelette de mon bateau, ce qui me frappa, ce fut sa fragilité. Les pièces de bois m'avaient paru solides quand nous les avions mises en place, mais à présent, vues en proportion, l'ossature de la galère semblait si délicate que je me demandai si elle pourrait supporter la longueur sans se briser par moitié. Je me rappelai alors le squelette d'un crocodile, que j'avais vu au muséum d'histoire naturelle. La tête et les mâchoires massives, comme la proue et le bélier de mon bateau, m'avaient paru trop lourdes pour que la colonne vertébrale longue et mince puisse les soutenir…

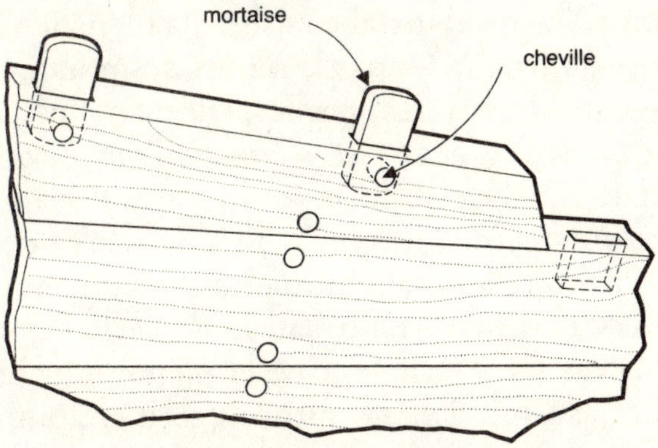

Assemblage par tenon et mortaise pour le bordage

Vasilis ne semblait pas du tout inquiet — ou, s'il l'était, il ne le montrait pas. Chaque matin, il arrivait au chantier, donnait à manger aux chats, se préparait une minuscule tasse de café sur un feu de copeaux de bois, puis se mettait au travail dans son style inimitable. Ni Mimas, ni Tom, ni moi, ni John Egan, venu prendre des photos et servir de bricoleur à tout faire, n'avions la moindre idée de ce que comporterait la journée de travail. Il n'existait absolument aucun moyen de savoir ce que Vasilis ferait à la minute suivante ; il était d'une imprévisibilité totale. A un moment donné, il travaillait à l'herminette sur le bélier, deux secondes plus tard, il modifiait la position ou la courbure d'un bordage ; ou bien il annonçait soudain qu'il s'en allait à l'autre bout de l'île arpenter les collines à la recherche de chênes nains dont il utilisait les branches pour faire des gournables — les chevilles de bois avec lesquelles il fixerait les tenons des bordages. Vasilis n'annonçait jamais ses projets à l'avance, n'expliquait jamais le but de ce qu'il faisait. Il attaquait le travail à son propre rythme et avec ses méthodes personnelles. Nous fûmes donc fort déconcertés, Tom et moi, quand, au lieu de commencer par la première planche près de la quille, il mit en place ce qui est normalement le dernier bordage, tout en haut de la coque, près du livret de pont. Puis, brusquement, il repassa à la quille et fixa le premier bordage. Je m'attendais, ainsi que Tom, à ce qu'il installe ensuite la planche symétrique, de l'autre côté du bateau — pas le moins du monde ! Il posa un autre bordage au-dessus du premier, du même côté.

— Je n'en crois pas mes yeux, s'étonna Tom. Je crois qu'il va monter tout le bordage d'un côté du bateau avant même de commencer l'autre côté. Il doit avoir une sacrée confiance en lui : il est sûr de faire les deux bordages absolument identiques. Jamais je n'ai vu construire un bateau de cette façon-là !

Peu après, Vasilis bouscula avec la même nonchalance une autre théorie classique. Les savants ont écrit en long et en large qu'il serait extrêmement difficile de redécouvrir la méthode ancienne d'assemblage des bordages de bateaux par « tenon et mortaise ». C'était un art perdu parmi les charpentiers de marine, et les experts prétendaient donc qu'il serait presque impossible de la faire revivre.

Le chant de chaque bordage reçoit une série d'entailles, les mortaises, puis on enfonce dans chaque fente une langue plate — le tenon — de façon qu'elle dépasse de la même longueur. Quand on met en place le bordage suivant, on ménage dans son chant des mortaises correspondantes, pour que les tenons s'y engagent. On fixe ensuite des chevilles à angle droit, pour maintenir les tenons dans les mortaises. C'est une manière laborieuse mais très solide d'assembler les bordages d'un bateau pour former une coque pour ainsi dire d'un seul tenant. Selon les spécialistes, il faudrait des heures d'essais et d'erreurs pour réapprendre la technique, calculer l'endroit où découper chaque mortaise dans le chant des bordages, juger l'angle correct et la taille exacte de chaque tenon. On nous avait assuré que la méthode serait si longue que la construction du bateau durerait bien deux ans. L'idée que ce fût difficile fit éclater

Vasilis de rire. Tom réalisa un assemblage par tenon et mortaise en grandeur réelle et le lui montra. Comme d'habitude, notre charpentier spetsiote haussa les épaules.

— Pas de problème, dit-il. Je préparerai les deux bordages comme d'habitude, je ferai les fentes et les langues de bois, j'assemblerai le tout et toc ! toc ! toc ! fit-il comme s'il tenait un maillet.

Il avait absolument raison. Il assembla le premier bordage à la quille avec des mortaises et des tenons, aussi vite et bien que s'il avait procédé ainsi toute sa vie. Chaque planche prit ensuite sa place, avec la même aisance. Sa seule concession au modernisme était purement mécanique. Les charpentiers de l'Antiquité travaillaient avec des équipes nombreuses d'assistants, souvent des esclaves qui taillaient les centaines de mortaises au ciseau à bois. Mais Vasilis était seul pour construire sa coque, aussi lui trouvai-je une machine-outil simple pour faire le même travail, et un jeune professeur de menuiserie, Tim Richards, vint d'Angleterre pour nous prêter la main à Spetsai. Il fit marcher la mortaiseuse et prépara les tenons de hêtre pour Vasilis. Bien entendu, le maître refusa toute aide pour assembler la coque. Ce travail relevait de sa seule responsabilité, et il y tenait. Il le ferait à sa manière, et selon ses convictions bien arrêtées.

Il avait certaines méthodes vraiment spectaculaires. Il venait de terminer un côté de la coque, qui avait une allure splendide — une belle surface de bois pâle brillant, piqueté des têtes des chevilles qui bloquaient les tenons, une véritable œuvre d'art. Les passants s'arrêtaient pour admirer la courbe douce du bordé, les lignes délicates des joints, le brillant du bois. Puis, sans prévenir, Vasilis apparut en traînant une grosse bouteille de gaz et un chalumeau. D'un geste élégant il alluma le chalumeau et braqua le jet de flammes sifflantes sur la coque. Pendant un instant, on l'aurait cru fou, sur le point de réduire le bateau en cendres. Mais non, dès que les bordages commencèrent à noircir et à cramer sous la flamme, il déplaça le chalumeau comme une brosse de peintre. Je compris soudain ce qu'il faisait : il se servait de la flamme pour sécher les endroits d'une série de trous où il voulait enfoncer d'autres chevilles de bois. Si le bois était sec, les chevilles tiendraient mieux. Il avait pour sécher le pin une méthode radicale, et quand il eut terminé, sa belle coque semblait avoir servi pour un exercice de pompiers.

Puis un beau jour, comme nous déjeunions, Tom et moi, dans notre appartement, nous entendîmes des cris et des hurlements monter du chantier. Je courus au balcon, et ce que je vis avait tout l'air d'un accident. La galère n'était plus sur les traverses de sa quille. Elle venait de tomber sur le côté et gisait sur le sol. J'imaginai toutes sortes de malheurs : un homme écrasé sous la coque, les bordages brisés sous le choc. Tom se précipita comme un fou vers le chantier, puis remonta le sentier en courant jusqu'à la maison.

— Mon appareil ! haleta-t-il. Je suis revenu le prendre. Descends donc voir ce que Vasilis a fait !

— Que s'est-il passé ? demandai-je. Pourquoi le bateau est-il couché sur le flanc ?

— Je veux prendre la photo ! répondit Tom. Vasilis a décidé qu'il avait assez travaillé sur tribord et qu'il était temps de commencer le bordage de bâbord. Sans avertir personne il a enlevé les cales d'un côté du bateau, appelé Mimas et Tim Richards, puis donné un coup d'épaule pour faire rouler la coque à moitié construite. Comme si les deux hommes avaient pu la retenir !... J'espère qu'il n'y a rien de cassé ! ajouta-t-il en secouant la tête.

Jamais je ne m'habituai à la joyeuse habitude qu'avait Vasilis de faire rouler la galère d'un côté sur l'autre comme un cornac fait pivoter son éléphant au bain sur la rive d'un fleuve. Mais cela cessa vite d'être ma seule angoisse. Je ne savais pas encore si l'expédition recevrait l'autorisation de se rendre jusqu'à son but légendaire — l'ancien pays de Colchide où Jason avait conquis la Toison d'Or, qui est maintenant la République socialiste soviétique de Géorgie, au fond de la mer Noire, vers l'est. J'avais pris conseil auprès de lord Killanin, ancien président du Comité olympique international, qui avait eu à ce titre d'excellentes relations avec tous les dirigeants politiques de ce monde. Il me mit aussitôt en contact avec le ministre du Sport de l'Union Soviétique, qui me fit une proposition surprenante : l'homme qui, en Russie, s'intéresserait le plus vraisemblablement à mon projet était un docteur en médecine bien connu, vedette de la télévision, Youri Senkévitch.

C'était un nom que je connaissais bien. Senkévitch avait navigué comme médecin du bord avec l'explorateur et anthropologue norvégien Thor Heyerdahl, à bord de ses répliques de radeaux égyptiens *Râ* et *Tigris.* Parallèlement à sa carrière médicale, Youri était devenu présentateur d'une émission de voyages très populaire de la télévision soviétique. Par l'entremise des services culturels de l'ambassade soviétique à Londres, je lui écrivis pour solliciter son aide : pourrait-il appuyer ma demande d'entrée en Géorgie avec mon *Argo* et mes Argonautes ? Ma lettre disparut dans la machine administrative et pendant des mois je ne reçus rien. Je me rendis à plusieurs reprises à l'ambassade. L'attaché culturel soviétique se montrait charmant et courtois, mais non, il n'avait pas de réponse. Je devais attendre. Il n'était nullement question, pour moi, de retarder le projet ; il fallait aller de l'avant, construire le bateau, choisir l'équipage et espérer que tout se passerait bien. Puis, au moment où je m'y attendais le moins, je reçus un coup de fil du correspondant à Londres d'un grand journal russe.

— Monsieur Severin ? Pourriez-vous m'accorder une interview ? me demanda-t-il. Je voudrais vous poser des questions sur votre nouvelle expédition.

J'étais fort surpris, car je n'avais encore rien annoncé dans la presse.

— Bien entendu, répondis-je. Mais dites-moi, pourquoi vous y intéressez-vous ?

— Mon rédacteur en chef, à Moscou, vient de me demander de vous voir au sujet du voyage de la Toison d'Or. Youri Senkévitch a parlé de votre expédition dans son émission et annoncé que la télévision soviétique transmettrait votre arrivée en Géorgie.

Deux jours plus tard, la confirmation officielle arriva de l'ambassade. Mon expédition serait la bienvenue en Géorgie soviétique. Les autorités nous assisteraient de leur mieux et nous fourniraient un complément d'équipage à l'arrivée. La quête de la Toison d'Or semblait bénéficier de l'approbation internationale.

Fin mars, Vasilis avait presque fini de border le deuxième côté — bâbord — de la galère. Tom s'occupait activement de tout l'accastillage du bateau. C'est un véritable artiste du bois et pendant que Vasilis s'acharnait sur la coque — en lançant entre ses dents des imprécations destinées, je suppose, pour moitié à Colin Mudie et pour moitié à Vardikos —, Tom s'affairait à l'intérieur du bateau. Il installa les bancs de nage et l'emplanture du mât, réalisa le mât lui-même et la vergue à partir de troncs de cyprès, et façonna les pales des deux avirons de douze pieds de haut (3,65 m) qui serviraient de gouvernail pour diriger le bateau. C'est également un gréeur accompli, et nous avions trouvé à Athènes une réserve de cordages de chanvre, que Tom avait épissés, aiguilletés et rabattus pour faire les étais de mât, les écoutes et les drisses — déjà rangés en paquets fleurant le goudron. Chaque fois qu'un travail délicat se présentait, Tom arrivait avec son ciseau à bois et sa scie, son rabot et son ponçoir. Pour couronner la pièce de poupe, il sculpta à la main une décoration en forme de queue lovée.

Tout semblait parfait. Il n'y avait qu'une seule voix discordante. Juste au-dessus du chantier, sur la route, Dino, le vieux rival de Vasilis, regardait la galère prendre forme et embellir.

— Ce bateau ne vaudra rien ! l'entendit-on prétendre un jour. Il est beaucoup trop long et trop étroit. Ce n'est pas pour rien que les livres d'histoire sont pleins de récits de naufrage. Les bateaux d'autrefois tombaient en miettes. Celui-ci fera pareil.

Tim Richards dut retourner en Angleterre reprendre son travail, mais nous laissa en héritage une douzaine de poulies pour les cordages du bateau. Il les avait fabriquées à la main — en copiant scrupuleusement les poulies classiques retrouvées sur des bateaux naufragés dans toute la Méditerranée : des roues de bois tournant sur des chevilles de bois. Je n'avais rencontré son remplaçant qu'une seule fois, et pendant une petite demi-heure. Peter Wheeler s'était également porté volontaire comme marin pour l'expédition, mais lorsqu'il était venu me voir, il s'était montré fort imprécis quant à ses qualifications. Oui, il avait une certaine expérience de la voile. Mais le travail du bois et du métal ? Sa lettre précisait qu'il était ingénieur. Oh oui, répondit-il prudemment, il pouvait bricoler un peu — rien de professionnel, n'est-ce pas, du bricolage, quoi. J'appris vite que cette modestie était l'un des traits dominants du caractère de Peter. C'était en réalité un menuisier, un ingénieur et un dessinateur accompli, l'homme idéal pour surveiller tout l'accastillage de la galère quand nous serions en mer. Il s'avéra capable de réparer un aviron brisé avec des bouts de planche, de concevoir et de réaliser une autre pointe du bélier, de faire fonctionner tous les mécanismes récalcitrants, et toujours sans faire de vent ni d'embarras.

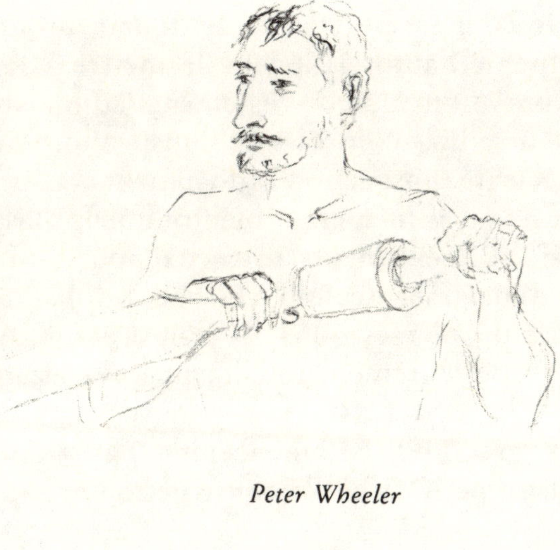

Peter Wheeler

Peu après son arrivée à Spetsai, à l'heure du petit déjeuner dans l'appartement, quelqu'un fit observer que Peter était sorti le matin à l'aurore.

— Tu as fait ton jogging ? lui demandai-je.

— Euh... oui, répondit Peter simplement.

— Jusqu'où es-tu allé ?

— De l'autre côté de l'île, je suppose.

Il y eut un silence. Le temps que chacun de nous calcule la distance jusqu'à l'autre côté de Spetsai. Peut-être dix kilomètres.

— Tu es mordu de course de fond ? Les marathons et tout ça ?

— Euh... oui.

— Quand as-tu couru un marathon pour la dernière fois ?

— La veille de mon arrivée à Spetsai.

Silence autour de la table...

Quand la galère fut presque terminée, vint le moment de déclarer son existence officielle aux autorités grecques. Jamais nous n'avions hésité sur le nom qu'elle devait porter. Dès la première esquisse sur la planche à dessin, nous l'avions appelée *Argo.* Cela semblait évident, en l'honneur de son prédécesseur, qu'Apollonios avait qualifié de « plus beau vaisseau qui a bravé la mer avec des avirons ». Malheureusement, je découvris bientôt qu'en Grèce il est plus facile de donner un nom à un bateau que d'obtenir l'autorisation de le mettre à la mer. Il fallait observer une montagne de règlements administratifs — mensurations officielles, contrôle de l'inspection maritime, dispositifs de sécurité, inspections, documents, paperasses à n'en plus finir. En fait, je m'aperçus bientôt que la bureaucratie grecque inventait ses règlements tortueux pour s'offrir sans doute le plaisir d'imaginer des moyens encore plus ingénieux de contourner les problèmes qu'elle s'était créés. Comme un joueur d'échecs supérieurement intelligent qui s'attaquerait à lui-même.

Les autorités grecques commencèrent par traiter *Argo* comme si c'était un petit cargo de construction grecque sur le point d'être lancé. On ne lui permettrait pas de prendre la mer avant de s'être soumis à certaines formalités officielles. Par exemple, il fallait que la galère soit inspectée par un métreur de la marine et reconnue conforme aux normes de construction établies pour les bâtiments de sa classe. En pure perte, je fis remarquer qu'à ma connaissance il n'existait aucune norme de construction établie pour les galères de l'Âge du Bronze. Combien possédait-elle de cloisons étanches ? Aucune — c'était un bateau non ponté. Dans ce cas, impossible de la mettre à la mer. Le bâtiment avait-il des réserves de flottabilité, le pont et la timonerie étaient-ils suffisamment solides pour résister à un paquet de mer ? J'essayai d'expliquer, sans succès, qu'un pont ne serait pas authentique sur le plan historique et que le timonier devait rester debout, exposé aux éléments. Le pauvre *Argo* rata son examen sur presque toute la ligne — pas de flottabilité, pas de structures étanches, pas de logement pour l'équipage, pas d'installation radio, etc. Il était même exigé que l'*Argo* dispose d'un système anti-incendie à poste fixe pour éteindre toute flamme dans la salle des machines. Malheureusement, nous n'avions même pas de « machines ».

C'était de toute évidence une affaire qui relevait de la compétence d'Oncle John, et il entra en contact avec son cercle d'amis. Les conseils affluèrent : de l'Inscription maritime grecque, d'architectes navals, d'officiers supérieurs de la Police portuaire, d'hommes de loi, et enfin des bureaux du ministère de la Marine marchande. A la satisfaction générale, un avocat à l'œil d'aigle repéra une clause spéciale dans un sous-paragraphe mineur du traité rédigé par la Convention maritime internationale pour la sécurité des vaisseaux en mer. Cette clause exemptait de la jungle des règlements et des formalités tout bateau qualifié du « vaisseau expérimental ». De toute évidence, il fallait ranger l'*Argo* dans la catégorie « vaisseau expérimental ». John organisa un entretien avec le ministre en personne ; le ministre scribouilla son paraphe, la baguette magique fit son œuvre. L'*Argo* devint donc, avec la bénédiction officielle, un cas spécial, et l'on nous donna un certificat unique en son genre, calligraphié et dûment tamponné, pour le prouver. C'était, à en croire le parchemin « un bâtiment expérimental de conception primitive ». Et au lieu de m'imposer des appareils automatiques de lutte contre l'incendie, des radios, des officiers de pont pourvus de diplômes agréés, des couchettes d'équipage aux dimensions approuvées par les syndicats, et une cambuse aux normes, on m'autorisa à prendre la mer sur ma promesse d'emmener à bord suffisamment de gilets et de canots de sauvetage pour mon équipage, un bosco, un médecin et un maître de nage.

Une semaine avant le lancement du nouvel *Argo*, il se produisit un événement si étrange que je ne pus m'empêcher d'évoquer un texte d'Apollonios de Rhodes sur le bateau de Jason. Il avait écrit que le premier *Argo* portait sur la proue un morceau de bois très spécial — un rameau coupé sur un chêne sacré du sanctuaire de Dodone. C'était une sorte de talisman, un charme porte-bonheur, et d'après Apollonios, il avait conféré au bateau le pouvoir de la parole. En des moments particuliers, par exemple le jour où il avait quitté Iolchos pour son épique voyage en Colchide, le premier *Argo* avait poussé un cri, d'une voix humaine.

Le 21 mars, le nouvel *Argo* gisait obliquement à l'endroit où il avait été construit. Hormis quelques détails, il était prêt pour le lancement. Ses dessous avaient reçu une couche de poix noire mélangée à du suif rance pour que la quille glisse plus facilement sur les traverses. Vasilis et Mimas avaient construit un berceau de bois très résistant sous le bateau pour qu'on puisse le manœuvrer en position correcte sur le plan incliné. Ils l'avaient déjà fait pivoter de sa première position, parallèle à la mer, et il se dressait presque perpendiculairement à l'eau. Au milieu de cette opération délicate, Vasilis avait imposé soudain une halte. Les quatre ou cinq personnes qui halaient les divers cordages dirigeant le bateau étaient venues s'asseoir un peu en retrait. l'*Argo* dans son berceau sur le plan incliné était complètement seul. Personne à moins de cinq mètres de la coque. Tout était silencieux. Et à cet instant, *Argo* parla. Très clairement et distinctement, il poussa un gémissement, lent, humain.

Pendant un moment, je me crus le jouet de mon imagination. Le son était un long murmure, un souffle, le bruit que fait un homme qui soupire dans son sommeil, mais en beaucoup plus long — peut-être quinze secondes. Puis cela s'arrêta. Un bref silence, et le long soupir lent reprit. J'était tellement stupéfait que je regardais autour de moi pour voir si un plaisantin n'était pas en train de me jouer un tour. Apparemment, les autres n'avaient rien entendu. Peut-être ne pouvait-on percevoir le son que de l'endroit où je me trouvais, à dix mètres du bateau et sur le côté. Quelqu'un d'autre pourtant avait entendu l'*Argo*, gémir : Vasilis. Il se dressa soudain, pencha la tête pour écouter, puis se dirigea vers la coque et la longea, pareil à un chien d'arrêt à la recherche d'une bécasse tapie. Le bruit se renouvela, doucement, comme si le bateau murmurait. Vasilis sortit soudain de sa poche un crayon de charpentier et posa légèrement la pointe contre la coque de l'*Argo*. Il passa très vite à une autre position et répéta l'opération. Puis il repéra l'endroit. L'*Argo* glissait très légèrement sur son berceau, et le grognement humain était produit par les planches graissées qui frottaient contre le bois des étais. Du plat de la main, Vasilis enfonça doucement en place un coin de bois. Le gémissement cessa. L'*Argo* se tut, mais j'avais senti un frisson courir entre mes omoplates.

Pour le lancement du premier *Argo*, selon Apollonios, les Argonautes avaient creusé une tranchée dans la plage, de la largeur nécessaire pour que le bateau gagne la mer. Ils avaient placé des rondins de bois dans la tranchée, puis fixé les avirons à bord, de sorte que leurs poignées dépassent à l'extérieur. Et les Argonautes s'étaient rangés de chaque côté du bateau, prêts à soulever. Tiphys, le timonier,

> sauta à bord pour dire aux jeunes hommes quand pousser. Il lança l'ordre d'un cri puissant et ils bandèrent l'échine aussitôt. Dès qu'ils soulevèrent,

> ils arrachèrent le bateau de sa place ; puis ils poussèrent vers l'avant, de toutes leurs jambes, pour que l'*Argo* continue d'avancer. Et il avança. Entre les deux rangées d'hommes qui couraient et criaient, l'*Argo* de Pélion descendit très vite. Les rouleaux, échauffés par la lourde quille, gémirent et réagirent au poids en lançant des volutes de fumée. Ainsi glissa-t-il dans la mer et il aurait continué plus loin si on ne l'avait pas retenu avec des haussières.

Le lancement du nouvel *Argo* ne fut guère moins spectaculaire. Par un heureux hasard, il eut lieu le premier jour ensoleillé du printemps. Sur le continent, à moins de deux kilomètres, des nuages d'orage déversaient une pluie torrentielle, mais le Vieux-Port de Spetsai étincelait sous un soleil éclatant. Des milliers de pavillons flottaient. L'*Argo* arborait les drapeaux des pays qu'il traverserait et des nations dont les membres de l'équipage étaient citoyens. Une foule importante s'était rassemblée, des îliens, des badauds venus d'Athènes pour la journée, des amis du projet. Vasilis avait enfilé son plus beau bleu de travail, repassé de frais. Il essayait de paraître nonchalant mais rayonnait de joie. Il avait promis de construire le bateau. Il avait joué sa réputation. Et maintenant l'*Argo* se trouvait sur la glissière, magnifique dans sa livrée neuve — rouge, bleue et blanche, nuances inspirées par les couleurs de fresques retrouvées à Mycènes.

Le prêtre orthodoxe grec du village était venu bénir le bateau neuf. C'était un personnage impressionnant, de grande taille, à l'allure théâtrale avec sa longue robe noire, son étole brodée, sa barbe luxuriante et sa haute coiffure noire. Il procéda à la bénédiction avec beaucoup de panache. On avait dressé une table devant le bélier de l'*Argo* , car il allait être lancé la poupe en avant. Une nappe avait transformé la table en autel, où se trouvait un bol d'eau bénite, une croix en bois d'olivier, un encensoir et un rameau d'olivier. Le prêtre entonna les prières puis trempa le rameau d'olivier dans l'eau et s'avança majes-

Sous le regard d'Athéna, qui le protège, Jason s'empare de la Toison d'Or, accrochée à un chêne sacré ; sur la droite, un Argonaute près de la poupe de l'*Argo (détail d'un vase du Ve siècle av. J.-C. Metropolitan Museum of Art, New York).*

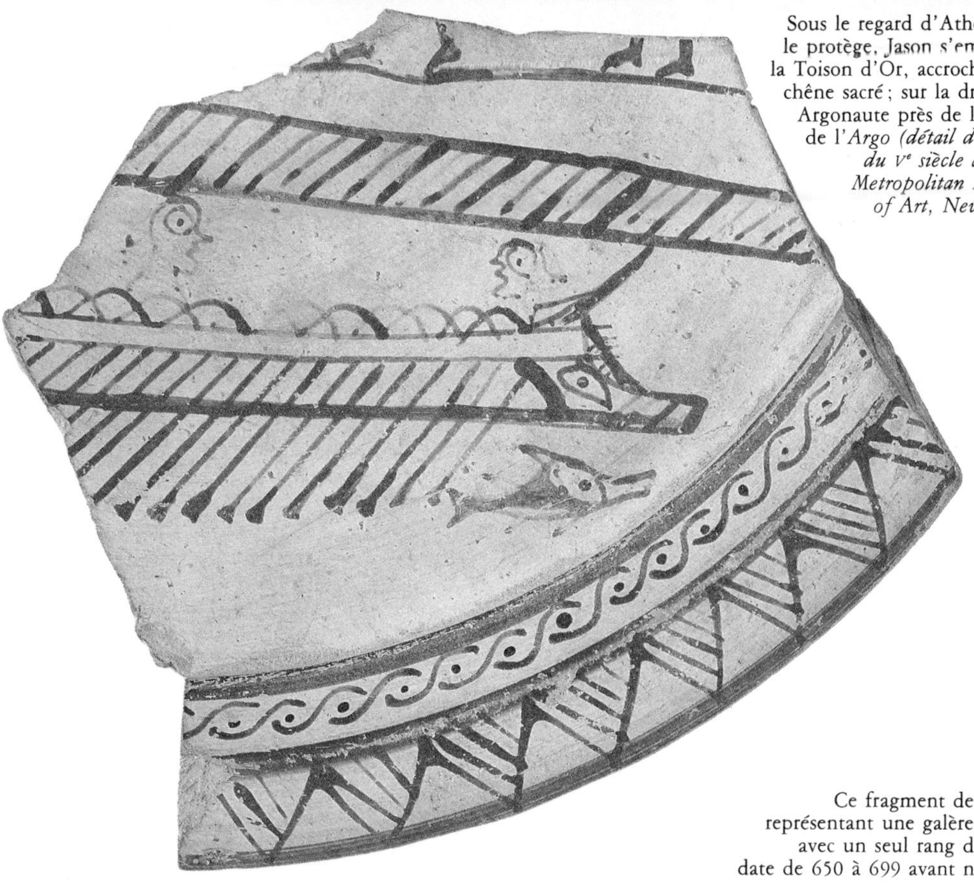

Ce fragment de poterie, représentant une galère grecque avec un seul rang d'avirons, date de 650 à 699 avant notre ère.

(A droite) Tom Vosmer et sa maquette de l'*Argo*, entre les mains de Tim Severin.

(*Ci-dessus*) Vasilis passe la coque à la flamme du chalumeau, méthode radicale de séchage du bois.

(*En haut*) Vasilis Délimitros coiffé de son curieux cône de feutre gris — le maître charpentier de Spetsai qui a construit l'*Argo*.

(*Ci-dessus*) « C'est l'outil qui a construit le bateau et il vous portera bonheur. » Le *skipani* (herminette) cloué par Vasilis à la proue avec un bouquet de fleurs le jour où l'*Argo* a quitté Spetsai.

(*A gauche*) Le lancement eut lieu le premier jour ensoleillé du printemps. Le prêtre grec orthodoxe du village était venu bénir le bateau.

(*En haut*) La voile carrée décorée du symbole de l'expédition : trois guerriers mycéniens avec javelot, casque et bouclier orné de la tête de bélier.

(*Ci-dessus*) La ville mycénienne de Dimini, récemment mise à jour, où Jason a peut-être passé son enfance.

(*Ci-contre*) A flanc de colline, un couloir bordé de pierres sèches : l'entrée d'une chambre funéraire mycénienne.

(*En bas*) Au-delà de l'arche, la tombe elle-même en forme de ruche. Peut-être la tombe royale du père de Jason.

MEMBRES DE L'ÉQUIPAGE

(*De gauche à droite*) Mark Richards, maître de nage ; Peter Wheeler, charpentier du bateau ; Tim Readman, le commissaire du bord.

(*Au centre*) Dave Brinicombe, preneur de son ; Peter Moran, cuisinier du bateau.

(*En bas*) Nick Hollis, médecin du bateau ; Peter Warren, galérien.

ΑΓ ΝΙΚ
ΝΒ

(*A gauche*) Une belle journée pour lancer une expédition ; pas le moindre vent et un léger voile de hauts nuages pour tamiser l'ardeur du soleil. L'*Argo* quitte Volos.

(*Ci-dessous*) Les rameurs à la peine. Au premier plan, Costas Ficardos. « J'aimerais que ma compagnie me voie en ce moment. J'étais chef-pilote d'Olympic Airways et on m'a obligé à prendre ma retraite à soixante ans. »

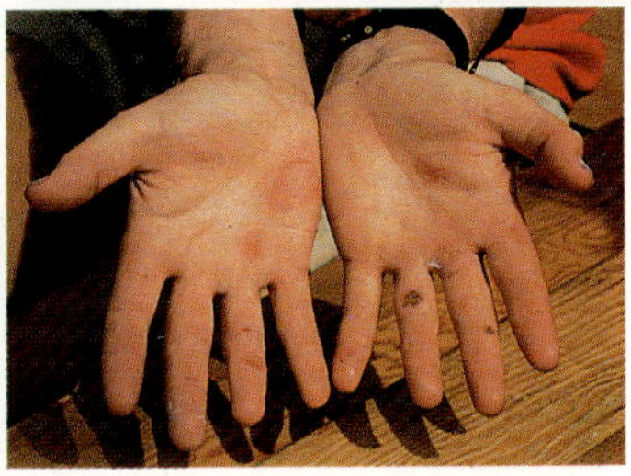

(*Ci-dessus*) « Les premières ampoules apparurent au bout d'une heure. Elles ne disparaîtraient pas avant la fin du voyage. »

(*Ci-contre*) Il semblait impossible que tout le monde ait un espace pour dormir.

(*Page suivante*) Mouillage idyllique sur une petite île. Trondur Patursson fait une esquisse du panorama.

Page de gauche, en bas) Un bateau de pêche nous lance un paquet de riandises, attrapé au vol par Miles Clark.

tueusement vers l'*Argo* . Il aspergea d'eau bénite les « yeux » ouverts au-dessus du museau, puis s'engagea d'un pas ferme sur l'échelle pour embarquer puis sauter de banc en banc, ses robes relevées, en aspergeant d'eau bénite, bateau et spectateurs.

Quand le prêtre redescendit du bateau, Vasilis s'avança du premier rang de la foule. Il tenait à la main son *skipani,* la petite herminette dont il s'était servi chaque jour pour la construction de l'*Argo.* Il se dirigea vers la galère et en six coups rapides, il traça trois croix alignées au bout du bélier. Puis il se pencha et embrassa ces croix. C'était sa bénédiction personnelle pour le bateau. Ensuite, il fit signe à la foule de s'écarter, en prévenant tout le monde que rester sur le plan incliné serait dangereux dès que l'*Argo* se mettrait à bouger. A cet instant, geste remarquable, les douze meilleurs charpentiers de marine de Spetsai sortirent de la foule. Je trouvai très touchant que ces hommes, habitués à travailler dans une indépendance farouche, se mettent ainsi d'eux-mêmes sous les ordres de Vasilis. C'était lui faire un magnifique compliment. Chacun d'eux portait un gros levier de bois pour aider à soulever le bateau s'il se bloquait. Ils formèrent deux lignes, de chaque côté de la glissière, puis se tournèrent vers Vasilis, très fier debout près de la proue, en attendant ses instructions. Il s'accroupit pour prendre l'alignement de la quille et fit signe à un homme, à l'avant, de modifier légèrement l'axe avec son levier : l'*Argo* attaquerait sa descente plus droit — de la largeur d'un cheveu.

Puis Vasilis lança un ordre. Quatre charpentiers armés de masses dégagèrent les principales cales. Quand il n'en resta plus qu'une, Vasilis s'avança avec un maillet et frappa trois coups. Au troisième coup, la cale partit et l'*Argo* se mit à glisser. Les deux rangées de charpentiers encouragèrent son mouvement avec leurs leviers, et la galère, de plus en plus vite, dévala le plan incliné. Les spectateurs applaudirent soudain quand elle plongea dans le port avec un bruit clair, se dégagea de son berceau et se mit à tourner doucement.

L'*Argo* avait une allure fantastique. Il flottait exactement sur la ligne de flottaison que nous avions peinte. C'était la première galère de ce modèle lancée à la mer depuis peut-être mille cinq cents ans. La foule poussait des vivats. Vasilis, bras croisés, regardait fièrement l'œuvre de ses mains. A mes côtés, Tom, qui avait travaillé si dur pour que ce bateau soit parfait, en avait les larmes aux yeux.

— Mon Dieu, s'écria-t-il, qu'il est beau ! Il est si beau qu'il me donne envie de chialer.

3
Le royaume de Jason

Le jour du joyeux lancement de l'*Argo*, Mark Richards, le maître de nage, débarqua à Spetsai avec le premier contingent de rameurs volontaires prévu pour les essais de la galère neuve. Peu après l'arrivée du bateau régulier du Pirée, douze jeunes gens arpentaient d'un pas décidé le quai du Vieux-Port. En tête, Mark, son crâne rasé dissimulé par le genre de chapeau de paille que portent les vicaires anglais dans les kermesses d'été. Il portait un maillot délavé et un short d'aviron bleu marine, dont le fond avait été ravaudé avec un bout de tissu éponge s'ornant du nom d'une bière fameuse. Ses tennis étaient éculés. A chaque main, un énorme paquet. Pour éviter les frais d'envoi par avion, j'avais demandé à l'équipage des essais d'apporter une partie de l'équipement du bateau. Mark avançait à grands pas athlétiques, comme s'il dirigeait une séance d'entraînement consistant à porter de gros paquets sur de longues distances à une vitesse de record olympique. Derrière lui, ses rameurs avaient l'air en pleine forme dans leurs shorts d'aviron — et chacun portait son paquet. Douze paires de jambes blanches, sans hâle, trahissaient leur arrivée récente. On aurait dit une petite patrouille de fourmis guerrières sur le point de passer à l'attaque.

Ils étaient tous membres, ou anciens membres, du Club Nautique du collège de Keble, à Oxford, et ils s'étaient portés volontaires pour venir en Grèce consacrer leurs vacances de

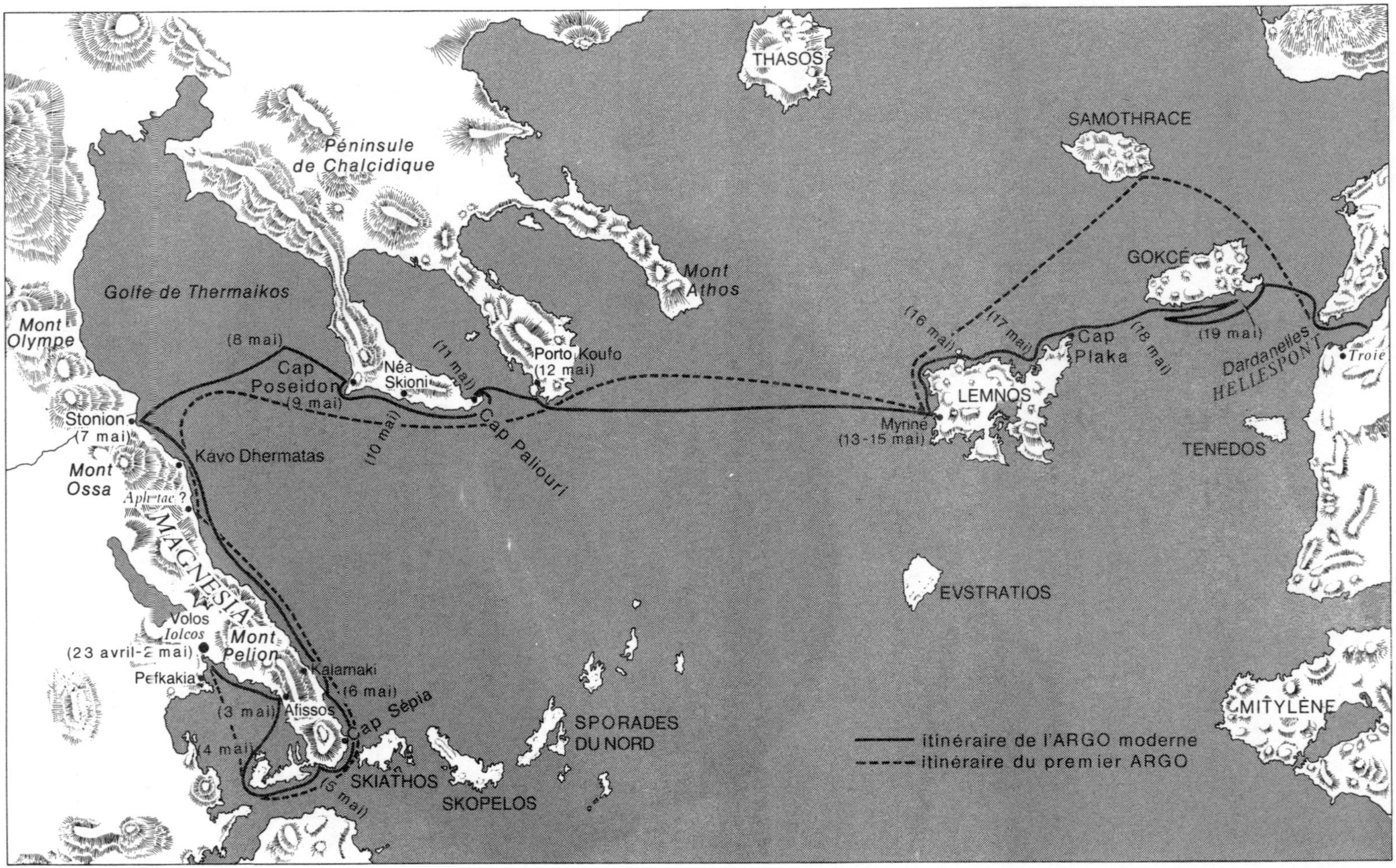
THASOS
SAMOTHRACE
Péninsule de Chalcidique
Golfe de Thermaikos
Mont Athos
GOKCÉ
Mont Olympe
(8 mai)
Cap Poseidon
(9 mai)
(11 mai)
Néa Skioni
Porto Koufo
(12 mai)
(16 mai)
(17 mai)
Cap Plaka
(18 mai)
(19 mai)
Dardanelles
HELLESPONT
Troie
LEMNOS
Mynne
(13-15 mai)
Stonion
(7 mai)
(10 mai)
Cap Paliouri
Kavo Dhermatas
Mont Ossa
TENEDOS
MAGNESIA
EVSTRATIOS
Volos
Iolcos
(23 avril-2 mai)
Mont Pelion
Kalamaki
Pefkakia
(6 mai)
(3 mai)
Afissos
Cap Sépia
SPORADES DU NORD
(4 mai)
SKIATHOS
(5 mai)
SKOPELOS
MITYLÈNE
itinéraire de l'ARGO moderne
itinéraire du premier ARGO

Pâques à déterminer les allures de l'*Argo*. Le lendemain, un second groupe de rameurs du collège, dont deux jeunes filles, vint compléter l'équipage des essais. L'enthousiasme du Club Nautique de Keble était tel que le barreur du collège — prénommé Jason ! — les accompagnait sur ses béquilles. Il venait de se casser la jambe dans un accident de motocyclette mais ne voulait pas rater l'occasion ! Ils étaient tous charmants, pleins de bonne humeur et d'énergie, et quand ils quittèrent Spetsai deux semaines plus tard, ils avaient mis au point la meilleure façon de naviguer avec le bateau, et réussi à faire avancer l'*Argo* à la vitesse très respectable de six nœuds. L'avant-dernier jour, ils firent le tour de l'île à la rame avant le déjeuner. Après leur départ, je découvris une petite copie des armes du collège, brodée par l'une des jeunes filles et cousue dans l'angle de la voile neuve de l'*Argo*.

Pendant les derniers jours des essais de nage, un équipage de « livraison » s'était constitué pour conduire l'*Argo* de Spetsai au port de Volos, dans le nord, point de départ de l'expédition dans le sillage de Jason et des Argonautes. Il s'agissait bien entendu de volontaires. Certains, comme Tim Readman et Peter Moran feraient partie de l'équipage définitif ; mais d'autres, ne pouvant quitter leur travail que pour un congé de deux semaines, n'effectueraient que la traversée de livraison. Ils allaient vivre une quinzaine éprouvante et fort inconfortable, car le printemps était encore froid et venteux, mais il fallait que l'*Argo* arrive à Volos avant le début de la saison de voile : je voulais avoir du temps devant moi pour des aménagements de dernière minute, avant d'entreprendre notre voyage de mille cinq cents milles nautiques jusqu'en Union Soviétique.

Les Spetsiotes offrirent à l'*Argo* une soirée d'adieu. Elle se tint sur la place principale, près du Pont-Neuf, à l'endroit même qui m'avait paru si triste et désert lors de ma première visite — combien de mois plus tôt ? Maintenant, la place était envahie d'îliens. Des jeunes gens et des jeunes filles du lycée, vêtus de costumes grecs anciens, exécutèrent des danses traditionnelles. Le maire prononça un discours et tout le monde fêta Vasilis, qui n'avait pas l'air à son aise en complet bleu, avec col et cravate — mais Evgenia, sa fille, était manifestement ravie que son père soit un héros. Quand les dernières lueurs du crépuscule s'éteignirent, les jeunes gens s'alignèrent sur l'escalier de pierre du port en brandissant des flambeaux rouges, tandis que l'*Argo,* le drapeau de Spetsai à son étrave, s'éloignait à la rame. On lâcha de la foule une colombe de paix. L'oiseau vola au-dessus des têtes des rameurs, traversa rapidement la fumée des flambeaux, tourna dans les airs et disparut.

Le lendemain matin, notre dernier jour sur l'île, Vasilis nous fit ses adieux personnels — bouleversants. Il arriva sur son scooter à son chantier où l'*Argo* était en train d'embarquer ses dernières provisions. Comme toujours, les chats du Vieux-Port s'élancèrent à sa rencontre, mais cette fois Vasilis ne les regarda même pas. Il marcha tout droit vers la petite jetée de bois à laquelle l'*Argo* était amarré. Il portait un petit bouquet de fleurs sauvages de l'île, qu'il avait cueillies le matin même ; dans l'autre main il tenait son *skipani,* son herminette. Il monta à bord sans un mot, planta deux clous dans la pièce de poupe, et y fixa son *skipani* et le bouquet de fleurs.

— Gardez le *skipani* à bord de l'*Argo,* me dit-il. C'est l'outil qui a construit le bateau et il lui portera bonheur. Souvenez-vous que c'est un bateau construit à Spetsai, et si jamais vous avez besoin d'aide, faites appel à moi. C'est le meilleur que j'aie jamais fait.

Evgenia lui tenait la main. Il resta sur la jetée à nous faire signe tandis que nous sortions du Vieux-Port, en route pour Volos, et notre vrai départ à la conquête de la Toison d'Or.

Les ruines de Mycènes se trouvaient à quatre heures de voiture de Spetsai, au nord-ouest. Ce site a donné son nom à la civilisation la plus remarquable de Grèce continentale à l'Âge du Bronze, et sa citadelle demeure le symbole de la culture mycénienne. Elle couronne la colline d'une suite impressionnante de murailles massives ; des escaliers conduisent au grand palais, en haut ; et un cercle de pierres levées entoure les tombes où furent enterrés une demi-douzaine de rois de Mycènes, avec tellement de métal précieux parmi leur trésor funéraire que les archéologues ont fini par accepter l'épithète homérique de « Mycènes riche en or ». La réputation de splendeur de Mycènes n'est pas près de s'estomper. La fameuse Porte aux Lions, première sculpture monumentale d'Europe, demeure l'un des sujets les plus photographiés de la Grèce. Les vers d'Homère ont tissé un dais d'immortalité au-dessus du roi Agamemnon. Le masque d'or d'un seigneur primitif de Mycènes, que l'archéologue Schliemann avait attribué à Agamemnon lui-même lorsqu'il l'avait retrouvé dans un des puits de sépulture du site, vous regarde de ses orbites vides à chaque coin de rue — affiches, cartes postales, couverture du catalogue du Musée national... On sait moins que, selon la légende, Hercule se trouvait sur la place du marché de Mycènes quand il apprit que Jason recrutait des hommes pour partir à la conquête de la Toison d'Or. Aussitôt, Hercule interrompit sa série de Travaux pour se porter volontaire. Il venait de terminer son quatrième Travail, la capture du sanglier d'Erymanthe, et il avait jeté sur ses épaules l'animal vivant, à la gueule écumante. En entendant la nouvelle, il jeta l'animal enragé sur les dalles, devant la foule abasourdie, et partit pour Volos où se rassemblaient les Argonautes.

Les Grecs, depuis Homère, ont toujours considéré l'ère mycénienne comme une époque de hauts faits, et la civilisation de ce temps conserve aujourd'hui encore un parfum d'épopée chevaleresque. La vie devait être vraiment magnifique et plaisante pour les roitelets et leurs gentes dames, qui régnaient dans les palais et citadelles épars d'un bout à l'autre de la Grèce. Les fresques de leurs artistes de cour les montrent en train de chasser le gibier, de défiler dans leurs chars avec leurs chiens de chasse, qui ressemblent à des barzoïs efflanqués. On les voit parfois se consacrer au passe-temps plus dangereux de la guerre, tandis que leurs dames (ou peut-être leurs prêtresses) leur souhaitent bon voyage ou bonne chance. Nos musées contiennent des dizaines d'anneaux mycéniens en or, de dagues de bronze splendides, incrustées de scènes de chasse au sanglier, d'élégantes coupes montées sur de hauts pieds, et de bijoux étonnants. Bien entendu, à l'origine de ce luxe et de cette pompe se trouvait la sueur d'une masse d'esclaves et de pauvres, qui constituaient la base de l'édifice social. Mais entre eux et les familles seigneuriales s'étendait tout un réseau d'artisans et d'artistes, auteurs de toutes les belles œuvres créées à l'intention de l'aristocratie dirigeante. Il y avait d'excellents potiers, tailleurs de pierres précieuses, armuriers, couturières, sans parler de tous les emplois beaucoup plus prosaïques mais nécessaires — majordomes, chasseurs, cuisiniers, jardiniers, servantes de maison et le reste. Chaque palais, comme le prouvent les tablettes en Linéaire B, possédait également son contingent de scribes et de fonctionnaires, qui comptaient ceci, contrôlaient cela, tenaient les registres, payaient au personnel leurs gages en blé et en huile. C'était une société organisée à une échelle plus réduite et moins impériale que celles d'Égypte ou des grands rois hittites d'Anatolie, mais elle se flattait à juste titre de sa culture, de son animation et de son grand sens du style.

Le prince Jason avait grandi dans ce monde-là. Toutes les versions de la légende le présentent comme un membre de la famille régnante d'Iolchos, cité riche du nord-est (aujourd'hui Volos). Iolchos n'avait ni la grandeur de Mycènes, ni l'agressivité de la triste Tirynthe avec son immense château de granit dominant la plaine côtière comme un pugiliste soupçonneux qui attend un affront. Iolchos s'orientait davantage vers le commerce et semblait plus prospère et plus subtile. On aurait sans doute pu la comparer à Pylos, où le roi Nestor tenait sa cour. Comme Pylos, elle n'avait pas jugé nécessaire de construire des murs colossaux de défense, bien qu'elle offrît un très riche butin à n'importe quel envahisseur.

Nous savons aujourd'hui que le treizième siècle avant notre ère, date de l'épopée des Argonautes, s'achèverait sur le déclin rapide de la gloire mycénienne. Mais ce ne fut pas un crépuscule — bien au contraire. La société mycénienne se montrait, semble-t-il, plus active, et plus luxueuse que jamais dans le passé — à la limite de la frénésie. Des découvertes récentes ont révélé que les Mycéniens avaient essaimé au-delà des mers et établi de petites colonies sur la côte égéenne d'Anatolie, dans les marches occidentales du grand empire hittite. Les tablettes d'argile des archives officielles hittites font état d'un peuple inconnu qui a dû être ces Mycéniens d'outre-mer. On les présente comme une race extravagante adonnée à la fanfaronnade, passant son temps à aller et venir en char et à se défier mutuellement en combat singulier. Des Mycéniens entreprenants aux tendances moins matamores envoyaient leurs produits marchands en Égypte, en Italie et jusque dans la vallée du Danube. Enfin, bien entendu, les seigneurs de la guerre ambitieux de ces petits royaumes et fiefs dispersés eurent assez d'imagination pour lancer la première grande attaque par mer de l'histoire — mille bateaux, a-t-on dit — qui aboutit à la chute de Troie.

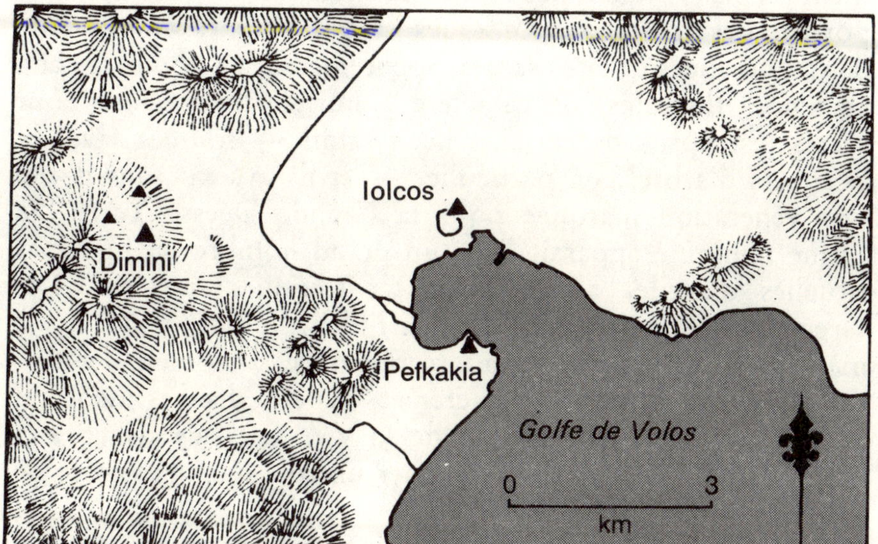

Les ruines, les tessons et les outils découverts par les archéologues prêtent corps à la légende. Le palais mycénien typique avait une cour centrale, une salle d'audience pour le seigneur, des appartements latéraux avec bains alimentés par une distribution d'eau courante, des magasins et des chambres d'invités. Les dames de la cour possédaient des coffrets à bijoux, se coiffaient avec art selon la mode, utilisaient des peignes d'ivoire africain, des fards et des parfums. Mais les opinions et les croyances de l'époque demeurent beaucoup moins claires. Les notions religieuses, si importantes pour l'histoire de Jason, ont été étouffées sous le panthéon de la Grèce classique. Apollonios de Rhodes nous montre Héra, Poséidon, Apollon, Cupidon et d'autres divinités de l'Olympe en train de prendre part aux affaires de Jason. Mais autant que l'on sache, ces dieux n'existaient pas au treizième siècle, en tout cas sous leur forme postérieure. Nous pouvons supposer que les Mycéniens croyaient en une vie après la mort puisqu'ils enterraient la plupart de leurs chefs dans de magnifiques tombes en forme de ruche. Les seigneurs, les chefs et probablement les clans avaient des totems car nous voyons des hommes portant des masques grotesques et des femmes en train de danser au cours de rites sacrés, apparemment en hommage aux anciennes divinités, de caractère animiste. Ils tenaient pour sacrés les esprits de certains lieux saints — sources vives et bosquets d'arbres, en particulier — et ils avaient sans doute une vénération marquée pour la Grande Déesse Terre. Sa forme féminine apparaît dans un grand nombre de figurines rituelles d'argile, omniprésente et toujours suprême. Les Grecs des époques ultérieures l'identifièrent à Rhéa, la mère de Zeus, et elle devait réapparaître sous bien d'autres oripeaux, Dindymène, Déméter et Cybèle, déesses associées à la Terre, au cycle naturel de la vie, aux saisons et à la nature. Elle devait également jouer un rôle dans l'histoire de Jason.

A notre arrivée à Volos, pour le début de notre voyage, Vasiliki Adrini, la conservatrice du musée de la ville, avait quelque chose de très important à me révéler. Vasiliki était archéologue et elle m'emmena à quatre kilomètres à l'ouest de Volos en haut d'une colline entourée d'une couronne de cyprès. Le sommet de la colline était sillonné de murets de pierre datant de l'Âge de Pierre. Dimini (comme s'appelait le site) avait été l'une des premières villes à plan régulier de l'histoire européenne. Mais ce n'était pas ce que Vasiliki désirait me montrer. Creusée dans le flanc de la colline, se trouvait une sorte de tranchée bordée de pierres dressées, qui conduisait à une arche massive ayant pour linteau, d'un seul bloc, une pierre de six pieds sur quatre (1,83 m × 1,22 m). Toute personne ayant vu la Porte aux Lions de Mycènes reconnaissait cette arche au premier regard : l'entrée d'une chambre funéraire mycénienne. De l'autre côté de l'arche se trouvait la tombe proprement dite, espace en forme de ruche, creusé au cœur de la colline et tapissé de blocs de pierre magnifiquement ajustés. Vasiliki m'expliqua qu'on avait découvert la tombe quand la voûte s'était effondrée sous le poids d'une vache qui tomba dans le trou. Tout avait été dérobé, hormis quelques tessons, mais on décida sans hésiter qu'il s'agissait d'un monument funéraire royal de l'époque mycénienne, vers la fin de l'Âge du Bronze.

— N'est-ce pas étrange ? me demanda Vasiliki. Si c'est bien le tombeau d'un roi, pourquoi ne l'a-t-on pas enterré dans la cité royale d'Iolchos, où nous avons retrouvé d'autres tombes de ce genre ? Pourquoi ici, loin de la ville sous cette colline ? Il y a trois ans, un paysan du coin a demandé aux autorités archéologiques la permission de défricher un champ au pied de la colline. Il avait besoin de notre autorisation parce que ces terres font partie d'un site archéologique protégé. Avant de le laisser labourer, nous avons sondé le champ pour vérifier qu'il n'y avait rien d'important d'enterré. Nous pensions à des restes de l'Âge de Pierre, en relation avec la ville du sommet. Imaginez notre émerveillement quand nous avons découvert un site de ville mycénienne, petit, mais au plan parfait ! Personne ne s'y attendait. Pourquoi une autre ville mycénienne si près de la grande cité d'Iolchos ? C'était sans précédent. Et, je le répète, difficile à expliquer.

Vasiliki m'accompagna sous les amandiers, au milieu des murs de cette ville mycénienne qu'elle avait découverte avec ses collègues. Ils n'avaient pas encore terminé leurs recherches, mais de toute évidence la ville avait été très bien conçue. On voyait nettement l'artère principale bordée de bâtisses mycéniennes ; chaque maison suivait le plan typique de l'époque — trois pièces : la salle de séjour, la chambre à coucher et le magasin. Dans le sol de sa demeure, le propriétaire avait creusé un trou pour placer une grande amphore de terre qui lui servait de garde-manger. Vasiliki m'expliqua qu'à de nombreux signes, on pouvait juger que Dimini avait été fondée de toutes pièces, comme une ville satellite d'Iolchos, visiblement associée à la cité principale. Elle avait cependant moins prospéré que la métropole. Tout ce que les archéologues avaient trouvé en fait d'objets de maison — à vrai dire très peu de chose — était modeste et utilitaire.

— Nous avons remarqué ensuite deux choses également étranges, me dit Vasiliki. D'abord, la ville n'a été habitée que pour une très courte période, un siècle ou moins. Elle a été construite, habitée, puis abandonnée. Et cela nous a posé une deuxième énigme : pourquoi les gens étaient-ils partis ? Ils n'avaient été chassés ni par une attaque ennemie, ni par un tremblement de terre ni par un incendie. Nous n'avions trouvé aucune trace de catastrophe. Ils avaient vidé leurs maisons, semblait-il, et les avaient quittées en bon ordre. Pour quelle raison ? Et vers où ?

Vasiliki me regarda, et je sentis dans ses yeux la passion de l'archéologue pour le travail de détective qu'il fait sur l'histoire en essayant d'expliquer le passé à l'aide d'une poignée d'indices.

— Vous avez sans doute deviné l'explication la plus logique. Ce site devait être lié à l'histoire de Jason et de la conquête de la Toison d'Or. Cette ville a été construite, occupée et abandonnée à l'époque présumée du voyage des Argonautes. La légende nous apprend que le père de Jason fut dépossédé du trône d'Iolchos par son demi-frère le roi Péléas. Peut-être Æson, le père de Jason, vint-il ici avec ses derniers fidèles et fonda-t-il cette ville en dehors des murs de la cité. Jason aurait donc passé son enfance en ces lieux. Le récit nous précise qu'à son retour de la quête de la Toison d'Or, comme il était sorti vainqueur de l'épreuve, Jason avait repris le trône d'Iolchos au roi Péléas. Ce serait donc à ce moment-là que les gens de Dimini auraient évacué leur ville, en emportant tous leurs biens à Iolchos, pour suivre leur nouveau roi. Voilà pourquoi ces maisons mycéniennes ont été si bien rangées et nettoyées par leurs propriétaires. Et si c'est le cas, la tombe que nous avons visitée sur la colline a de grandes chances d'être le monument funéraire du roi Æson, père de Jason.

On ne pouvait imaginer meilleure incitation à découvrir la part de vérité derrière la légende de Jason. Ici, sur une colline de son propre pays, les données archéologiques semblaient suggérer que le commencement et la fin de l'ancienne légende étaient authentiques.

Selon les textes légendaires, Jason s'était lancé dans la quête de la Toison pour reconquérir le trône d'Iolchos, dont il était l'héritier de droit mais qu'avait usurpé son demi-oncle le roi Péléas. Ce dernier devait être un personnage terrifiant. Sa mère, princesse mycénienne persécutée par une marâtre jalouse, l'avait abandonné peu après sa naissance. Elle avait laissé le bébé dans un champ, où le découvrirent un groupe de pâtres, ou plutôt un des chevaux que ces pâtres gardaient. L'animal marcha sur l'enfant et le sabot défigura tellement Péléas, qu'il grandit au milieu des pâtres avec une horrible cicatrice sur le visage. Quand il apprit son lignage, Péléas retrouva l'ignoble marâtre, la pourchassa jusque dans le temple d'Héra et la tua alors qu'elle s'accrochait à l'autel. Ce crime violait outrageusement le droit d'asile du sanctuaire, et selon les notions grecques de châtiment divin, ce fut la raison de la mort violente de Péléas, manigancée par l'épouse de Jason, à l'instigation de la déesse vengeresse Héra.

La mère de Péléas avait par la suite épousé le roi d'Iolchos et Péléas réussit donc à déposséder Æson, l'héritier de droit. Il laissa vivre Æson, mais comme simple sujet. A la naissance de Jason, ses parents craignirent que Péléas ne considère l'enfant royal comme une menace et le fasse assassiner. Ils annoncèrent que le bébé était mort-né et le conduisirent secrètement dans la campagne, où il grandit, comme plusieurs autres héros anciens, auprès du sage centaure Chiron, sur les pentes du mont Pélion.

Le jour où il eut l'âge de réclamer son héritage, le jeune homme partit à pied vers la cité d'Iolchos. En chemin, il dut traverser à gué un cours d'eau appelé Anavros. Une vieille femme attendait pour passer sur l'autre rive, car la rivière se trouvait en crue. Malgré sa hâte, Jason s'arrêta pour l'aider. Il souleva la vieille femme — qui était la déesse Héra déguisée — et la porta jusqu'à l'autre rive. Ce faisant, Jason perdit une de ses sandales, happée par la vase de la rivière. Et quand il apparut sur l'agora d'Iolchos, il ne portait donc qu'une seule chaussure, ce qui rappela au roi Péléas, dès qu'il posa les yeux sur le jeune inconnu, un ancien oracle selon lequel il serait renversé par l'homme venu à lui « avec un seul pied nu ».

Désireux d'échapper à son destin, continue la légende, le roi Péléas posa à Jason une question piège : Que ferait-il s'il se trouvait en face d'un homme qui, selon une prophétie, devait le détruire ?

— Je l'enverrais chercher la Toison d'Or, répliqua le naïf jeune homme.

— Qu'il en soit ainsi ! répondit le roi Péléas.

Une autre version de l'histoire prétend que Jason révéla son identité au roi et réclama le trône d'Iolchos comme son dû. Sans soulever d'objections, Péléas accepta de renoncer à la couronne pourvu que Jason prouve sa valeur à la cité en ramenant la Toison d'Or. Dans une version comme dans l'autre, l'entreprise est considérée comme suicidaire.

La Toison revêtait un sens particulier pour la famille de Jason, les Æolides, dont l'insigne de clan était un bélier. En fait, on ne peut s'empêcher de penser que la Toison était une sorte d'objet rituel sacré, qu'ils vénéraient. Son histoire remontait à deux générations plus tôt. Il s'était produit une succession de mauvaises récoltes dans la cité béotienne d'Orchomène, gouvernée par un autre Æolide, le roi Athamas. Celui-ci, persuadé que les dieux étaient furieux contre la ville, décida de les apaiser... La vrai raison, c'était qu'Ino, la nouvelle épouse d'Athamas, avait conçu une intrigue pour se débarrasser des enfants du premier lit, le prince Phrixos et la princesse Hellé. La reine Ino avait persuadé en secret les femmes d'Orchomène de faire griller les semences avant de les planter, ce qui avait tué le grain et détruit tout espoir de récolte. Ensuite, elle s'était arrangée pour que l'oracle de Delphes, consulté pour trouver une solution à la famine, conseille au roi Athamas de sacrifier ses deux premiers-nés pour conjurer la malédiction. Le prince Phrixos et la princesse Hellé furent donc conduits à l'autel des sacrifices. Mais un bélier à la toison d'or apparut soudain et demanda aux enfants de monter sur son dos. Ensuite, le bélier s'envola vers l'Orient. Lorsqu'il passa au-dessus du détroit qui sépare l'Asie de l'Europe, la princesse Hellé lâcha prise, glissa, tomba dans le détroit et s'y noya. Le détroit porte depuis le nom de d'Hellespont, en mémoire d'elle. Phrixos, après s'être arrêté sur la côte anatolienne de la mer Noire, gagna le royaume de Colchide, où le roi, Aïétès l'accueillit à bras ouverts. Il s'établit sur ces rivages du fond de la mer Noire, épousa une des filles du roi, et mourut en Colchide. Sur sa demande, le bélier fut sacrifié et sa toison suspendue dans un chêne sacré.

Cette histoire du bélier volant évoque probablement de façon imagée la fuite des enfants royaux par un autre moyen, peut-être un bateau mycénien se livrant au commerce avec l'Orient, mais c'est une conjecture. En ce qui concerne la légende des Argonautes, le point important, c'est que le peuple d'Iolchos savait très bien où se trouvait la Toison d'Or et où Jason devrait aller la chercher. Personne, et en particulier le roi Péléas, ne s'attendait donc à revoir Jason en vie.

Vasiliki, l'archéologue, avait un autre indice à me fournir.

— Quand nous avons commencé à étudier de près cette ville

mycénienne, me dit-elle, nous nous sommes souvenus qu'à la fin du siècle dernier, au moment des premières fouilles sur le sommet de la colline de Dimini, les archéologues — qui s'intéressaient seulement aux niveaux de l'Âge de Pierre — avaient trouvé des murs anciens au-dessus de la colonie néolithique. Ces murs, croyons-nous maintenant, devaient être les restes d'un petit palais ou manoir mycénien, bâti sur la hauteur. Peut-être la demeure de Jason. Nous manquons de preuves incontestables pour étayer cette théorie, mais le conseil municipal de Volos va changer le nom du cours d'eau qui serpente entre Dimini et la ville. C'est sans doute la rivière que Jason a traversée pour sa première rencontre avec le roi Péléas, l'endroit où il a perdu sa sandale dans la vase. Nous avons proposé que la rivière s'appelle de nouveau Anavros.

Du haut de la colline, je pouvais voir au sud la vaste étendue de la baie de Volos, d'un bleu d'acier sous le soleil printanier. Sur la droite, une rangée de hauteurs s'inclinait vers un petit promontoire. Et sur le promontoire, un bosquet de pins verts donnait son nom à l'endroit : Pefkakia, le coin des pins. C'était là que l'*Argo* attendait, halé sur la grève pour subir des aménagements de dernière minute avant le début du voyage en Colchide. Je pensais que Pefkakia était l'endroit le plus probable qu'aurait choisi Argos pour construire le premier *Argo*. Ce devait être le port des galères d'Iolchos à l'époque de Jason. La situation était parfaite : un ancrage abrité, une source d'eau douce potable non loin, et une plage fine, en pente douce, pour remonter les galères au sec. Pas plus tard que la veille, j'avais vu une bourrasque descendre sur la baie en tournant comme un derviche, des hauteurs du mont Pélion. Le coup de tabac avait battu les amarrages du port moderne, soulevé des paquets d'embruns à la surface de l'eau, secoué les gros bateaux et chassé les petites embarcations de pêche à la recherche d'un abri. Elles étaient toutes allées à Pefkakia, bien placé à l'abri de la terre, avec des fonds de bonne tenue pour les ancres. Ce qui convenait à un petit bateau d'aujourd'hui convenait également il y a trois mille ans. Et, bien entendu, à moins de cinquante mètres du moderne *Argo,* sur la plage de Pefkakia, se trouvaient d'autres fouilles. Des archéologues allemands, il y a dix ans avaient mis à jour, en creusant le limon sablonneux, les murailles et les fondations d'une troisième agglomération mycénienne.

Peter Wheeler, sur la plage de Pefkakia, était en train d'aménager le bout du bélier de l'*Argo.* Pendant le voyage de livraison, de Spetsai à Volos, nous avions découvert que le bélier constituait une plate-forme idéale à usages multiples. Si l'on plongeait à la mer, c'était l'endroit le plus facile pour remonter à bord. Pour faire sa toilette ou ses besoins, il constituait un lieu idéal avec de l'eau courante de chaque côté. Cela expliquait aussi la ligne de grosses chevilles insolites, visibles sur la pièce de proue de plusieurs représentations anciennes de bateaux grecs. Le but de ces chevilles, pareilles à des cornes minuscules, avait défié la sagacité des érudits, mais j'avais demandé à Tom de les mettre en place de toute manière, persuadé que nous trouverions leur fonction tôt ou tard. Dès qu'il les avait vues, Vasilis avait compris leur utilité : « La *scalita* », lança-t-il. La petite échelle, et nous nous en servîmes ainsi : une série de prises pour les mains et de marches pour les pieds quand on voulait monter à bord depuis le bélier. Cependant, passer de l'eau sur le bélier lui-même n'était pas une petite besogne, et Peter décida d'installer tout au bout du bélier une sorte de poignée à laquelle un nageur pourrait s'agripper pour se hisser à bord. Quand Peter eut terminé, ce qu'il avait réalisé sauta aux yeux de tous. Sa poignée avait transformé le bout du nez de l'*Argo* en un groin de sanglier — et c'était exactement ainsi que la plupart des artistes grecs primitifs dessinaient leurs bateaux.

Trondur Patursson, qui avait participé à la livraison, décida qu'il était grand temps d'améliorer les « yeux » de l'*Argo.* Ils avaient encore l'air trop innocents, trop naïfs. Et ils louchaient légèrement. Il les redessina, ajouta un soupçon de menace et leur donna le regard agressif qui convenait à un vaisseau de guerre prêt à prendre la mer pour ramener la Toison d'Or d'un royaume hostile.

Les nouveaux Argonautes commençaient à arriver à Volos : Nick, notre médecin de bord, imperturbable comme toujours,

et le grand Peter Dobbs — deux anciens de Sindbad. De la même taille que Peter, Miles Clark, en permission de l'armée britannique, nous révéla bientôt son talent de mime et d'humoriste ; sa réserve inépuisable de blagues mit tout le monde de

Sur la glissière à Pefkakia

bonne humeur. Peter Moran, le cuisinier, expliqua à Tom pourquoi il avait besoin d'une trappe de pont amovible pour constituer un magasin supplémentaire, où il entasserait ses paniers et ses boîtes à provisions. Les braves élus de Volos nous avaient offert une généreuse réserve de vin de la marque Argo, et nous n'avions pas d'endroit où ranger le précieux cadeau.

La Volos moderne n'a pas manqué d'honorer la mémoire de l'épopée de Jason. L'artère principale de la ville s'appelle rue des Argonautes ; une belle maquette en bronze de l'*Argo* de Jason se dresse près des quais modernes, et plusieurs tavernes portent le nom du plus célèbre vaisseau d'Iolchos. Volos nous fournit aussi un volontaire pour l'équipage — Élias, architecte de la ville, très désireux de nous suivre bien qu'il n'eût jamais mis le pied dans un petit bateau. J'estimais que pendant notre traversée des eaux grecques, nous avions tout intérêt à avoir le plus grand nombre possible de Grecs à bord. Je comptais de même attirer le plus grand nombre possible de Turcs parmi nous quand nous naviguerions en Turquie. J'espérais enfin trouver des rameurs soviétiques à notre arrivée en Géorgie. Il était important pour le projet que chaque pays ait des représentants à bord et participe directement à l'aventure.

Élias était accompagné par deux de ses compatriotes, le grand Théodore, ingénieur électricien de son état, et Costas, trapu, aux cheveux tout blancs. En avril, Costas m'avait demandé par téléphone de lui retenir un aviron. Il était, me dit-il, un marin très expérimenté, possesseur d'un bateau de plaisance. Il vivait à Athènes et avait beaucoup navigué dans la mer Égée. Cela me parut idéal, et il parlait un anglais excellent. J'allais l'inviter sans plus de formalités à se joindre à l'équipage, mais il ne m'en laissa pas le temps.

— Il y a peut-être malgré tout un problème..., m'annonça-t-il avec tact. Mon âge. J'ai soixante ans.

Je restai sans voix. Un rameur de galère à soixante ans ? Je n'avais pas envie qu'un de mes hommes ait une crise cardiaque à force de ramer heure après heure sous le soleil. Je proposai donc à Costas de se joindre à nous pour la livraison du bateau de Spetsai à Volos. S'il trouvait la cadence trop dure, il pourrait renoncer avec les honneurs de la guerre. Mais il s'avéra que Costas était un héros ! Il avait résolu de ne pas abandonner. Les premiers jours, il vécut des heures horribles de souffrance et d'épuisement, et le soir il tremblait de fatigue. Mais il avait un esprit indomptable. Il était si joyeux et si crâne, que le reste de l'équipage l'adora depuis le premier instant.

— J'aimerais que les patrons de ma compagnie me voient en ce moment, me dit-il en souriant jusqu'aux oreilles. L'an dernier, j'étais encore chef pilote d'Olympic Airways, et j'ai dû prendre ma retraite parce qu'aucun pilote n'est autorisé à voler pour la compagnie au-delà de soixante ans !

Nos deux cinéastes vinrent également nous rejoindre à Pefkakia. Ils devaient réaliser un documentaire sur le voyage, et ils se présentèrent croulants sous l'inévitable montagne de valises d'aluminium, de boîtes de pellicule, de caméras et de pieds : l'attirail de leur métier au grand complet. Hill, l'opérateur, personnage d'une politesse exquise, s'avéra le seul membre de l'équipage capable de maintenir des vêtements propres et nets en toute circonstance, même sous les bancs de nage d'une galère mycénienne surchargée. Chaque fois qu'il descendait à terre, il réussissait le tour de force de se présenter avec une élégance impeccable, pantalon de couleur claire bien repassé sans une tache, et chemise de soie conservant la marque des plis. Son collègue, Dave Brinicombe le preneur de son, représentait le pôle opposé. L'espace sous son banc de nage était un amas stupéfiant de matériel électronique, dans lequel il fourrageait comme un blaireau. Jamais, il ne se souciait de ses vêtements, et il préférait généralement marcher pieds nus. Une barbe en broussaille, jamais peignée, ornait un visage chaleureux et gai, au nez en trompette, et lorsqu'il trottinait, hilare, le long de la passerelle centrale du bateau, ses pieds s'étalaient et ses orteils se recourbaient comme des organes préhensiles. Miles repéra aussitôt sa ressemblance avec un homme de l'Âge de Pierre et lui donna un surnom qui devait lui rester — Dave the Cave, Dave-la-Caverne... Notre ingénieur du son l'accepta avec un large sourire.

Le départ était prévu pour le 4 mai. Dès l'aurore, la foule commença à se rassembler près du bateau, à Pefkakia. Les enfants des écoles avaient obtenu un jour de congé pour assister à l'appareillage de la galère, et ils s'étaient dispersés jusque sur la colline dominant la plage, d'où le point de vue était magnifique.

— *Kalo taxidi ! Kalo taxidi !* (Bon voyage !) psalmodiaient-ils à l'unisson.

Tout excités, ils saluaient de la main les Argonautes qui rangeaient leurs sacs personnels sous les bancs, graissaient les courroies de cuir de fixation des avirons à leurs tolets ou bien échangeaient des plaisanteries sur le voyage.

— J'ai calculé que chaque homme devra probablement donner un million cinq cent mille coups de rame d'ici la fin du voyage, annonça à l'équipage Mark Richards, manifestement ravi de son rôle de maître de nage.

— Oh non ! J'espère que non. Prions pour des vents favorables, gémit Tim Readman, le commissaire du bord. Je suis en mauvaise forme.

— Ne t'en fais donc pas. Quand nous aurons faim et plus rien à manger à bord, nous te dévorerons le premier, répliqua Peter Dobbs.

Depuis le voyage de Sindbad, il était établi que Tim Readman ferait le plus savoureux des repas.

— Dix minutes avant le départ ! criai-je, et je tapai sur la chose de bronze, fixée à la barre du gouvernail.

Tom et Wendy Vosmer étaient venus nous faire leurs adieux. Tom avait l'air accablé de ne pas pouvoir rester avec l'*Argo*, mais il devait repartir sur son chantier de construction, en Australie. Vasiliki, l'archéologue, était venue elle aussi ; de même qu'Oncle John et sa famille. Borgné, la femme de Trondur, avait conduit leur jeune fils, Brandur, jusqu'à la jetée, et l'enfant avait l'air affolé par la présence d'une foule aussi nombreuse.

Puis vint le moment d'offrir une libation aux dieux, une offrande de vin pour demander des bons vents et des mers calmes. Je sortis une bouteille du vin Argo. Rien de moins qu'une bouteille ne pouvait satisfaire Poséidon ce jour-là. Personne ne semblait avoir emporté de tire-bouchon, et je pris donc l' « assommoir », petite massue dont nous nous servions pour enfoncer les tolets qui avaient du jeu. Je brandis la bouteille par-dessus la poupe et en brisai le goulot. Le vin jaillit soudain en panache et la foule poussa un grand cri de joie. Deux coups sur la cloche du bateau, et une main largua l'amarre de poupe.

— *Kalo taxidi! Kalo taxidi!* crièrent les enfants sur la hauteur.

Trondur, près de l'étrave, releva rapidement le câble d'ancre, les gouttes d'eau piquetèrent la surface de la mer, puis l'ancre apparut. L'instant suivant, elle était à bord.

— Ancre levée !

— En avant ! criai-je, et les rameurs se penchèrent, en position d'attente. Pression moyenne. Prêt ? Nagez !

Les pales des avirons plongèrent dans l'eau et se mirent en mouvement à l'unisson. Les hommes prirent un rythme régulier. L'*Argo* commença à glisser sur les flots.

— Encore un million quatre cent quatre-vingt-dix-neuf mille neuf cent quatre-vingt-dix-neuf coups à souquer, lança Miles.

Doucement, je mis l'*Argo* sur son cap. Les deux avirons de gouverne agissaient en sens inverse. Pour faire tourner le bateau, il fallait pousser une barre vers l'avant et tirer l'autre vers l'arrière. C'était assez étrange, mais l'*Argo* répondit bien.

La journée s'annonçait belle pour le départ d'une expédition en galère : pas de vent et un léger voile de nuages hauts pour masquer l'ardeur du soleil. Tout autour de nous, des dizaines de bateaux de pêche, le moteur au ralenti, nous faisaient escorte. A l'avant, le bateau pilote de Volos avait pour tâche de dégager le passage de l'*Argo* et de le précéder sur les premières centaines de mètres. Les coques de noix légères du Club d'Aviron de Volos papillonnaient autour de nous, pareilles à des insectes d'eau. Plonger ! Tirer ! Relever la lame. Le corps en avant ! Et encore plonger, tirer... La répétition régulière des coups d'aviron... La galère semblait si lourde à côté des yoles de course modernes ! J'aperçus devant moi le bout de la jetée de Volos, en béton. Les autorités locales et les notables s'y étaient réunis : le maire, le commandant de la garnison, le capitaine du port, et l'évêque grec dans sa longue robe. Au moment où l'*Argo* passa, le maire leva très haut un rameau d'olivier et le lança dans l'eau.

— Allez en paix ! *Kalo taxidi,* bon voyage !

Nous avons alors contourné la jetée, pour longer le front de mer de la ville, le plus près possible de la terre. Les quais étaient bondés de monde, dont de nombreux enfants venus par autobus entiers assister au départ d'un bateau du passé lointain de leur pays. « *Kalo taxidi ! Kalo taxidi ! Kalo taxidi !* » lançaient-ils en cadence, comme les supporters d'une équipe de football. Les nouveaux Argonautes les remercièrent — ramant d'une main, saluant de l'autre. Une yole de quatre glissa près de nous ; en première position se trouvait un rameur au crâne aussi luisant que celui de Mark.

— Vous avez sans doute le même coiffeur ! lança Miles.

Selon Apollonios de Rhodes, le départ des Argonautes, trois mille ans auparavant, avait dû être plus mouvementé. Le bruit avait couru que le roi Péléas avait soudoyé Argos, le constructeur de la galère, pour qu'il sabote le bateau en faisant des assemblages trop faibles ; il devait donc se briser et couler pendant le voyage. Mais Argos n'avait sûrement pas accepté de se livrer à une traîtrise de ce genre, car il avait décidé de s'embarquer dans l'équipage de Jason. La veille du départ, dans la soirée, après des adieux poignants à leur famille, les volontaires de Jason s'étaient réunis sur la plage. Jason avait envoyé chercher deux bœufs des troupeaux de sa famille. Hercule et le puissant Ancée avaient abattu les animaux, le premier d'un seul coup de sa massue légendaire, le second en tranchant la tête du bœuf avec sa hache de bronze. On enveloppa de graisse les morceaux sacrés des cuisses et on les fit brûler rituellement sur les flammes d'un feu d'olivier, dressé sur un autel de galets — sacrifice à Apollon, le dieu des départs. Idmon, l'un des deux devins de l'équipage, étudia les flammes dansantes et examina la spirale de fumée qui montait vers le ciel. Il déclara les présages favorables, mais ajouta, lugubre, qu'il ne comptait pas, personnellement, revenir vivant de l'expédition. Son destin venait de lui être révélé, dit-il. Il mourrait en quelque lieu solitaire de la côte d'Asie...

Le reste de la soirée ne fut pas beaucoup plus gai. Idas, le matamore de l'équipage, s'enivra de vin pur et se mit à railler Jason, assis à l'écart des autres, comme s'il avait des doutes de dernière minute sur la sagesse de l'expédition. Réprimandé par Idmon, Idas l'insulta lui aussi et la querelle aurait dégénéré en bagarre sans l'intervention judicieuse d'Orphée, le musicien : il joua quelques notes sur sa lyre puis se lança dans un long chant sur la création des dieux. Cette nuit-là, l'équipage dormit sur la plage, et le matin venu ce fut Tiphys, le maître timonier, qui les éveilla de leur sommeil et les fit partir à l'heure prévue ; chacun connaissait déjà sa place sur les bancs de nage, car il avait tiré son rang au sort la veille. Seuls Hercule et Ancée n'avaient pas participé au tirage. Comme ils étaient les plus forts et les plus grands, ils occupaient le banc central, où leur puissance serait plus efficace.

A bord de notre moderne Argo, nous avions pris une décision similaire. Mark et Miles, nos meilleurs « galériens » car ils avaient défendu en compétition les couleurs de leurs universités respectives, occuperaient la position clé : le premier banc à partir de la poupe, où tous les autres membres de l'équipage pourraient les voir et essayer de copier leur style et leur cadence. Nous n'avions pas un équipage complet de vingt membres à bord ce jour-là, mais seulement quatorze ; et avec un homme à la barre et un autre aux fourneaux, cela ne nous laissait que douze avirons en action. Cela suffisait. L'essentiel consistait à maintenir la galère en mouvement régulier sur l'eau, sans ralentir, pour grignoter les milles nautiques à la vitesse de trois nœuds à trois nœuds et demi. L'*Argo* était si fin qu'il glissait à cette allure sans peine, même avec seulement dix hommes aux avirons. Cela permettait à deux rameurs de se reposer cinq minutes à tour de rôle. L'*Argo* ne perdait donc jamais son élan, cap sud-sud-est dans la baie de Volos, vers la petite ville d'Afissos.

Selon une tradition, Afissos avait été la première escale de Jason et de ses hommes au cours de leur voyage légendaire. D'après cette légende, la raison en était que l'*Argo* refusait de porter le poids énorme d'Hercule. Quand le colossal héros était monté à bord, l'étrave parlante magique du bateau avait gémi très fort, puis exigé qu'on débarque cette masse qu'il n'entendait pas transporter plus longtemps ! Depuis ce temps, on dit encore que les gens d'Afissos sont plus grands que leurs voisins des autres villages, parce qu'ils descendent du puissant Hercule. La présence d'une agglomération mycénienne à Afissos vers la fin de l'Âge du Bronze ne fait aucun doute — on a retrouvé de la poterie mycénienne près de la plage — mais la vraie raison de l'escale de l'*Argo* est peut-être plus banale. Sur la côte près d'Afissos bouillonne une belle source d'excellente eau potable. Aujourd'hui, elle a été captée pour alimenter les robinets de la place du village, mais comme nous remplissions deux amphores de terre cuite pour le nouvel *Argo*, nous avons pu entendre l'eau couler sous les dalles de pierre. Il était parfaitement logique, pour Jason, d'accoster ici pour « faire son eau » avant de se lancer dans la première phase de son long voyage. Parfaitement logique également qu'un membre de l'équipage éprouvant quelque regret de s'être engagé dans cette aventure ait profité de cette occasion pour sauter à terre et retourner chez lui — Hercule par exemple, bien que dans presque toutes les versions de la légende, il soit resté à bord jusqu'à ce que les Argonautes parviennent dans la mer de Marmara.

Aucun membre du nouvel *Argo* ne nous fit faux bond. Les

quinze milles nautiques de Pefkakia à Afissos représentaient une bonne étape pour un premier jour — de quoi étirer un peu les muscles sans épuiser les hommes. Quand nous arrivâmes sur la plage, Oncle John nous attendait. Il avait fait le tour de la baie en voiture pour venir à notre rencontre, et naturellement, il avait un ami dans la région. Cet ami possédait un vignoble et Oncle John brandissait un jerrican de plastique plein de vin de pays. A ses côtés se tenait l'institutrice d'Afissos avec deux fillettes portant des bouquets de roses.

— *Kalo taxidi !* entonnèrent les fillettes d'un air solennel en nous tendant les fleurs.

Nous étions bien partis.

Ornement mycénien à tête de bélier

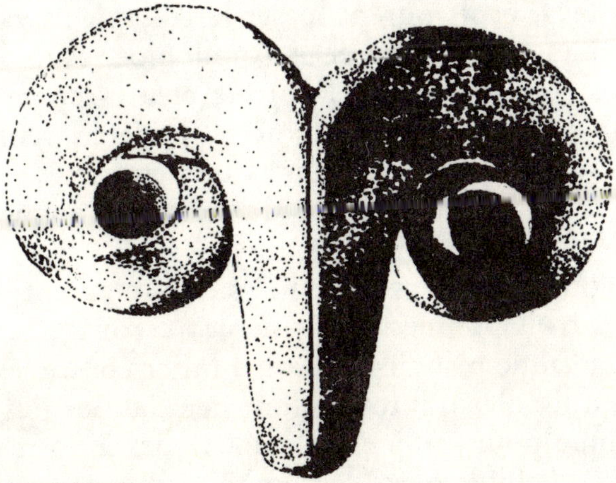

4
La traversée de la mer Égée

Le dieu des départs avait sans doute agréé les sacrifices des Argonautes, car Jason et ses hommes bénéficièrent d'un vent favorable, envoyé par les dieux pendant les premières journées de leur quête. A peine avaient-ils quitté la plage qu'un vent régulier se leva, et ils purent hisser la voile. « Ils placèrent le grand mât dans sa boîte, a écrit Apollonios, et ils le fixèrent avec quatre étais attachés à la proue et à la poupe. Puis ils hissèrent la voile sur la tête de mât et la déferlèrent. Le vent l'emplit en sifflant ; et après avoir assuré les drisses sur le pont, chacune autour de sa cheville de bois, ils voguèrent sans peine… »

Les Argonautes du vingtième siècle n'eurent pas cette chance. Les trois premiers jours de notre voyage se passèrent soit dans un calme plat absolu, soit à lutter contre les bouffées de brise inutilisables qui tourbillonnaient autour des promontoires, comme pour tendre des embuscades à notre malchanceuse galère. Péniblement, les hommes durent souquer sans relâche sur une mer implacable, pareils à des voyageurs perdus dans le désert. Les premières ampoules apparurent au bout d'une heure — et elles ne guériraient pas avant la fin du voyage. Mes galériens s'attendaient aux ampoules, et chacun avait sa théorie sur le meilleur remède ou la meilleure prévention. Certains se frottaient les paumes à l'alcool, d'autres portaient des gants de coton ou enveloppaient d'un chiffon protecteur le manche de l'aviron. Mais c'était sans effet ou presque. Le problème n'avait aucune solution. Des ampoules se formaient, gonflaient, éclataient, se reformaient, éclataient, durcissaient. Puis, juste au moment où la peau semblait bien durcie, le premier contact avec l'eau de mer ramollissait les cals et la couche morte pelait pour laisser à nu de belles plaques roses, douloureuses au toucher. Si, au prix d'un soin extrême, on maintenait les ampoules au sec après qu'elles éclataient, elles se déchiraient de plus belle à cause de l'abrasion constante de l'aviron, et une autre ampoule se formait sous la première.

Peu à peu, l'équipage commença à faire corps et apprit à ramer en bloc. Mark arpentait la passerelle centrale pour conseiller les novices. Il leur enseigna la meilleure façon de rythmer le coup d'aviron, et de détendre le corps en se penchant en avant ; il leur montra surtout comment diriger la pale dans l'eau. Mais ramer sur une galère de vingt ne ressemblait guère aux épreuves d'aviron sur rivière dans des coques légères. Les rames de galère sont plus lourdes et moins maniables, et le galérien ne peut pas utiliser à plein la force musculaire des jambes. Ramer sur l'*Argo* consistait surtout à déplacer le poids du corps en se penchant d'avant en arrière, puis d'arrière en avant pendant des heures d'affilée, jusqu'à ce que la répétition monotone paralyse les sens. D'un commun accord, nous avions opté pour un coup de pale court. La pire erreur consistait à se pencher un peu trop en avant avec l'aviron au début du coup (et bien entendu un peu trop tard). Quand cela se produisait, le rameur devant le coupable recevait, dans le milieu du dos, un coup du manche de l'aviron avec son contrepoids de plomb de presque quatre kilos, juste au moment où il se penchait en arrière de tout son poids pour tirer sur sa rame. Un véritable coup de massue ! Et au cours de ces premières journées, encore pleines de maladresses, il arriva souvent que des rameurs quittent leur banc le soir avec entre les omoplates des raies grises de plomb, fort révélatrices.

Mais notre lente avancée avait ses compensations. Le deuxième soir, nous trouvâmes un mouillage idyllique, sur une petite île blottie juste à l'entrée de la baie de Volos. L'anse où nous jetâmes l'ancre était un enchantement. Au-dessus de nous sur la colline, poussait une oliveraie, au sol parsemé de fleurs sauvages ; une petite jetée de pierre permettait d'accéder facilement à la plage minuscule. Aussitôt, nous plongeâmes une douzaine de bouteilles de vin Argo jusqu'au goulot dans l'eau fraîche et Peter Moran prépara un barbecue. Tandis qu'il cuisinait, une barque de pêche s'engagea dans la baie, curieuse d'inspecter la galère. Les pêcheurs nous offrirent le hors-d'œuvre de notre dîner : des crevettes fraîches.

On était à l'époque des vacances de printemps, et de la

colline au-dessus de la baie descendit un grand-père, grand gaillard grisonnant, tenant par la main ses deux petits-enfants. Il avait pris sa retraite dans une maisonnette blanchie à la chaux située au-dessus du cap, d'où il pouvait voir le continent, par-delà le chenal. Les petits-enfants avaient aperçu l'*Argo* à son arrivée et nous avaient cueilli des fleurs des champs. Ils nous apportaient leur offrande : une couronne tressée de feuilles et de fleurs claires, que nous hissâmes au mât de l'*Argo* en l'honneur du mois de mai. Le vieil homme alla chercher dans le rouf de son canot de pêche une grosse boule de suif, venant d'un de ses propres moutons. Il nous avait vus graisser les

A l'ancre près d'une île de la baie de Volos

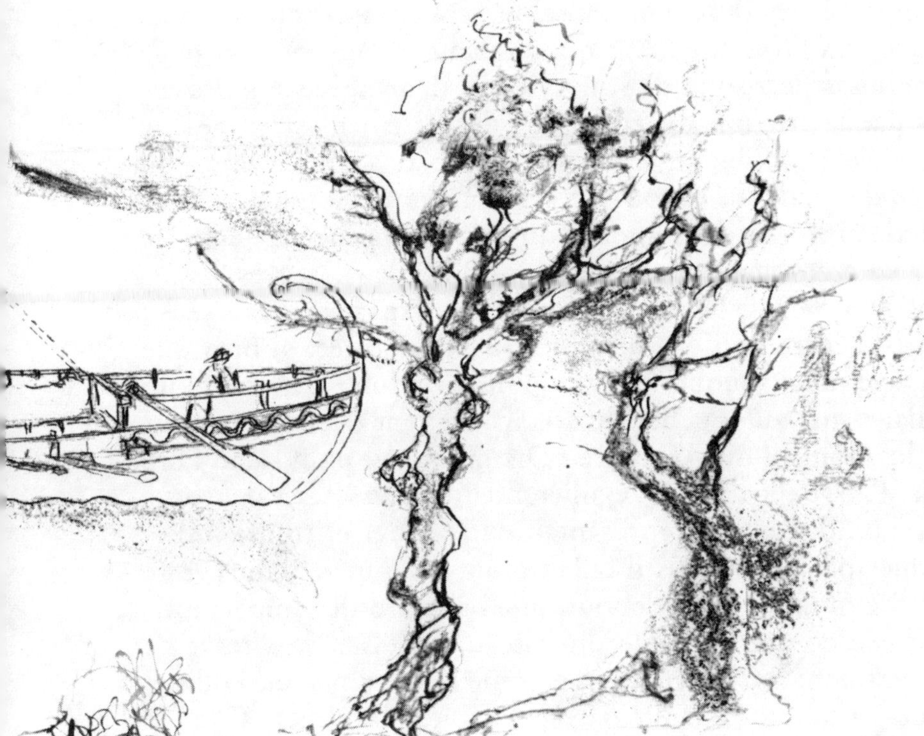

estropes de cuir des avirons de l'*Argo* et il nous offrit ce suif, plus simple et plus pratique à utiliser. Ces petits gestes, ces petites gentillesses ne s'oublient pas. Mille milles plus loin, sur la côte septentrionale de l'Anatolie, nous utiliserions encore des bouts de ce gras de mouton, et chaque fois nous nous rappellerions ce vieil homme, assis avec nous ce soir-là près des braises du feu de camp, pour bavarder à mi-voix avec les Grecs de notre équipage.

Le lendemain matin nous quittâmes le golfe de Volos pour pénétrer en mer Égée. Nous longeâmes la côte, en serrant au plus près l'espèce de hameçon que forme la péninsule de Magnésie. De nouveau, pas un souffle de vent. Vers midi la chaleur devint vraiment accablante. La sueur baignait les torses des rameurs, formait des plaques humides sur les bancs de nage et trempait le fond de leur pantalon. On comprenait sans mal pourquoi les Grecs de l'Antiquité ramaient souvent tout nus ; cela réduisait le risque d'escarres et de démangeaisons provoquées par la friction du corps sur des vêtements trempés de sueur. Peter Dobbs se coiffa d'un turban arabe, relique du Voyage de Sindbad, et tout un assortiment de couvre-chefs et de bandeaux firent leur apparition pour empêcher la sueur de couler dans les yeux des rameurs — la douleur est très vive.

Quand le vent se leva enfin, il soufflait dans le mauvais sens ; une brise légère de l'est, qui forcit dans la soirée, si bien que l'équipage dut souquer ferme pour conduire l'*Argo* à un mouillage sûr, au coucher du soleil. Ce vent debout fut pour nous le moment de la vérité. Dix hommes pouvaient faire avancer l'*Argo*, en ramant régulièrement, à une vitesse de trois à quatre nœuds, ce qui représentait entre vingt et trente milles nautiques par jour. Mais il fallait pour cela que le temps reste calme. Le moindre vent debout, une brise presque imperceptible dirigée contre la proue du bateau, réduisait la vitesse de façon alarmante. Ce n'était pas comme monter sur une colline, mais gravir une forte pente dans des sables mouvants ! Chaque coup d'aviron en avant était grignoté par l'entêtement du bateau à reculer dans son sillage. Peu d'occupations sont aussi désespérantes qu'essayer de faire avancer une galère à la rame dans ces conditions, en luttant contre un vent contraire qui vous prend un mètre chaque fois que vous en gagnez deux. Les rameurs de l'*Argo* eurent toute raison de perdre courage.

Et si le vent debout se levait quand l'*Argo* se trouvait entre deux mouillages, le timonier n'avait le choix qu'entre deux options, aussi mauvaises l'une que l'autre. Ou bien virer de bord aussitôt et chercher un abri sous vent portant, en perdant tout le précieux terrain gagné par l'équipage à la sueur de son front — et de tout son corps —, ou bien demander aux rameurs de souquer encore plus dur... Il les voit alors s'épuiser à chaque minute, devenir plus affamés à mesure que se grignotent les milles qui les séparent encore du prochain mouillage sûr. Il n'est jamais facile de trouver un juste équilibre entre les réserves d'énergie et d'enthousiasme des hommes et la résistance d'un vent debout. On ne sait jamais combien de temps durera le supplice ni si le vent ne va pas forcer imperceptiblement pour compenser chaque surcroît d'effort des rameurs aux forces déclinantes ; et il se peut toujours que l'état de la mer se détériore et que l'équipage ne puisse plus ramer efficacement dans les hautes vagues, ou bien que le vent s'avère trop puissant et qu'au bout de deux heures de vaillants efforts, on soit obligé de virer de bord malgré tout, d'abandonner la lutte, de tout envoyer au diable et de filer sous le vent jusqu'au premier port.

Moralité ? Ramer contre le vent avec une galère de vingt avirons s'avère futile dans neuf cas sur dix. Les galères ne sont pas conçues pour naviguer par temps contraire : précaution à ne pas oublier durant tout le voyage. Ce principe inspirerait chaque fois ma décision de continuer ou de rebrousser chemin. Dans deux des trois mers que nous allions traverser, l'Égée et la mer de Marmara, le temps passe très vite du calme plat à la tempête, aucun marin ne l'ignore. Dans la troisième, la mer Noire, le ciel et la houle nous avertissent mieux de la venue du gros temps, mais les conditions contraires peuvent durer plus longtemps. Et pour une galère ballottée sur les flots, une côte sous le vent est toujours meurtrière.

Le cap Sépia, que notre *Argo* passa le quatrième jour, a donné une preuve éloquente de ce genre de danger. En 480 avant notre ère, la flotte envoyée par Xerxès pour envahir la Grèce fut presque entièrement détruite sur ce cap au cours d'une seule tempête. L'escadre, galères et vaisseaux de transport, fut prise par un grain survenu à l'improviste après que les capitaines eurent jeté l'ancre inconsidérément, non loin de la côte. Plus de quatre cents bâtiments furent détruits : les ancres dérapèrent et le vent entraîna les vaisseaux sur le cap Sépia, sans doute pendant que les équipages tentaient désespérément de sortir les avirons et de les planter dans l'eau pour diriger la dérive vers le chenal, au pied des falaises. Quand les vagues furieuses qui battaient les rochers se rapprochèrent, les capitaines essayèrent sans doute de mouiller les ancres de leurs galères à plusieurs reprises pour maintenir leurs bâtiments loin de la terre. Mais dans l'eau trop profonde, les ancres de pierre n'agrippèrent pas et les bateaux se brisèrent, des centaines d'hommes périrent. L'*Argo* passa sans doute au-dessus des restes de ces galères, le long des mêmes falaises mortelles, à moins de cinquante mètres du mur de rocher, tandis que la houle montait et grondait dans les grottes marines. Comment ne pas évoquer la mémoire de tous ces premiers naufragés, et se rappeler que pour un bateau primitif pris dans une bourrasque venant de la mer, une côte rocheuse représentait une fin certaine ? Aucune galère de petite taille n'avait la puissance de se tirer d'un mauvais pas de ce genre à la rame, et quand l'eau était trop profonde pour jeter l'ancre, le bateau se perdait, et probablement l'équipage avec lui.

Nous venions de franchir le cap Sépia et de tourner vers le nord, toujours en serrant la terre, quand nous rencontrâmes le premier grain du voyage — un coup de vent du nord qui tombait droit sur nous le long de la côte. Je cherchai aussitôt un mouillage temporaire dans une petite baie du nom de Paltsi, où les pêcheurs remontaient leurs barques très haut sur la plage ; ils avaient même installé des rails de bois pour les haler à l'abri des pires tempêtes, car même avec la meilleure volonté du monde, on ne pouvait considérer Paltsi comme un ancrage sûr pour un bateau moderne. Mais pour l'*Argo*, par le temps de ce jour-là, l'abri devait suffire. Le tirant d'eau très faible de notre galère, moins de quatre-vingt-dix centimètres, nous permit de mouiller deux ancres du côté de la mer et de tirer sur la plage une longue amarre qui maintiendrait le bateau perpendiculaire à la côte la proue vers le large, dans les eaux peu profondes du fond de la baie, à l'endroit où l'abri serait le meilleur. Un voilier à quille profonde aurait été contraint d'abandonner la baie et de gagner la haute mer, mais l'*Argo* s'accrocha dans le clapotis, à moins de dix mètres de la grève. La houle se brisait juste sous le relevé de sa poupe — on eût dit un goéland posé sur l'eau et ballotté par le ressac.

Quant à l'équipage, il commençait à comprendre que pour un galérien la patience est aussi importante que la force physique et la volonté. Le seul moyen sûr de naviguer sur un bateau de l'Âge du Bronze est d'attendre que le temps tourne au beau. Tôt ou tard, nous le savions tous, l'*Argo* serait entraîné par le mauvais temps loin des côtes. Le moment venu, nous affronterions cette crise, mais je ne voulais absolument pas que pendant cette première semaine de voyage, le moral de mes hommes s'use en des batailles vaines. Le reste de ce jour-là et une bonne partie de la nuit, nous restâmes où nous étions, dans la baie de Paltsi, exactement comme des centaines de galères avant nous depuis trois mille ans — attendant un changement de temps pour nous lancer le long de la côte rocheuse de Magnésie. Jason et ses Argonautes avaient été retardés de la même manière, le long des mêmes rivages dangereux. Pendant deux jours et demi, ils avaient dû attendre le beau temps en un lieu nommé Aphétae. Apollonios n'offre pas assez de détails pour que nous puissions situer Aphétae, mais c'était sans doute plus au nord que Paltsi, peut-être près de l'embouchure du Pinios.

Quand le vent tourne, une galère doit profiter de l'occasion pour prendre la mer. Aussi, dès que la brise du nord se calma, peu après minuit, je n'hésitai pas à réveiller mes hommes. Ils arrivèrent à bord à moitié trempés. Presque tout le monde avait préféré dormir sur la plage plutôt que dans le bateau à l'ancre, qui ne cessait de rouler, il y eut donc pas mal de cris et de mouvement pour réveiller les galériens à terre. Il leur fallut ensuite traverser le ressac dans le noir pour embarquer ; ils lancèrent leurs sacs de couchage et leurs sacs à dos sur le pont de l'arrière et grimpèrent à bord tant bien que mal, à demi nus et grelottant, pour prendre leur position de nage. Détail caractéristique, Peter Dobbs se porta volontaire pour rester à terre larguer l'amarre de poupe quand la galère prendrait le large. Il fut donc le dernier à monter, remorqué par l'amarre dans la baie comme une ancre de cape.

Pendant une bonne heure, ce fut très dur. Bien qu'il n'y eût aucun vent, la mer demeurait agitée, et ramer en cadence dans le noir s'avéra difficile. Le bateau n'avançait pas droit, les avirons se mêlaient comme des jonchets ; les hommes juraient ; et le pauvre Théodore, penché par-dessus bord, était secoué par le mal de mer. Mais l'aurore récompensa nos efforts. Une brise du sud se leva avec le soleil, et nous pûmes enfin hisser la voile. Pour la première fois depuis le départ de Volos, l'*Argo* étalait enfin sa toile.

Son gréement n'avait pas été vu sur un bateau de la Méditerranée depuis des siècles. Le plan de voile et des agrès s'inspirait de vases peints du sixième et du quatrième siècle avant notre ère, représentant de façon détaillée des galères sous toile. La voile elle-même consistait en un rectangle de coton, fixé à une vergue de cyprès. Sur l'avant de la voile se trouvaient quatre-vingt-un anneaux de cuivre, cousus à la toile, par lesquels passaient neuf cordages fins. Ils remontaient du bas de la voile le long d'une ligne de neuf anneaux, puis passaient par-dessus la vergue et filaient jusqu'au timonier, debout à l'arrière du bateau. En tirant sur ces cordages, le timonier et son assistant pouvaient carguer la voile sur la vergue comme on remonte un store de fenêtre — méthode simple et efficace, quoique assez primitive, de manœuvrer la voile de coton de l'*Argo*. On se sentait parfois comme un coureur de char des jeux du Cirque en train de dompter neuf chevaux récalcitrants, dont la masse des rênes menaçait à tout instant de se mêler. Mais avec en poupe Notos, le vent du sud, l'*Argo* glissa toute cette journée-là au milieu des vagues dans le sillage de Jason, comme un vaisseau de rêve. Sous toute sa toile, il se comportait admirablement. La coque fendait la mer bleue et au moindre signal de ses deux barres, il répondait comme un pur-sang bien dressé. Il obliquait avec autant de souplesse qu'on pouvait le souhaiter, et dès que je remettais les barres l'une en face de l'autre, il reprenait sa course et bondissait en avant. Coincé contre le bastingage, tout à l'arrière du bateau, sous la queue lovée qui ornait la poupe, je pouvais sentir le bateau frémir sous le vent ; sa quille et son bordage chantaient tandis que la galère volait sur les flots chassée par le vent, et que son bélier fendait une belle vague d'étrave.

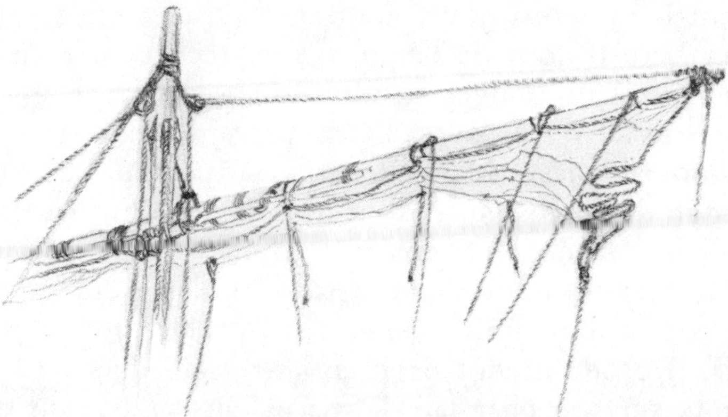

Voile carguée sur la vergue

Cette journée le long de la côte sauvage de Magnésie fut un véritable plaisir. Pendant des heures, l'*Argo* vogua à la vitesse de cinq ou six nœuds, en laissant derrière lui un sillage bien net, pendant que l'équipage se reposait sur les bancs, les avirons remontés à bord jusqu'au soir. Ils n'avaient rien à faire sauf se détendre et profiter du paysage. Les montagnes se succédaient : d'abord le pic encore moucheté de neige du mont Pélion, demeure du centaure Chiron qui fit l'éducation de nombreuses générations de héros, dont Jason lui-même. Ensuite le massif qui domine Kalamaki, avec sa magnifique cascade tombant de son flanc en volutes d'écume... Enfin le mont Ossa apparut, et derrière lui les premiers contreforts de l'Olympe, séjour des dieux. Le long de toute cette côte rocheuse, pas un seul havre sûr, mais en moins de onze heures, le vent béni nous fit franchir cinquante milles de danger, tandis que l'équipage prenait le temps d'admirer, dans les hauteurs, les bouquets de maisons peintes en blanc des célèbres villages montagnards du Pélion, pareils à des poignées de sucre candi jetées par un géant au milieu de la verdure.

A bord, la bonne humeur ne tarda pas à régner. Les galériens à l'œil larmoyant de l'aurore lançaient maintenant des plaisanteries, prenaient des bains de soleil, écoutaient leurs lecteurs de cassettes, se détendaient. Tim Readman, la pipe au bec, jugea le moment bien choisi pour ouvrir son porte-monnaie d'intendant et faire le tour de l'équipage en réclamant à chacun sa participation au budget hebdomadaire de la cuisine, qu'il dépenserait à terre, avec Peter Moran, pour acheter des provisions fraîches... Mark Richards, le maître de nage, était un maniaque du bricolage. A tout instant il taillait des bouts de bois coupés à des arbustes des collines pour fabriquer un manche de couteau ou de hachette ; ou bien il cousait du cuir ou de la toile pour confectionner des sacs et des fourre-tout. Ce jour-là, il broda le mot *Argo* en lettres grecques de l'époque classique sur son chandail de marin, au-dessous du drapeau anglais. Il me promit de faire la même chose avec des caractères cyrilliques si nous parvenions en Géorgie soviétique. Trondur Patursson, assis contre le plat-bord, prenait des croquis. Avec son chapeau de paille, son pantalon trop large et ses sandales, la planche à dessin sur les genoux et le fusain à la main, il évoquait sous cette vive lumière de Méditerranée un peintre de Provence, au cours des années vingt. Dick Hill, toujours immaculé, fidèle à lui-même avec son pantalon parfaitement repassé, aurait embelli de son élégance un cocktail à bord d'un yacht de milliardaire. Il s'était enduit le torse de lotion solaire et on l'appela aussitôt Sticky Dicky — Dick-tu-poisses.

Le pantalon de Miles, en revanche, avait déjà le fond aussi plissé qu'un dos d'éléphant, symbole d'un fort rameur mais aussi d'un joyeux clown... Pour couronner le sentiment de bien-être de cette journée, Costas annonça que c'était son anniversaire. Le soixante et unième ! Il sortit de son fourre-tout une bouteille de whisky pour célébrer l'événement et l'on but à sa santé. Il avait reçu un surnom, lui aussi. En quittant la baie de Volos, quelqu'un avait fait remarquer que ramer allait donner à tout le monde des muscles fantastiques.

— Hé, Costas ! lança Peter Dobbs. Tu seras assez en forme pour revenir à Olympic Airways lancer les jumbos à la manivelle.

Ce fut donc à Costas-la-Manivelle que nous levâmes nos verres.

L'itinéraire de Jason décrit par Apollonios précise que l'*Argo* a suivi la côte de Magnésie jusqu'à la hauteur de l'Olympe, puis qu'il a mis le cap à l'est, vers le large en direction du cap Poséidon, le plus proche des trois doigts étonnants que la péninsule de Chalcidique projette de la côte de Thrace. Les monts Ossa et Olympe fournissent des points de repère excellents pour tout bateau qui met le cap au large. En gardant le mont Ossa à l'alignement de la poupe, on peut traverser le golfe de Thermaïkos et tomber sans problème sur le cap Poséidon. Avant l'époque des boussoles, de bons amers étaient essentiels pour les navigateurs d'autrefois, et ils prévoyaient leur itinéraire en fonction de ces repères terrestres. Leur journée idéale consistait à quitter la plage au point du jour et à arriver en vue de la terre et de leur mouillage avant le coucher du soleil. A bord de notre *Argo*, je n'avais aucune intention de naviguer au compas ; l'ancienne méthode semblait beaucoup plus intéressante : aux amers, au soleil, à l'impression que vous font les vagues et le vent. J'avais emmené un compas pour les cas d'urgence, mais pourquoi m'en serais-je servi à ce stade ? Plusieurs membres de l'équipage étaient bien amarinés, des plaisanciers expérimentés habitués à naviguer à la voile dans les eaux à marées de la Manche et de la mer du Nord, où compas, loch, sonar et radio-pilotage font partie de l'équipement nautique normal. Mais en mer Égée, nous n'avions pas besoin de tout cela. Nous pouvions très bien nous débrouiller sans ces appareils modernes. La plupart du temps, il suffisait de regarder devant soi — la ligne du soleil, la forme lointaine d'une île comme repère, et enfin la destination de la journée. Nous n'avions même pas de radio de bord — uniquement les deux talkies-walkies qui nous permettaient de communiquer de l'*Argo* avec le pneumatique quand nous faisions des photographies. Et en cas d'urgence, j'avais à bord une balise radio étanche qui pouvait émettre sur la fréquence générale des appels de détresse. Pour évaluer notre vitesse, nous traînions en remorque un rotor, mais il n'était pas assez précis pour nous permettre de calculer les distances, surtout quand nous naviguions lentement. Et le seul instrument de mesure des fonds dont nous nous sommes servis fut un contrepoids d'aviron en plomb, fixé à une longue corde à nœuds.

Nous n'étions vraiment anachroniques qu'en matière de cartes marines. Nul ne sait s'il existait déjà des cartes à l'Âge du Bronze. C'est sans doute possible, sous forme de diagramme stylisé. Plus vraisemblablement, le timonier expérimenté de Jason, Tiphys, devait s'appuyer sur une longue pratique et consulter les principales routes de l'Égée qu'il avait dans sa tête. Dès qu'il s'était aventuré au-delà des frontières de ses connaissances personnelles, il devait s'informer auprès de marins et de pêcheurs de l'endroit, ou engager à son service un pilote local. Quant à moi, n'ayant jamais navigué dans ces eaux, j'avais des cartes modernes qui me disaient où aller. C'est sur elles que je comptais pour conduire l'*Argo* à l'entrée des Dardanelles.

Servir le petit déjeuner à bord, et non à terre, fut le meilleur moyen d'inciter les Argonautes modernes à quitter la plage assez tôt pour bien démarrer la journée. La perspective d'un bol de porridge ou de deux tranches de pain suffisait à faire sortir un galérien affamé de son sac de couchage sur les galets. Il sautait à bord au premier coup de la cloche du bateau. Et donc le lendemain matin à sept heures, après une nuit dans le petit port de Stonion au pied du mont Ossa, nous étions déjà en mer, dos tourné à la terre, la galère bien alignée avec la cime de la montagne. Notre traversée jusqu'au cap Poséidon représentait vingt-huit milles nautiques et j'espérais bien couvrir la distance en une longue journée. Malgré une libation au dieu de la mer — une coupe de vin du pays lancée sur les flots avant de quitter le port — l'*Argo* n'y parvint pas. Nous eûmes d'abord du calme, puis un coup de Borée, le vent du nord, puis de nouveau une accalmie, et enfin un vent de sud-est qui s'orienta peu à peu vers l'étrave de l'*Argo*, qu'il semblait retenir comme une main invisible. A la tombée de la nuit, nous étions encore à dix milles de la côte. Nous pouvions voir les lumières de la terre, mais les rameurs étaient trop épuisés pour aller plus loin. Nous nous mîmes en panne pour essayer de dormir.

Passer la nuit à bord de l'*Argo* en pleine mer était nouveau. Apollonios explique bien que de temps à autre Jason et ses hommes ne parvenaient pas non plus à toucher terre au crépuscule, mais les galériens de l'Antiquité n'aimaient guère se trouver dans cette situation ; ils préféraient débarquer sur une plage sûre dès que le soleil se couchait. Le timonier de Jason décida parfois de continuer de naviguer la nuit, en général pour ne pas perdre un vent favorable, et une ou deux fois Jason et ses hommes furent contraints de ramer dans le noir parce qu'ils s'étaient trouvés encalminés loin des côtes. Mais la légende ne mentionne jamais qu'ils aient dormi en mer comme nous dans leur bateau non ponté. Nous n'avions pas le choix, nous étions trop épuisés pour continuer. Chacun essaya de trouver assez de place pour s'allonger, et cela exigeait une certaine ingéniosité. Tout l'équipage devait tenir sur une surface mesurant cinquante-quatre pieds par neuf, au plus large (16,45 × 2,75 m). Un tiers de cet espace était déjà occupé par le bélier, le mât, la voile, les agrès, le coin-cuisine, les canots de sauvetage et tout l'attirail indispensable sur le bateau. Le moindre recoin, sous les bancs de nage, était envahi par des provisions, des effets personnels, et des cantines contenant nos outils et nos vêtements.

Au premier abord, il semblait matériellement impossible que tout le monde trouve un endroit où s'allonger pour dormir. En fait, chacun ne disposait que de son propre banc de nage, une planche de vingt-deux centimètres de large, sur un peu plus d'un mètre vingt de long — pas un luxe pour un galérien d'un mètre quatre-vingt-cinq, quand il doit le partager en plus avec un bon mètre de manche d'aviron, obligatoirement à bord. Mais les nouveaux Argonautes réussirent l'impossible. Ils s'allongèrent, rampèrent, se tortillèrent, se plièrent et se replièrent pour occuper tous les espaces qu'ils purent dénicher. On aurait dit une classe de yoga en train d'étudier les postures et les contorsions les plus insolites. Costas s'était allongé, le dos sur son banc de nage, mais comme le mât se trouvait justement au milieu du banc, il avait adopté l'angle droit : jambes verticales le long du tronc de cyprès. La plupart des autres

Bateaux de pêche grecs

s'étaient recroquevillés sur leurs bancs tête-bêche, mais Mark réussit un exploit : il creusa un trou dans tout le fourbi entassé sous son banc et disparut dans la cale où, pareil à un cadavre dans un cercueil trop étroit, il sombra aussitôt dans un sommeil profond. Il n'aurait pu ni bouger ni se retourner. Fallait-il que l'équipage fût épuisé ! Ils dormirent toute la nuit dans ces positions inconfortables tandis que l'*Argo*, pris dans un calme de velours, demeurait aussi immobile à la surface de la mer qu'amarré à un quai...

Tout autour de nous se déplaçaient des lumières colorées — les fanaux de navigation de cargos, qui s'écartaient dès que notre homme de quart éclairait d'un coup de torche électrique la voile pendante de l'*Argo*. De temps en temps, ce qui semblait une rangée de réverbères glissait près de nous : des bateaux de pêche en route pour leur nuit de travail, traînant en remorque une guirlande de barques à rames, équipées de lampes à gaz pour attirer les poissons qui se nourrissent la nuit.

Un ciel nuageux, un calme total... Puis ce fut l'aurore. Les cocons des sacs de couchage commencèrent à bouger. Des hommes joyeux en sortirent. La tête chauve de Mark émergea de sous son banc de nage comme le cadavre d'une tombe de momie, dans un film d'horreur. En roulant les yeux comme s'il était pris de folie, il se pencha pour planter les dents dans la jambe de Tim Readman.

— J'ai faim ! brailla l'apparition.

Sur quoi, Pete le coq, son éternel cigarillo coincé entre les dents, se mit à faire chauffer les œufs et le café. Bientôt cet étonnant équipage se mettait en place. Encore trois heures à souquer avant d'atteindre le cap Poséidon.

Le passage des Argonautes dans leurs eaux provoqua parmi les villages de pêcheurs des réactions vraiment encourageantes. Une sorte de téléphone arabe relayait d'un port à l'autre le message de l'arrivée de l'*Argo*. Après quelque repos sur la plage du cap Poséidon, nous avons contourné à la rame sa longue langue sablonneuse, par un temps étrange et changeant. Il se formait des masses de nuages menaçants ; de la pluie tombait de leurs ventres gonflés ; des arc-en-ciel apparaissaient, s'épanouissaient puis disparaissaient. Un petit vent s'était mis à souffler, tantôt de la terre, tantôt de la mer, et l'*Argo* avançait lentement, péniblement. Nous ne cessions de carguer et de baisser la voile pour cueillir les bouffées de vent, ou bien de tirer sur les avirons pour gagner quelques mètres. Soudain, trois bateaux de pêche apparurent, venus du petit port de Néa Skioni, sur le continent. Dès qu'ils se rapprochèrent, nous vîmes que leurs ponts étaient garnis d'enfants qui nous regardaient. Avec chaque groupe, un instituteur. Dès que le premier bateau coupa son moteur pour longer l'*Argo* les enfants poussèrent des cris : « *Kalo taxidi ! Kalo taxidi !* ».

Un pêcheur mal rasé, pareil à un gnome avec son chandail taché et déchiré, son pantalon sale et ses bottes de marin, sortit de la timonerie. Bizarrement, cette silhouette de pirate tenait à la main un bouquet délicat de roses roses, rouges et blanches. Il lança les fleurs vers notre bateau, et ce fut Peter Dobbs, pareil à un écumeur des mers lui aussi avec son turban arabe, qui les attrapa au vol. Le deuxième bateau de pêche passa et lança un autre cadeau : une boîte en carton pleine de friandises collantes, envoyées par les femmes de Néa Skioni — et attrapées par Miles. Les deux bateaux de pêche s'éloignèrent, il ne resta qu'une barque à la peinture écaillée, dans laquelle se trouvait un vieux pêcheur au visage tanné. Il avait coupé son moteur et il ramait à la manière des pêcheurs grecs, debout, face à la proue en poussant les manches des avirons. C'était un pêcheur de poulpes et de seiches car il y avait plusieurs tridents dans son vieux bateau. A la poupe, une grosse lampe à gaz rouillée, enveloppée dans un vieux manteau de tweed. La nuit, il se servait de la lampe pour attirer sa proie à la surface, exactement comme ses ancêtres du temps d'Homère allumaient des brandons pour attirer le poisson qu'ils embrochaient. Il examinait l'*Argo* d'un œil de professionnel, et il nous héla dans le style laconique caractéristique des marins quand ils rencontrent des inconnus sur des petits bateaux.

— Bienvenue ! lança-t-il. Vous êtes à Néa Skioni. Comment se passe votre voyage ?

— Bien. Très bien, répondit Elias, l'architecte, en se penchant sur le plat-bord.

— Il y a un ancien port un peu plus loin sur la côte. Vieux-Skioni. Il est submergé mais, par temps calme, on peut voir sous la mer des colonnes et les blocs de pierre. Nous descendons des hommes qui sont revenus de Troie !

Curieuse histoire, dans la bouche d'un pêcheur, mais néanmoins vraie. Selon l'historien grec Thucydide, Skioni a été fondée par des soldats grecs du Péloponnèse à leur retour de Troie après la chute de la ville. Un contingent, en route pour le pays natal avec ses bateaux chargés de butin et de captives troyennes, avait accosté à Skioni pour couper le trajet. Les Troyennes avaient saisi l'occasion pour se révolter. Elles ne désiraient pas devenir esclaves en Grèce. Elles incendièrent donc les vaisseaux hellènes. Le contingent, immobilisé, fut obligé de rester sur cette côte. Les Grecs épousèrent leurs captives audacieuses et fondèrent une cité.

Nous vîmes Néa Skioni de beaucoup plus près que je ne l'escomptais. Peu après notre rencontre avec les pêcheurs, un vent d'est se leva, une forte brise, droit sur nous. Sachant à quel point il serait futile de ramer contre un tel vent, je virai de bord et nous filâmes à la voile vers la jetée de Skioni, comme si nous voulions nous briser sur les rochers. A la dernière minute, je lançai l'ordre : « Carguez ! » Trondur et Peter Wheeler halèrent de toutes leurs forces les neuf filins du fond de la voile et la toile se replia contre la vergue. « Sortez les avirons ! Ferme ! Allez ! » Dix avirons frappèrent l'eau et l'*Argo* contourna la jetée, toile claquant au vent. On aurait cru un tableau du dix-neuvième siècle, représentant le retour au port par gros temps d'un voilier de pêche. Et les enfants des écoles de Skioni eurent droit à d'autres vacances, car on annula les leçons de l'après-midi pour leur permettre de descendre sur la petite plage, au fond du port, admirer la galère.

L'*Argo* nous donnait de précieuses leçons sur la navigation ancienne. A tout moment, une remarque de hasard, une observation impromptue, comblait soudain la distance des siècles et nous nous retrouvions en face de problèmes d'une ère révolue. A Néa Skioni, un villageois, Antonis, nous demanda la permission de nous accompagner le lendemain, pour une journée. C'était un amateur de plongée sous-marine, qui connaissait bien la côte. Peu après notre départ à la rame, je dus une fois de plus trouver en toute hâte un abri contre le vent debout. Le seul refuge possible était une plage découverte, mal protégée, aux fonds rocailleux, sur laquelle l'ancre glissait et dérapait. Ce mouillage ne me satisfaisait guère, et je fis une remarque sur l'association traîtresse d'une côte rocheuse et de sautes de vent soudaines.

— Oh, oui, me répondit Antonis, cette partie de la côte a très mauvaise réputation. C'est un cimetière de bateaux depuis des siècles. Avec mes amis du club de plongée, nous avons trouvé une demi-douzaine de bateaux grecs et romains, au fond de la mer, sur cette petite longueur de la côte.

Peu désireux de m'attarder en ce lieu inhospitalier, je demandai à l'équipage de reprendre les avirons. Nous passâmes un fort mauvais après-midi à contourner les rochers déchiquetés du cap Paliouri, avec la voile et la vergue baissées pour offrir moins de prise au vent, et solidement amarrées pour éviter tout accident par mer agitée. Les éclairs et les coups de tonnerre se succédaient, les flots devinrent d'un gris hostile. Dès que nous eûmes dépassé, au prix d'un effort surhumain, les rochers du cap Paliouri, je mis la barre sous le vent et l'*Argo* s'envola vers une vaste baie déserte, indiquée sur la carte, juste au nord du cap. Au moment où nous nous glissions dans son abri, Antonis tendit le bras vers tribord.

— Juste ici, nous avons trouvé une autre épave, un bateau romain. Il devait chercher le même refuge que l'*Argo*, mais il a coulé à l'entrée.

En me promenant à terre ce soir-là, je tombai sur un champ de petits pois sauvages, à flanc de coteau, au-dessus du mouillage. J'appelai les autres et ils ramassèrent de quoi nous préparer un ragoût pour dîner, tandis que Trondur et Peter Wheeler chassaient sans succès les poulpes au trident. Après le repas, comme la pluie menaçait, je fis mettre en place les bâches de la galère. Nous essuyâmes cette nuit-là le plus formidable orage de notre expédition. Des éclairs sillonnaient le ciel sans discontinuer. Le vent soufflait avec une telle violence que nous dûmes nous agripper aux bâches pour les empêcher de s'envoler. La pluie tombait si dru que les gouttes giflaient la mer et projetaient des embruns jusque dans le bateau. Et pourtant, du début à la fin, je n'entendis pas une seule plainte, uniquement une succession de boutades et de rires, tandis que l'équipage trempé passait une nuit sans sommeil.

Jason et ses Argonautes avaient bénéficié d'un autre vent favorable au large du mont Olympe. Sur les lieux où le nouvel *Argo* avançait à petits bonds le long de la côte, Jason et ses hommes n'avaient pas eu besoin de toucher les avirons. Ils avaient dépassé les caps Poséidon et Paliouri à la voile en un seul jour et une nuit. A leur deuxième aurore, ils s'étaient trouvés en vue du mont Athos, le troisième doigt de la Chalcidique et le grand amer suivant de leur itinéraire. Tiphys, le timonier, avait décidé de continuer sur cette lancée, de faire confiance au vent et de mettre le cap directement sur l'île fertile de Lemnos. C'était une bonne décision. La chance continua de sourire. « Pour les Argonautes, a écrit Apollonios de Rhodes, la brise souffla fort toute la journée et la nuit entière. La voile de l'*Argo* se gonfla. Mais aux premiers rayons du soleil survint un calme plat et ce fut à la rame qu'ils atteignirent les côtes découpées de Lemnos... »

Lemnos devait être le décor de leur première aventure. Ils ignoraient que les femmes de l'île venaient de tuer tous leurs maris, qui s'étaient montrés infidèles jusqu'au dernier. Les Lemniens avaient monté une expédition de pillage contre la côte de la Thrace, sur le continent, et ramené des captives thraces qui avaient pris la place des Lemniennes dans leurs propres maisons — jusqu'à ce que ces dernières, outragées, décident d'exercer une vengeance sanglante. Elles massacrèrent tous leurs maris, tuèrent les concubines thraces et abattirent même tous les enfants mâles de l'île. Le seul survivant du sexe opposé fut le roi Thoas, déjà âgé — sa fille Hypsipylé le conduisit en cachette jusqu'à la plage et le fit partir à la dérive dans un coffre de bois ; recueilli par des pêcheurs étrangers, il eut la vie sauve mais ne retourna jamais à Lemnos.

Pendant quelque temps après le massacre, les femmes de Lemnos se débrouillèrent très bien toutes seules. Elles accomplirent les travaux dont les hommes se chargeaient autrefois — les labours, les semailles et les moissons — et s'adaptèrent à leur nouvelle existence. Mais elles vivaient dans la peur constante d'un raid de représailles organisé par les Thraces. Et quand elles virent l'*Argo* entrer dans le port de leur capitale, Myriné, elles prirent les voyageurs pour les pillards thraces. Vêtues d'armures, elles s'élancèrent vers le port pour se défendre.

Jason se montra fort prudent en la circonstance. Voyant une foule en armes sur la grève, il envoya à terre son héraut Æthalidès à la langue de miel, réputé pour sa mémoire universelle et sa faconde étonnante qui lui permettait de fabriquer n'importe quelle vérité apparente sans vraiment dire de mensonge. Æthalidès persuada vite les Lemniennes de permettre à l'*Argo* de rester au moins une nuit dans le port de Myriné. Ceci donna aux femmes de Lemnos l'occasion de réfléchir sur la précarité de leur situation. Elles organisèrent une réunion publique sur la place de la ville et la nourrice royale Polyxo, aux cheveux blanchis par les ans, fit observer qu'en tuant tous leurs hommes, les Lemniennes s'étaient condamnées à l'extinction. Ou bien elles seraient vaincues un jour ou l'autre par une expédition de guerriers thraces ; ou bien, faute d'hommes, elles ne mettraient plus d'enfants au monde et la race s'éteindrait. En conséquence, les Lemniennes, avec à leur tête Hypsipylé devenue leur reine, décidèrent le

Myriné

lendemain d'inviter les Argonautes dans leur ville et de les encourager à rester à Lemnos, pour leur servir de maris. Elles expliquèrent l'absence de leurs hommes en racontant qu'elles les avaient exilés à cause de leurs liaisons coupables avec les captives thraces.

Le stratagème fonctionna à merveille. Jason, dans sa plus belle tenue, débarqua à terre, où la reine Hypsipylé le reçut au palais. Elle lui offrit le trône de Lemnos s'il acceptait de s'installer sur l'île avec ses hommes. Jason déclina cet honneur. Ni les Argonautes ni lui-même ne pouvaient renoncer ainsi à la conquête de la Toison d'Or. Mais il accepta de rester quelque temps, au titre d'invité.

La visite fut si agréable, avec ses banquets et ses fêtes qui se succédaient sans interruption au milieu de danses et de festins en plaisante compagnie féminine, que la noble expédition de la Toison d'Or faillit se terminer dans les bras des dames de Lemnos. Les jours passaient et l'*Argo* ne repartait pas. Il demeurait ancré dans le port pendant que son équipage naviguait dans d'autres eaux. Jason s'installa avec Hypsipylé au palais, et les autres Argonautes avec leurs nouvelles amies. Seul Hercule — dans la plupart des versions de l'histoire il reste avec l'*Argo* quelques jours de plus — s'abstint de participer à la vie sybaritique de ses compagnons. Il monta la garde près de l'*Argo* dans le port, jusqu'au jour où, ne pouvant plus admettre que le retard se prolonge, il piqua une colère et arpenta les rues de Myriné en martelant de sa massue les portes des maisons pour convoquer les Argonautes à une réunion sur la plage, sans la présence des femmes. Là, il tança vertement ses compagnons d'aventure. Ils allaient perdre leur honneur, leur dit-il, s'ils abandonnaient la conquête de la Toison d'Or pour mener une vie de paresse et de luxure entre les bras des femmes de Lemnos. Ils deviendraient la risée de toute la Grèce.

Les Argonautes, pris de honte, en convinrent. Dès le lendemain, ils firent leurs adieux. La séparation se passa sans déchirement. Les femmes acceptèrent que les Argonautes continuent leur quête et offrirent généreusement de les reprendre s'ils revenaient sains et saufs. La reine Hypsipylé, persuadée qu'elle attendait un enfant de Jason, demanda ce qu'elle devait faire. Jason lui conseilla, si c'était un garçon, de l'envoyer à Iolchos auprès de ses grands-parents.

Cet enfant, fils de Jason et d'Hypsipylé, devait devenir le roi Eunéos de Lemnos. Selon Homère, Eunéos régnait sur l'île à l'époque de la guerre de Troie, et pendant le siège il prit le parti des Grecs, leur envoya du vin de Lemnos en présent et fournit régulièrement des vivres aux assiégeants. Ceci correspond bien aux faits, car Lemnos, célèbre pour ses vins, se trouvait sur la voie naturelle de l'approvisionnement entre la Grèce et Troie. Mais surtout, cette allusion homérique au roi Eunéos nous permet de dater la quête de la Toison d'Or. Si Eunéos était roi au moment de la chute de Troie, son père Jason s'était trouvé à Lemnos une génération plus tôt. Les archéologues datent la chute de Troie entre 1250 et 1200 avant notre ère, la plupart s'accordant pour les alentours de 1225. L'expédition de Jason à la conquête de la Toison d'Or a donc vraisemblablement eu lieu vingt à trente ans plus tôt, au milieu du treizième siècle avant J.-C. Cette date, nous le verrons, ne concorde pas seulement avec l'occupation de Dimini — l'éventuelle résidence de la famille exilée de Jason, non loin d'Iolchos —, mais avec des découvertes que nous devions faire avec notre nouvel *Argo* en arrivant dans la lointaine Colchide, le pays de la Toison d'Or.

Dans son évocation du voyage des Argonautes du mont Athos à Lemnos — traversée que nous allions entreprendre à notre tour —, Apollonios fait observer, détail intéressant, que le grand sommet de la Chalcidique projette son ombre sur l'île, bien qu'il soit plus loin de Lemnos « qu'un navire marchand bien gréé puisse voyager jusqu'au soir ». La distance entre Athos et le point le plus proche de Lemnos est en fait de trente-quatre milles nautiques, ce qui donne au « navire marchand bien gréé », en douze heures de traversée, une vitesse moyenne de 2,8 nœuds. Or nous attendions mieux de notre *Argo*, poussé par une bonne brise. La chance tourna enfin en notre faveur quand nous quittâmes la Chalcidique pour Lemnos. Nous avions passé la soirée précédente sur le doigt central de la péninsule, dans le splendide port naturel de Porto Koufo, où Antonis, le plongeur, nous quitta pour retourner à Néa Skioni, et nous prîmes la mer à une heure du matin, en espérant profiter de la brise nocturne qui souffle de la terre. Nous partîmes à la rame, par calme plat, sous une lune si brillante que nous pouvions entendre les oiseaux chanter comme en plein jour sur le flanc de la montagne. Le cap Embelos formait une masse sombre sur le ciel étoilé, et quand la lune se cacha derrière les monts dans l'ombre d'un noir d'encre, je découvris que l'on peut naviguer à l'oreille, en jugeant la distance des rochers au bruit de la houle réfléchi par la face de la falaise comme par une caisse de résonance.

Une heure plus tard, le vent se leva doucement de l'ouest et l'aube nous révéla le mont Athos par bâbord, son sommet encore tacheté de neige. Toute la journée il demeurerait au-dessus de l'horizon, pareil à une énorme balise, amer impossible à confondre pour tous les marins de la mer de Thrace. Tant que le soleil demeura dans le ciel, un bon vent d'ouest souffla, et le travail du timonier se borna à laisser partir Athos derrière son épaule gauche, tandis que le soleil montait au-dessus de son épaule droite... Ainsi l'*Argo* fila droit sur Lemnos. Nous vîmes passer deux baleines spermacétis — rencontre inattendue en mer Égée — qui cheminaient à vive allure dans la direction opposée à la nôtre, crachant de temps à autre leurs jets caractéristiques, penchés en avant. Vif comme un singe, Trondur grimpa en haut du mât et s'assit sur la vergue pour les admirer. Il demeura les yeux perdus sur notre sillage longtemps après que les baleines eurent disparu.

Vers cinq heures de l'après-midi, Lemnos apparut enfin à l'horizon, droit devant nous. Et quand la boule orangée du soleil se coucha derrière le mond Athos, nous vîmes exactement, comme Apollonios l'avait dit, son ombre tomber sur l'île. Bientôt, dans le crépuscule mauve, apparut une flottille de bateaux de pêche venue nous souhaiter la bienvenue. Des guetteurs postés sur les falaises de Lemnos avaient vu l'*Argo* poindre à l'horizon. Les pêcheurs nous escortèrent dans le port de la moderne Myriné. Leurs feux papillonnaient autour de nous, et des voix d'enfants chantaient dans le noir. Le front de mer était bondé de monde, plusieurs centaines qui tendaient le cou pour apercevoir l'*Argo* amarré au quai. Au premier rang, un prêtre en longue robe, le visage rayonnant, brandissait une bonbonnette de vin de Lemnos.

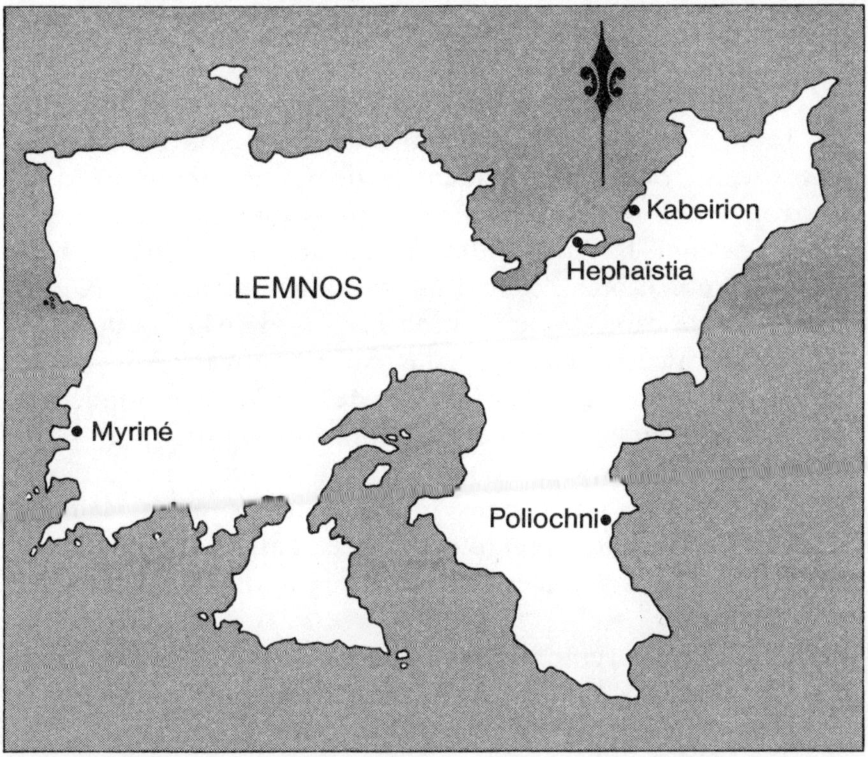

Je fus surpris de découvrir qu'on a trouvé à Lemnos très peu de vestiges mycéniens, alors que l'île figure en si bonne place dans les *Argonautiques*. Mais comme me l'a expliqué le professeur Beschi, de l'université de Pise, qui dirigeait les fouilles à Lemnos lors de notre passage : « Si nous n'avons pas mis à jour des ruines mycéniennes, c'est probablement parce que nous n'en avons pas cherché. Nous avions tant d'autres choses à faire ! » Avec son équipe, il reprenait sous un angle nouveau les importants travaux archéologiques effectués sur l'île dans les années trente par les missions italiennes. Elles avaient découvert sur la côte orientale de Lemnos une ville datant probablement de 3 000 ans avant notre ère — Poliochni, agglomération vaste et prospère. Dans ses ruines, les Italiens avaient retrouvé des poteries de même type et de même forme qu'à Troie, sur la côte de l'Asie Mineure, preuve que des relations commerciales florissantes existaient entre Lemnos et la Troade dès le milieu de l'Âge du Bronze.

Mystérieusement, toute vie semble avoir disparu à Poliochni vers 1600 av. J.-C. Selon une théorie, le destin de la ville, comme celui des cités minoennes de Crète, serait lié à la catastrophe volcanique de Théra. Le professeur Beschi estimait en tout cas que l'aventure des Argonautes et des femmes de Lemnos semblait bien l'écho d'un événement historique réel. Il pensait que la capitale de la reine Hypsipylé, où Jason et les Argonautes avaient été accueillis à bras ouverts, devait se trouver quelque part au-dessous de la Myriné moderne, attendant toujours que l'on entreprenne des fouilles. Mais pour le moment, le professeur Beschi et son équipe s'intéressaient davantage à deux sites dans le nord de Lemnos : la ville d'Héphaïstia et un temple du mystérieux culte Kabeïri. Or ces deux lieux étaient associés eux aussi à la tradition de Jason et des Argonautes.

Héphaïstia, qui remonte au septième siècle avant notre ère, a reçu ce nom en l'honneur du dieu Héphaïstos. Selon la mythologie grecque, Héphaïstos le dieu forgeron, habile pour tous les travaux de métallurgie, artificier et armurier des divinités de l'Olympe, aurait introduit dans la Grèce antique tous les arts du métal. Il avait pris le parti de la déesse Héra quand celle-ci s'était querellée avec Zeus, son époux, et Zeus, pris de colère, avait saisi Héphaïstos et l'avait jeté du haut de l'Olympe. Héphaïstos tomba sur l'île de Lemnos et ses jambes se brisèrent sous le choc. Il en resta boiteux. Les premiers habitants de Lemnos, peuple connu sous le nom de Sintiens, avaient accueilli l'infirme avec bonté et lui avaient offert un abri. En retour, Héphaïstos leur avait enseigné le secret du travail des métaux. De Lemnos, cette science s'était répandue dans tout le monde hellénique.

Nous avons de bonnes raisons de croire que la diffusion des arts métallurgiques est liée à la position clé de Lemnos sur la route maritime d'Asie Mineure. L'archéologie a prouvé que l'un des premiers centres du travail du métal dans le Proche-Orient, se trouvait sur la côte nord de l'Anatolie, près de la mer Noire. On y a découvert les fonderies et les mines les plus anciennes de l'histoire. Si la science des métaux a été transportée par mer de ce foyer primitif jusqu'en Grèce, elle est passée forcément par l'île de Lemnos, et la légende d'Héphaïstos aurait été inventée pour expliquer pourquoi la métallurgie a été enseignée aux Grecs dans une île reculée du nord de l'Égée. La plupart des autorités de ce domaine estiment qu'Héphaïstos était un dieu « importé », d'origine asiatique et non grecque. Or cette route maritime de la métallurgie, entre Lemnos et la mer Noire, était justement celle que Jason et les Argonautes devaient emprunter en sens inverse, à la suite de Phrixos, d'Hellé et du bélier volant. Pour souligner ce lien, certaines versions de la légende des Argonautes assurent que parmi les héros de Jason se trouvait Palaïmon, fils d'Héphaïstos, et boiteux comme son père.

Le deuxième site du professeur Beschi était directement associé lui aussi à la tradition des Argonautes et à l'Asie Mineure. Sur le sommet d'une haute falaise, tournée vers le nord-ouest et la mer de Thrace, les Anciens avaient découpé dans le grès une plate-forme sur laquelle ils rendaient un culte secret portant le nom de Kabeïri. Le secret a été si bien gardé qu'on connaît aujourd'hui très peu de chose sur ces « mystères », car les initiés juraient de ne jamais rien révéler. On sait cependant qu'il s'agissait de rites de fertilité, liés en quelque manière à des pratiques de magie noire et à un culte de la Terre Mère. Il provenait d'Asie Mineure, avec Lemnos et Samothrace comme principaux centres religieux. De toute évidence, la position de ces îles avait joué un rôle capital.

Le plus intéressant pour nous, c'est que ce culte était également lié à la navigation, et notamment à deux Argonautes — les jumeaux Castor et Pollux. Les représentations tardives des jumeaux les montrent avec deux étoiles sur le front, signe dont se servaient les initiés aux mystères du Kabeïri. Il est écrit que les marins connaissant les arts du Kabeïri avaient le pouvoir de maîtriser les vents et de calmer les tempêtes ; les jumeaux leur apparaissaient sous la forme du Feu Saint-Elme. Apercevoir les étoiles Castor et Pollux, quand les jumeaux devinrent la constellation des Gémeaux dans le ciel, signifiait que le pire d'une tempête en mer était passé.

Le voyage des Argonautes est donc entré ainsi dans le folklore de la mer... Isaac Newton n'a-t-il pas observé que plusieurs autres signes du Zodiaque sont inextricablement liés à la conquête de la Toison d'Or ? Outre les Gémeaux, le Verseau, les Poissons, et bien entendu le Bélier lui-même.

5
Les Dardanelles et la mer de Marmara

L'*Argo* manquait vraiment d'hommes quand nous quittâmes Lemnos le 18 mai. Nos trois volontaires grecs avaient pris congé pour retourner chez eux, nous n'étions plus que quinze à bord. Le jour de son départ, je demandai à Élias, l'architecte de Volos, ses impressions sur la traversée, car c'était son premier voyage en mer sur une petite embarcation.

— Vous n'avez pas eu peur ?

— Oh, si ! m'avoua-t-il en toute franchise. Mais jamais pour longtemps. Tous les autres semblaient si calmes... Alors je me disais qu'il n'y avait rien à craindre.

— Pourquoi avez-vous décidé de venir sur l'*Argo ?*

— Pour l'aventure... L'idée même... Je voulais savoir de quoi avaient l'air les gens qui font ces choses-là !

La même question dut traverser l'esprit du patron d'un bateau de pêche turc qui repéra l'*Argo* au coucher du soleil ce soir-là. Nous avions passé toute la journée à souquer dans le détroit qui sépare Lemnos de Gokcé, la première île turque. Étant donné le petit nombre de rameurs, j'avais dû diminuer de moitié les périodes de repos, et nous étions extrêmement fatigués. Quand le pêcheur turc vit un si grand bateau à rames avancer péniblement sur les flots, il nous prit pour des marins naufragés dans un canot de sauvetage. Aussitôt, il hala ses filets à bord, mit son moteur à pleine vitesse et se dirigea vers nous pour nous porter secours. Avec force pantomimes, nous

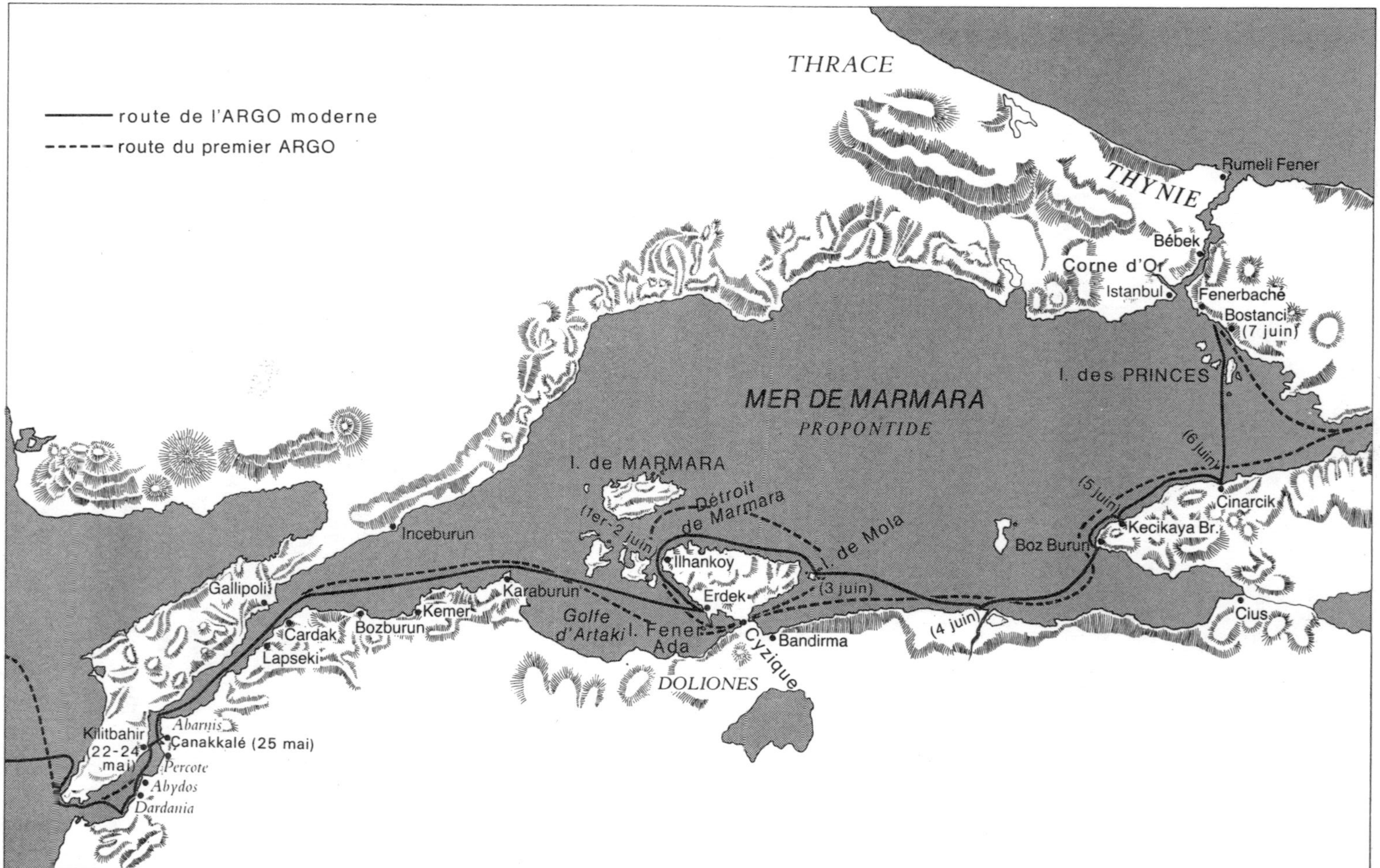
route de l'ARGO moderne
route du premier ARGO
THRACE
THYNIE
Rumeli Fener
Bébek
Corne d'Or
Istanbul
Fenerbache
Bostanci
(7 juin)
I. des PRINCES
MER DE MARMARA
PROPONTIDE
(6 juin)
(5 juin)
Cinarcik
Kecikaya Br.
Boz Burun
Cius
(4 juin)
I. de MARMARA
Détroit de Marmara
I. de Mola
(1er-2 juin)
(3 juin)
Ilhankoy
Erdek
Inceburun
Karaburun
Kemer
Bozburun
Gallipoli
Cardak
Lapseki
Golfe d'Artaki
I. Fener Ada
Cyzique
Bandirma
DOLIONES
Kilitbahir
22-24 mai
Abarnis
Çanakkalé (25 mai)
Percote
Abydos
Dardania

expliquâmes notre situation, et les rires fusèrent. Les pêcheurs insistèrent pour nous offrir une caisse d'anchois frais, pour notre dîner.

Cette nuit-là, je m'aperçus que j'avais commis une bourde en matière de navigation. Apollonios a écrit que Jason et ses Argonautes étaient allés de Lemnos à l'île de Samothrace, où ils avaient visité un autre sanctuaire du Kabeïri. Puis ils s'étaient dirigés à la voile vers l'entrée des Dardanelles en passant au nord de l'île de Gokcé. Mais sur la carte marine, cet itinéraire semblait aberrant. Cela faisait un important détour pour se rendre de Lemnos aux Dardanelles, quarante milles de plus. Peut-être Apollonios avait-il commis une erreur. Peut-être avait-il inventé ce passage à Samothrace à cause du culte du Kabeïri associé à l'île. De toute manière, je décidai qu'il était plus logique de mettre directement le cap sur les Dardanelles depuis Lemnos en passant au sud de Gokcé.

Mais la logique n'est pas toujours la meilleure conseillère quand on navigue avec un bateau à rames de l'Âge du Bronze, et ce fut le cas où l'utilisation d'une carte moderne me desservit au lieu de m'aider. L'entrée des Dardanelles dégorge en tout temps un énorme volume d'eau qui crée des courants contraires pour une galère arrivant du sud à la rame. Je m'attendais à ce genre de courant, mais je ne me doutais guère que ses effets seraient aussi violents sur la côte sud de Gokcé, où ils nous retardèrent beaucoup. En fait je serais allé plus vite en longeant la côte nord de Gokcé, itinéraire original de Jason.

Nous passâmes donc une bien curieuse nuit après le départ du bateau de pêche turc, encalminés au large de la pointe occidentale de Gokcé. Tout autour de nous les flots s'enflaient et gémissaient comme une masse vivante. Projetées par la lune, les ombres des nuages couraient et se métamorphosaient sur l'eau. Des lignes d'écume se formaient puis disparaissaient. L'*Argo,* dont l'équipage somnolait, peu confortable, traçait des cercles lents, erratiques, tantôt dans le sens des aiguilles d'une montre, tantôt en sens inverse. Il y avait à peine un souffle de vent, mais des masses d'eau se brisaient soudain en vaguelettes couronnées de blanc là où les courants se heurtaient, puis tombaient brusquement en vastes creux à l'air traître, qui faisaient gémir la coque de l'*Argo* et la secouaient comme si un poisson géant donnait des coups de boutoir contre sa quille.

A l'aube, je m'aperçus que nous n'étions plus sur notre route. Nous dérivions vers le nord. Il fallait absolument jeter l'ancre et prendre un peu de repos avant de perdre davantage de terrain. Nous devions rassembler toutes nos forces pour affronter des courants avec au moins une chance de réussir. Mais le problème n'était pas si simple. Le seul bon mouillage que nous puissions raisonnablement atteindre se trouvait près de la côte occidentale de Gokcé qui se dressait à cinq bons milles de nous, verticalement sur la mer. Or la carte portait un avertissement très strict : « ZONE INTERDITE ». Et les instructions maritimes étaient formelles : Gokcé y figurait comme secteur militaire et les autorités turques interdisaient absolument à quiconque, surtout à des étrangers, d'y accoster. Si l'*Argo* se rapprochait de l'île, je risquais de nous faire tous arrêter. Mais nous n'avions pas le choix, l'équipage était si épuisé qu'il fallait lui accorder du repos. J'espérais qu'on ne nous repérerait pas, ou en tout cas qu'on nous laisserait mouiller l'ancre sur les bas-fonds, étant donné que nous ne débarquerions pas sur l'île interdite. Sans grand optimisme, je dirigeai le bélier de l'*Argo* vers la zone militaire.

La pointe occidentale de Gokcé est un escarpement hostile qui s'élève de la mer en pente raide, entièrement dénudé. Sur le coteau couvert de maquis, pas une maison, pas un sentier, pas même un animal. L'endroit semblait entièrement désert. Nous nous rapprochâmes à la rame, jusque dans une belle petite anse. Toujours pas une créature vivante en vue — même pas une piste au fond de l'anse, trahissant le passage d'un homme de temps en temps. Je me demandai si le gouvernement turc avait interdit toute présence humaine ici depuis si longtemps qu'aucune trace d'habitation ne subsistait. A l'abri de l'anse déserte, l'*Argo* jeta l'ancre. On remonta les avirons à bord et chacun s'allongea pour prendre un peu de repos.

A peine vingt minutes plus tard, une voix annonça d'un ton lugubre : « Oh ! Oh ! Voilà les soldats ! » Je levai la tête et jetai un coup d'œil par-dessus le bastingage. Deux hommes en tenue de combat descendaient de la colline, accompagnés par un chien policier. Apparus de nulle part, ils se dirigeaient visiblement vers l'anse pour intercepter l'*Argo*. Un des soldats portait un pistolet mitrailleur. Ils n'avaient pas l'air souriant. Je commençais à regretter d'avoir conduit mon bateau à ce mouillage, et j'imaginais déjà tous les ennuis susceptibles de nous arriver : l'équipage arrêté par l'armée ; le bateau sous séquestre ; des explications à fournir d'abord à un sergent, puis à un lieutenant, puis à un capitaine, et ainsi du reste jusqu'en haut de la hiérarchie de commandement. Que faisions-nous donc dans une zone militaire interdite ? Il faudrait attendre ensuite la réaction des autorités d'Ankara, car nul ne déciderait rien sans les consulter. Un départ désastreux pour notre visite en Turquie. Pour compliquer le tout, l'*Argo* n'avait aucun document d'entrée dans le pays ; le poste de douanes le plus proche se trouvait à soixante milles nautiques de là, et nous n'avions donc sur nos passeports aucun tampon d'entrée des services d'immigration. Je nous voyais déjà retardés des jours et des jours avant que l'affaire ne s'éclaircisse.

La patrouille militaire n'avait pas l'air de plaisanter. Les deux soldats descendirent sur la plage, vraiment impressionnants avec leurs bottes et leur tenue de combat. L'homme à mitraillette braqua son arme vers nous. Son compagnon poussa un cri rauque et nous fit signe d'approcher. Le cœur serré, je rassemblai mon passeport et les papiers du bateau pendant que Peter Dobbs se préparait à me conduire à terre dans le canot pneumatique. Je recommandai à l'équipage de se montrer patient, et je les avertis que je serai peut-être absent un certain temps. Les deux soldats regardèrent d'un air nettement hostile le pneumatique s'avancer vers la grève. L'un d'eux était caporal et l'autre simple troufion, mais à leurs calots bleus je supposai qu'ils appartenaient aux gardes-frontières. Je sautai sur les rochers et m'avançai vers eux sans hâte. Le soldat releva le canon de son arme, qu'il continua de braquer vers moi. Comment diable allais-je expliquer à un caporal de l'armée turque la présence abusive d'une galère de l'Age du Bronze, d'origine grecque, sur la zone militaire interdite qu'il surveillait ? Je ne connaissais de la langue turque que deux ou trois formules de politesse, et aucun lexique de phrases turc-anglais ne suffirait à exposer notre situation.

Avec mon sourire le plus chaleureux, je tendis la main.

— *Merhaba !* (Bienvenue !) lançai-je d'une voix douce.

Les yeux marron, anatoliens, du caporal me fixèrent sans ciller. Ce n'était qu'une masse de muscles et d'os, le symbole même du sous-officier obtus, déterminé à exécuter ses ordres jusqu'au bout, à suivre le manuel à la lettre. Je remarquai que sous son calot ses cheveux étaient coupés en brosse très court ; même dans la chaleur suffocante, chaque bouton de sa tunique était boutonné jusqu'au col. Le caporal refusa ma poignée de main. À la place, il leva le bras et montra mon bateau.

— *Ar-go ?* annonça-t-il lentement.

J'étais sidéré. Comment diable un caporal de l'armée turque en train de patrouiller cet endroit perdu d'une île écartée pouvait-il être au courant de l'*Argo ?* C'était incompréhensible, mais quel soulagement ! Si le soldat connaissait le nom de l'*Argo*, il ne nous arrêterait sûrement pas.

Jamais nous n'apprîmes le nom du caporal parce que ni lui ni son compagnon ne prononcèrent un mot dans une autre langue que le turc. Mais nous persuadâmes le caporal de venir à bord de la galère, où il accepta, très raide, une tasse de café pour lui-même et des biscuits pour son chien, qui avait suivi loyalement son maître à la nage, derrière le canot pneumatique. Officiellement, donc, le caporal fit son devoir. Il n'y eut aucun débarquement sur Gokcé. Il monta la garde jusqu'à ce que nous fussions prêts à repartir, puis nous le raccompagnâmes à terre, avec un autre paquet de biscuits pour le soldat, demeuré immobile au même endroit pendant tout ce temps, l'arme inexorablement braquée sur l'*Argo*.

Deux heures plus tard, comme nous ramions le long de la

côte de Gokcé, une canonnière des gardes-côtes turcs apparut à l'horizon. Elle piqua droit sur l'*Argo*, fit un écart, puis glissa à notre hauteur, l'équipage réuni sur le pont, au garde-à-vous, tandis que la sirène et les sifflets nous saluaient à la mode des marins.

— Bienvenue en Turquie ! tonna une voix amplifiée par le haut-parleur du bateau. Vous avez besoin d'aide ?

C'était le capitaine de la canonnière, sur sa passerelle.

— Non. Non, merci beaucoup. Tout va bien. Mais c'est un plaisir de vous voir.

La canonnière se rapprocha, très haute au-dessus de nous. Ses moteurs grondaient.

— On m'a envoyé vous escorter, et vous fournir l'aide dont vous pourriez avoir besoin...

Le lieutenant Asaf Gunegren, commandant du patrouilleur n° 33, parlait un anglais excellent. Jeune officier de marine d'une grande courtoisie, il monta à bord de l'*Argo* pour faire la connaissance des nouveaux Argonautes, et accepta notre hospitalité. Apparemment, toutes les lettres que j'avais envoyées des mois auparavant par l'entremise de la Fédération turque de Yachting avaient été lues dans les bureaux du gouvernement. On les avait étudiées, on avait pris des décisions en conséquence. Alpay Cin, de la Fédération, et ses amis avaient accompli des merveilles. Le ministère de l'Intérieur, celui des Sports, celui du Tourisme et les autorités civiles avaient résolu d'aider l'*Argo* de toutes les manières possibles et — pour commencer — avaient envoyé le patrouilleur n° 33 à notre rencontre, pour veiller sur nous. Asaf, qui longeait les côtes depuis deux jours, avait alerté la garnison de Gokcé.

— Voilà comment le caporal a connu le nom de votre bateau, nous expliqua-t-il avec un sourire de gamin.

Nous étions assis sur le pont, à l'arrière de l'*Argo*. L'équipage se reposait de ses efforts, et la galère avait jeté l'ancre non loin d'une des plages de sable de Gokcé. Pendant que nous bavardions, un groupe d'hommes en survêtement apparut dans les dunes et se dirigea vers nous au pas de gymnastique. Ils semblaient en vacances. Certains se mirent à jouer au volley-ball sur la plage, d'autres se promenèrent. Un colosse plongea dans la mer et nagea à portée de voix de l'*Argo*.

— Qui sont ces hommes ? demandai-je à Asaf. Appartiennent-ils à la garnison de l'île ou font-ils du tourisme ?

— Je ne sais pas, avoua-t-il. Mais je vais le demander.

Il héla le nageur, qui répondit et se rapprocha. Il s'ensuivit une longue conversation en turc, puis le nageur poussa un dernier cri et regagna la plage en nageant de toute sa puissance.

— Eh bien ? demandai-je à Asaf. Qui est-ce ?

Il marqua un temps avant de répondre.

— Pour tout vous dire, c'est un prisonnier.

— Pardon ?

— Il m'a dit que les détenus qui se conduisent bien, les prisonniers « de première classe », sont envoyés ici, à Gokcé. Ils doivent y rester.

— De quoi avez-vous parlé avec lui ?

— Il voulait savoir qui vous étiez et ce que vous faisiez ici. Je lui ai expliqué que vous veniez de Grèce et vous rendiez au fond de la mer Noire à la rame.

— Qu'a-t-il répondu ?

— Qu'il aimait mieux rester sur Gokcé que ramer sur votre galère !

La canonnière quitta l'*Argo* après le déjeuner et repartit sur le continent pour refaire ses pleins. Le lieutenant Asaf promit de revenir le lendemain après-midi voir comment nous nous en sortions. A son retour, vingt-quatre heures plus tard, il fut fort surpris. Il avait laissé l'*Argo* vers le milieu de la côte méridionale de Gokcé, en train d'avancer résolument vers l'est à force de rames, avec son équipage réduit. Or le lendemain à la même heure, il nous trouva encore aux avirons, exactement au même endroit. Comme si l'*Argo* s'était englué dans de la poix ! Une fois encore, j'avais mal calculé la violence du courant issu des Dardanelles. Pendant tout le premier après-midi nous avions ramé vers l'est, au prix d'efforts épuisants, contre un vent debout. A la tombée de la nuit, le vent s'était calmé et

(*Page précédente*) Tim Readman et les joies du *hammam*. A Çanakkalé entre les mains du masseur turc.

(*Ci-dessous*) L'hospitalité turque ne se dément jamais.

(*Ci-contre*) Résit Ertuzun, l'historien d'Erdek, montre le Port Sacré où les hommes de Jason s'abritèrent d'une tempête.

(*Tout à droite*) Danse traditionnelle turque à Erdek.

(*Ci-dessus*) A la source de Jason, près d'Erdek, les femmes nettoient leurs tapis.

(*A droite*) Le meilleur jour de navigation de l'*Argo* en remontant les eaux sombres de l'Hellespont, de la mer Égée vers la mer de Marmara, avec la même brise du sud-ouest qui avait poussé Jason et ses hommes.

Les Argonautes de la légende avaient remonté le Bosphore à la rame. Trois mille ans plus tard, nous allions démontrer que cet exploit était possible — en faisant de même. L'*Argo* quitte Istanbul et passe devant la coque incendiée d'un pétrolier naufragé.

(*Ci-contre*) Un chenal très animé. Des bacs entrent et sortent de la Corne d'Or.

(*Ci-dessous*) Renforcé par des membres des clubs d'avirons d'Istanbul (Mustapha, avec un coup de soleil sur le bras), l'équipage de l'*Argo* en plein effort.

(*Ci-dessous*) Jonathan Cloke se fait enduire le corps avec de l'huile pour le combat de lutte turque, à Fenerbaché. Il avait l'air déplacé avec son pantalon rouge de marin au lieu des braies en peau de buffle des lutteurs.

(*Ci-dessus*) Près de l'entrée de la mer Noire, sur le sommet d'une des Roches-qui-se-heurtent de l'Antiquité, l'auteur et Ali Uygun, un des volontaires turcs, examinent les restes d'un pilier romain servant autrefois de repère pour les marins.

(*A gauche et page suivante*) Dans le passage le plus difficile du Bosphore, à Bébek. Toute la puissance musculaire concentrée.

l'équipage, à bout de forces, s'était couché pour dormir sur les bancs de nage, comme la nuit précédente et au large du cap Poséidon. Il y avait un calme plat et le bateau demeurait immobile sur l'eau. Les quarts de nuit furent paisibles ; les rares lumières, sur l'île de Gokcé, semblaient se déplacer comme des phares de voitures. Mais au lever du soleil, je reconnus aussitôt, ulcéré, l'anse qui se trouvait à la hauteur de l'*Argo :* c'était la petite baie où nous avions jeté l'ancre en arrivant à Gokcé vingt-quatre heures plus tôt ! Pendant la nuit, le courant sortant des Dardanelles nous avait ramenés en silence, inexorablement, jusqu'à notre point de départ. Nous avions perdu par ma faute toutes les peines de la veille, toutes les heures passées aux avirons. Nul ne pipa mot — par délicatesse à mon égard — mais je me jurai de ne plus jamais laisser l'*Argo* à la dérive la nuit, dans un endroit non éclairé où n'existait aucun moyen de juger quels tours les courants allaient nous jouer. Il fallut toute la demi-journée pour récupérer le terrain perdu. Depuis cinq jours, nous n'avions embarqué aucune nourriture et nos réserves d'eau commençaient à baisser. Nous n'avions reçu qu'une caisse de bière, offerte par Asaf — et le bruit courut en Turquie que si l'*Argo* avançait aussi lentement, c'est que son équipage avait un bon coup dans l'aile...

A vrai dire, je commençais à m'inquiéter. Avec un équipage de seulement quinze hommes, jamais l'*Argo* ne pourrait remonter le courant puissant dès que nous aurions franchi l'entrée des Dardanelles. Nous n'avions pas assez de rameurs à bord. A chaque mille qui nous rapprochait des détroits, le courant contraire devenait plus violent. Si nous réussissions à contourner la pointe de la péninsule de Gallipoli et à pénétrer dans le chenal principal, nous devions nous attendre à rencontrer un courant allant jusqu'à trois et quatre nœuds dans sa pleine force. Contre un tel obstacle, l'équipage réduit de l'*Argo* ne pourrait guère exercer qu'une puissance d'un cheval-vapeur.

Nous fûmes sauvés par le plus extraordinaire des vents : un vent changeant — « sifflé », semblait-il, spécialement pour nous. Il se leva comme nous nous élancions à la rame dans l'espace qui sépare Gokcé de la péninsule de Gallipoli. Mais il venait de l'est, droit devant nous ! Nous hissâmes aussitôt la voile et je mis le cap sur la terre, avec l'intention de jeter l'ancre en arrivant. Mais à peine étions-nous à cinquante mètres de la côte que le vent passa soudain au nord, précisément la meilleure direction pour que nous puissions contourner la pointe de la péninsule. Je fis donc glisser l'*Argo* le long de la côte, pendant un mille ou deux, jusqu'au phare marquant la pointe de la langue de Gallipoli.

Une fois encore, des soldats turcs nous observaient : minuscules silhouettes debout sur les falaises, près des batteries de canons qui gardent le détroit. Dès que l'*Argo* contourna la pointe, à la limite des chevaux de frise en fils de fer barbelé qui plongent dans la mer, le vent changea de nouveau pour souffler en sens contraire. C'était à ne pas croire : de nouveau le vent idéal ! L'*Argo* doubla donc le cap et pénétra dans le détroit des Dardanelles proprement dit, toutes voiles dehors, tandis que l'équipage au repos admirait l'un des plus grands spectacles maritimes du monde.

Sur notre gauche, le long dos de baleine de la péninsule de Gallipoli, avec sa succession de monuments aux morts des campagnes sanglantes de la Grande Guerre : Français, Anglais, Australiens et Turcs. Sur la côte opposée, une basse plaine sans caractère courait sur près de deux kilomètres puis s'élevait dans le lointain en un escarpement bleuté. Sur ces collines se trouvaient les ruines de Troie, la ville qui contrôlait le commerce des Dardanelles à l'Âge du Bronze. Aujourd'hui encore, l'importance commerciale et stratégique du site saute aux yeux. A perte de vue, des navires marchands convergeaient vers le détroit ou s'en éloignaient — des pétroliers, des cargos de vrac sec, des porte-conteneurs, des bateaux de pêche, des bacs, des navires de croisière.

Comme notre vaisseau de guerre à vingt rameurs, surgi des pages d'un livre de contes, s'engageait crânement dans le détroit, une procession de vaisseaux de guerre modernes fondit sur nous. Un sous-marin soviétique glissait en surface, escorté vers le sud par deux contre-torpilleurs turcs ; une petite escadre de la marine turque manœuvrait à l'horizon, et pas moins de quatre patrouilleurs des gardes-côtes turcs étaient en vue au même instant. Trois effectuaient des patrouilles normales, mais le quatrième était le nôtre : la canonnière n° 33, qui veillait sur nous et prévenait tous ces navires d'accorder au petit *Argo* une large voie libre. A la demande générale, Asaf fut promu Argonaute d'honneur.

L'arc de triomphe massif qui constitue le monument aux morts turcs de la bataille navale de Gallipoli me servit d'amer pour diriger l'*Argo* vers la côte opposée, en prenant de biais le courant principal du chenal. Même avec la bonne brise du sud-ouest, qui la poussait à plus de cinq nœuds sur l'eau, la galère avait du mal à avancer par rapport à la terre. A peine étions-nous arrivés à quatre cents mètres de la côte, dans une zone d'eaux calmes, que notre vent envoyé par le ciel faiblit enfin, puis mourut tout à coup. Mais il avait rempli sa mission. Dans le calme plat, étouffant, qui suivit, l'équipage prit les avirons et rama vers l'endroit où un petit groupe de responsables turcs attendait sur la côte, pour nous accueillir. Rien n'était trop complexe pour les autorités turques, semblait-il. Ces fonctionnaires étaient venus spécialement de Çanakkalé, le port d'entrée, pour remettre à l'*Argo* ses autorisations des services de douane, de santé et d'immigration. Le canot pneumatique ramena les officiels vers la côte, et les Argonautes ne purent attendre une seconde de plus ! J'entendis quatorze plongeons. Mes galériens partaient à la nage : c'était à qui foulerait le premier le sol de l'Asie.

Nous attendîmes encore deux jours dans les Dardanelles, pour faire notre toilette et celle de l'*Argo*. On aurait eu bien du mal à déterminer qui était le plus fatigué par le voyage, du bateau ou de son équipage. Nous déchargeâmes l'*Argo* de tout ce qu'il portait à son bord pour pouvoir gratter la boue noire et puante de sa cale. Ensuite, l'équipage fit de même dans le *hammam* public, le bain turc, de Çanakkalé. Pour nous débarrasser de la crasse d'une semaine et dénouer les muscles endoloris des rameurs, rien ne pouvait mieux convenir que l'immersion dans la vapeur et l'eau brûlante, sur les dalles de marbre. Quand j'arrivai au hammam, le reste de l'équipage était déjà parti. Mais l'hospitalité turque veillait. Lorsque je pris ma serviette de toilette à la réception, un Turc à la musculature puissante, vêtu d'une simple serviette autour des reins, qui lisait un journal près de la caisse, leva les yeux et me reconnut.

— Aaaah ! Le capitaine Tim !

Il m'offrit un sourire au ralenti, qui révéla une pleine bouche de dents cassées. C'était le masseur du bain turc, bien décidé à me montrer ses talents, et je dus passer la demi-heure suivante sur une table de marbre où je fus trituré, malaxé, roué, moulu, tourné, retourné, tordu et tortillé dans toutes les positions imaginables, jusqu'à ce qu'enfin, le masseur lance de larges claques sur mes membres suppliciés et mon corps torturé, puis me salue, talons joints en beuglant.

— Liquidé, capitaine !

Effectivement, j'étais liquidé.

Les congés de Peter Dobbs s'achevaient, et un autre Peter vint le remplacer : Peter Warren, ex-fusilier marin, originaire du comté d'Oxford. Il avait participé à la livraison de l'*Argo*, et l'esprit d'équipe à bord lui avait tellement plu qu'il avait décidé de se joindre à l'expédition. Nous accueillîmes aussi nos premiers volontaires turcs. Deniz, étudiant en archéologie de vingt-trois ans, avait toute l'énergie et l'enthousiasme d'un fox-terrier. Umur, par contraste, faisait à son arrivée une mine tellement lugubre que je me demandai vraiment pourquoi il était venu. J'appris plus tard qu'il avait été envoyé par son père, ingénieur des mines : comme son fils de dix-huit ans avait raté ses examens, il avait jugé qu'un séjour sur une galère de vingt avirons changerait sa conception de l'existence. Umur se montra donc au début très silencieux et réservé ; c'était d'ailleurs l'un des plus jeunes membres de l'équipage. Mais le temps passant, son attitude changea. Le premier jour, il annonça qu'il resterait seulement jusqu'à Istamboul, mais à notre arrivée là-bas, il se porta volontaire de nouveau, et finit par rester sur tout le secteur turc de notre voyage — un très bel effort, vraiment. Notre troisième volontaire se nommait Erzin. Il était capitaine d'un super-pétrolier de 150 000 tonnes naviguant de Turquie au golfe Persique. Tirer l'aviron sur une galère de huit tonneaux représentait donc un sérieux changement. Mais Erzin, ancien officier de la marine turque, était un de ces hommes que tout le monde aime dans l'instant. Au demeurant, un excellent marin et un camarade hors pair. Les deux autres volontaires turcs étaient de vieux amis. Ali, archéologue de marine et plongeur, sérieux et érudit, devait me servir de guide et d'interprète pendant tout le voyage dans les eaux turques. Kaan, seize ans, benjamin de tous les Argonautes qui participèrent au voyage, était le fils d'une famille d'Istamboul que je connaissais depuis vingt-trois ans. Son père, Irgun, s'était lié à moi et à mes compagnons quand, étudiants, nous avions traversé la Turquie à motocyclette au cours de ma première expédition, sur les traces de Marco Polo. Je n'avais pas perdu contact avec la famille et quand Irgun avait appris que je viendrais en Turquie avec l'*Argo*, il nous avait immédiatement envoyé son fils. Kaan avait fait un peu d'aviron dans l'un des clubs d'Istamboul et trouvait l'aventure exaltante.

En théorie, nous aurions dû avoir deux volontaires de plus, car l'*Argo* avait besoin de tous ses avirons pour remonter les Dardanelles, où le courant était encore plus fort qu'à l'entrée. Deux rameurs turcs se présentèrent effectivement à Çanakkalé et nous aidèrent à faire traverser l'*Argo* d'un côté du détroit à l'autre, où le gouverneur avait organisé une réception officielle. Ce fut une traversée brève — sur la carte : pas plus d'un mille et demi d'eau — mais il nous fallut souquer presque deux heures pour vaincre le courant violent... Nos deux derniers volontaires ne se présentèrent pas au dîner. Les autres Turcs éclatèrent de rire.

— Ils ont jeté un coup d'œil sur le travail, pensé aux cent quatre-vingt-dix milles jusqu'à Istamboul, et jugé que ce n'était pas pour eux. Ils ont filé !

La réception officielle fut la première d'une série de réjouissances organisées par les autorités locales tout au long de notre route. Au son insolite de flûtes et de tambourins turcs, un groupe traditionnel dansa sur le quai. Les jeunes gens portaient des culottes bouffantes avec des mi-guêtres noires brodées d'or et une sorte de boléro sur une chemise assortie. Ils bondissaient, pirouettaient et criaient. Les jeunes filles s'inclinaient, tournaient sur place et se prenaient par le bras, dans des costumes d'une élégance rare, qui associaient un long pantalon bouffant et des pantoufles souples, à de courts tabliers et des corsages ras du cou à manches longues. Elles portaient sur la tête des foulards parsemés de bijoux qui tintaient au rythme de la musique.

Les Grecs de l'Antiquité avaient appelé les Dardanelles Hellespont, car c'était là que la princesse Hellé avait glissé du dos du bélier volant à la toison d'or, et s'était noyée dans la mer. Quand le premier *Argo* arriva ici, en suivant le trajet du bélier vers la Colchide, Jason et ses compagnons se glissèrent dans le détroit la nuit, sous couvert des ténèbres, probablement pour ne pas attirer l'attention des Troyens, jaloux de leur monopole commercial et prêts à attaquer tout intrus. Apollonios a écrit :

> Ils atteignirent la pointe de la Chersonèse (la péninsule de Gallipoli) à l'instant où le soleil se couchait. Ils y rencontrèrent un fort vent du sud, hissèrent leur voile, et pénétrèrent dans le courant rapide de l'Hellespont, qui tient son nom de la fille d'Athamas. A l'aurore, ils avaient quitté la mer septentrionale ; à la tombée de la nuit ils longeaient la côte Rhœtéenne, à l'intérieur du Détroit, avec la terre d'Ida [le mont Ida] sur leur droite. Laissant Dardania derrière eux, ils mirent le cap sur Abydos, et après avoir dépassé tour à tour Percote, Abarnis avec sa plage de sable de Pityéïa, l'*Argo* acheva, à force de voile et de rames, la traversée de l'Hellespont, sombre et torrentueux.

Je n'en crus pas mes sens quand l'*Argo* moderne profita des mêmes bons vents — une forte brise du sud — dès que nous quittâmes le port de Çanakkalé pour nous attaquer à l'Hellespont, « sombre et torrentueux ». Normalement, en mai et juin, le vent souffle du nord, mais nous bénéficiâmes d'une splendide brise fraîche du sud-ouest, qui forcissait parfois juste à la limite de la bourrasque, et remontait le détroit dans l'axe le plus favorable pour nous. L'*Argo* réagit en nous offrant la meilleure journée de voile de tout le voyage. Il courait comme un dauphin, suivi par le clapot de vent. En cadence, la galère enfonçait dans les flots son groin poussé vers le bas par le poids de voile, si bien que la mer glissait par-dessus ses yeux à demi submergés. Puis, pareil à un monstre marin refaisant surface pour une goulée d'air, le museau remontait vers le ciel, fendait les eaux en un sillon de bulles jusqu'à ce que la pointe du bélier perce la vague au milieu d'un fin jet d'écume et monte de trente centimètres dans l'air. Un instant, l'*Argo* demeurait en suspens, sa longue coque comme plantée dans la paroi de la vague. Puis la crête passait et le cycle recommençait : le nez penchait puis s'enfonçait dans la mer houleuse.

Pendant des heures, à une vitesse régulière de six à sept nœuds, l'*Argo* remonta ainsi les Dardanelles, exactement comme jadis son ancêtre, d'une seule traite jusqu'à la sortie du détroit, pour entrer dans la mer de Marmara que les Grecs appelaient Propontide, c'est-à-dire le vestibule du Pont-Euxin — aujourd'hui la mer Noire. Écoutons de nouveau Apollonios :

> En Propontide, il se trouve une île tombant en pente raide vers la mer, tout près des terres riches de Phrygie et séparée du continent seulement par un isthme bas, qui s'élève à peine au-dessus des vagues. Cet isthme, avec ses deux côtes, se situe à l'est du fleuve Aïsepos ; et les gens de l'endroit appellent ces lieux Montagne de l'Ours. (...) L'*Argo*, poussé par une forte brise venant de Thrace, atteignit la côte et

> s'abrita dans un port appelé Havre-Clair. Là, sur l'avis de Tiphys, ils [les Argonautes] se séparèrent de leur petite ancre de pierre, qu'ils laissèrent à la Source d'Artace, et la remplacèrent par un rocher plus lourd et mieux adapté.

Aujourd'hui, la presqu'île qu'Apollonios appelait Montagne de l'Ours porte le nom de Kapidag, ou Mont-Porte, et le port qu'il appelait Havre-Clair a adopté le nom de la source sacrée elle-même — Artace, dans son orthographe turque moderne : Erdek. Notre *Argo* y jeta l'ancre le 27 mai aux petites heures et, le jour venu, je partis à pied vers l'endroit où, trois mille ans plus tôt, les premiers Argonautes avaient laissé leur ancre de pierre en guise d'offrande et d'action de grâce.

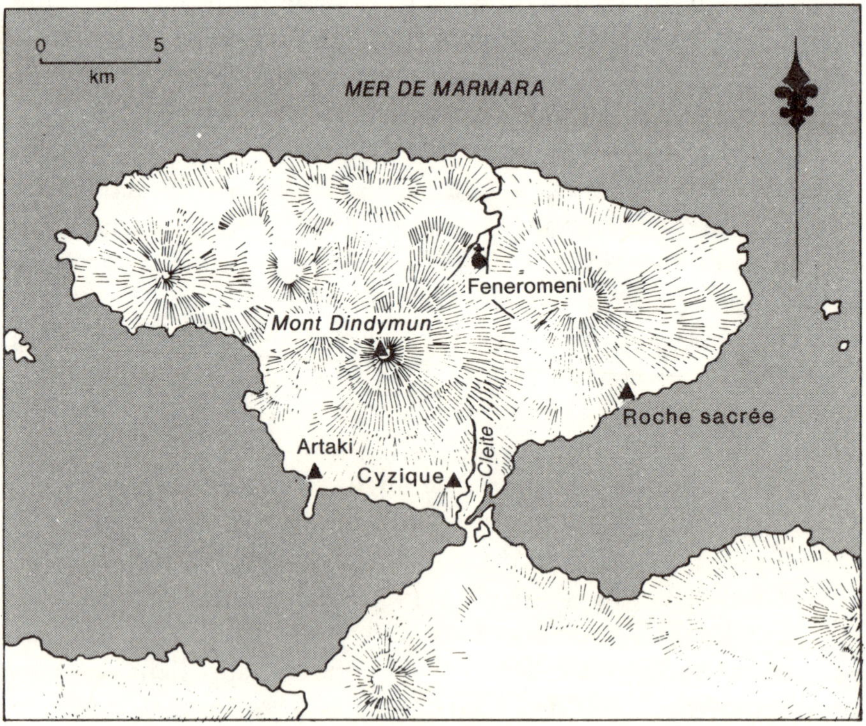

Par une chance extraordinaire — une rencontre de hasard datant de six semaines — je savais exactement où chercher l'endroit qui s'appelait jadis la source de Jason. Un équipage un peu ivre et un coup de mauvais temps m'avaient valu cette découverte. Nous étions en train de conduire l'*Argo* de son chantier de construction à Spetsai vers Volos, le long de la côte du Péloponnèse. Notre route passait par le chenal entre le continent grec et la grande île d'Eubée (Evvia). Il faisait un temps atroce : froid, pluie et orages. Selon la plus classique des traditions de la mer, plusieurs membres de l'équipage s'étaient fortifiés contre les éléments dans une taverne du port de Chaleis. A leur retour à bord ils n'étaient pas en état de ramer, et peu après avoir quitté notre mouillage, nous tombâmes sur un coup de vent du nord. Pour la sécurité du bateau et de son équipage mal en point, je mis l'*Argo* à l'abri dans le premier petit port en vue. Ce n'était certes pas un endroit que j'avais prévu de visiter, mais avec les bourrasques et la pluie tombant en diagonale sur le détroit, nous fûmes enchantés de pouvoir ancrer l'*Argo* et nous réfugier dans un hangar vide, comme des poules mouillées, en attendant que le temps s'améliore.

Je remarquai alors le nom du petit port sur ma carte : Néa Artaki — la Nouvelle Artace — et je me rappelai le nom de la source sacrée, dédiée à la déesse Artace, où Jason avait laissé sa pierre d'ancre. J'entrai dans la ville pour voir s'il existait quelque relation entre ce petit port moderne de l'Eubée et la source sur la presqu'île de la mer de Marmara. A la coopérative des pêcheurs, j'appris que Néa Artaki avait été fondée par des Grecs chassés de l'originale Artaki, ou Erdek, au moment des grands échanges de population entre Grecs et Turcs, au début des années vingt. C'était pour moi une surprise totale. Existait-il par hasard, demandai-je, des gens qui se rappelaient l'époque où les Grecs vivaient encore à Erdek ? Quelqu'un capable de me raconter les traditions et les légendes de la région ? Les pêcheurs, immobilisés par la tempête comme moi, avaient tout le temps de se consulter. Ils convinrent que le seul survivant à qui je devais parler était Vasilis Kalathéri.

— Vous croyez qu'il acceptera d'évoquer pour moi, ses souvenirs du bon vieux temps d'Artaki ? demandai-je. Peut-être est-il trop âgé, sa mémoire risque de le trahir...

— Oh, non, vous pourrez juger par vous-même, me répondit-on. Vasilis est un homme étonnant. Depuis qu'il a quitté Artaki, il a voyagé dans le monde entier. Il connaît beaucoup de choses, et sa mémoire n'est jamais en défaut.

La source de Jason

Dans la soirée, je me rendis au café où je devais rencontrer Vasilis Kalathéri. C'était un de ces hommes remarquables qui parviennent à un grand âge en conservant toutes leurs facultés. Né en 1892, il avait vécu à Erdek presque jusqu'à l'âge de trente ans, et il se rappelait cette existence dans ses moindres détails. Je lui demandai d'abord s'il ne connaissait pas à Erdek un lieu associé à la légende de Jason et des Argonautes. Il comprit aussitôt ce que je voulais dire.

— Oh oui ! répondit-il. La source que tout le monde appelait Artaki Krini ou Jason Krini — source d'Artace ou

Le mont Dindymun

source de Jason. Certains l'appelaient parfois Pagatho, mais c'était un endroit bien connu.

Où se trouvait cette source ? Il suffisait de suivre pendant environ un kilomètre et demi le principal chemin qui remontait du port : on tombait directement sur la source de Jason. Dans sa jeunesse, tout le monde tenait pour acquis que c'était la source où les Argonautes avaient laissé leur pierre d'ancre. En 1906, me dit Vasilis, un yacht anglais avait séjourné dans le port, et pendant la nuit des hommes avaient débarqué pour emporter la pierre elle-même. C'était une pierre ronde, pourvue en son milieu d'une gorge où se trouvaient des caractères d'une écriture que nul ne savait lire. Comment reconnaîtrais-je la source ? lui demandai-je. Rien de plus simple, me répliqua le vieillard. En arrivant, je verrais deux grands figuiers et deux châtaigniers non loin.

A Erdek, six semaines et trois cents milles nautiques après cette conversation avec le vieux Grec à une table de café de Néa Artaki, je découvris que des quatre arbres vus par Vasilis soixante ans plus tôt, seul un figuier au tronc noueux avait survécu. Un paysan avait abattu les trois autres pour agrandir son oliveraie jusqu'à la fontaine. Un filet d'eau coulait d'un bec de pierre et tombait dans une vasque grossière. Des femmes turques venaient y laver leurs tapis, des enfants jouaient dans les flaques d'eau et les charretiers d'Erdek s'arrêtaient là pour abreuver leurs chevaux. De nouveau, j'avais la preuve manifeste que les aiguades réputées avaient joué un rôle vital dans les voyages des explorateurs de l'Âge du Bronze. Savoir où trouver de la bonne eau potable pour approvisionner une galère à l'équipage nombreux et toujours assoiffé faisait partie du métier de pilote. Comme nous l'avions vu à Afissos, ces aiguades étaient vite devenues les escales obligées d'une tradition de cabotage. Ce furent aussi des points fixes dans la mémoire populaire. Les Mycéniens tenaient les sources et les bosquets d'arbres pour des lieux sacrés — trait commun à la plupart des croyances animistes. Une source consacrée à la déesse Artace constituait donc un endroit naturel où laisser une pierre d'ancre en offrande, après une traversée réussie. L'habitude de consacrer aux dieux la pierre d'ancre d'un bateau est déjà signalée dans l'ancienne Égypte comme en Grèce. Bien entendu, Artace, divinité récente appartenant au panthéon grec classique n'était certainement pas la déesse de la source à l'époque de Jason. Au temps des Argonautes, la source devait être dédiée à la Grande Déesse elle-même, la déesse mère, dont Artace reprit plus tard le rôle de divinité de la terre nourricière. L'offrande de Jason évoque un monde spirituel beaucoup plus primitif.

Mais ce monde spirituel n'avait pas entièrement disparu d'Erdek, même au vingtième siècle. A huit cents mètres au-delà de la source de Jason, sur le même chemin, se trouvait un bosquet sacré, qui avait peut-être moins changé d'aspect que la source depuis l'époque des Argonautes. C'était un petit bois d'énormes et vénérables châtaigniers, isolé sur le bord d'une colline basse. Une autre source jaillissait à flanc de coteau, et courait en un ruisselet naturel avant d'être captée pour couler par un double bec dans un bassin qu'elle emplissait avant de glisser sur la pente douce, vers des vergers. Tout autour, les paysans cultivaient le moindre coin de terre, mais ce bosquet d'arbres avait été épargné. On l'avait abandonné à lui-même, mais non point par mépris, au contraire : c'était un lieu sacré — il en donnait manifestement l'impression. Un grand calme y régnait. Absolument aucun bruit, hormis le murmure de l'eau et, de temps à autre, le chant d'un oiseau. Les feuilles des grands arbres elles-mêmes respectaient le silence. L'air frais vous donnait la chair de poule. Le temps semblait en suspens, et là, au milieu du bosquet près du ru, se dressait un grand arbre si ancien que son cœur avait pourri. Un tunnel s'était creusé dans son gros tronc. Les côtés du tunnel luisaient, polis par le passage des corps humains qui s'étaient glissés par milliers dans le trou au cœur de l'arbre. Il s'agissait d'un arbre à vœux. La nuit, me dit-on, les gens de la campagne venaient en secret dans ce lieu sacré pour invoquer sa magie. Ils tournaient autour de l'arbre le nombre de fois prescrit, puis se glissaient dans le tunnel et faisaient leur vœu. S'ils accomplissaient le rite correctement, les esprits de l'endroit exauçaient leur désir. Les suppliants avaient laissé les traces de leur passage sur l'arbre à vœux. De ses basses branches pendaient des bouts de tissu déchirés de leurs vêtements, et même de petites figurines humaines. Les vieilles croyances, semblait-il, persistaient encore après trois mille ans.

Résit Ertezun, l'historien d'Erdek, fut enchanté que je lui confirme l'identité de l'Artaki Krini. Arrivé à Erdek en mai 1946 comme préfet, il avait remarqué des morceaux de pierre blanche qui brillaient à la surface d'une route en construction. Il posa des questions, on lui apprit qu'une partie des pierres destinées à la route provenaient des ruines anciennes de la cité de Cyzique, non loin. Il alla visiter les ruines, vestiges d'une ville romaine, et cette promenade changea sa vie. Il interdit le pillage du site de Cyzique et entreprit d'étudier l'histoire ancienne de la péninsule de Kapidag. Il apprit seul le latin et le grec pour pouvoir lire dans l'original Apollonios et les autres auteurs, afin de vérifier les bases historiques de la légende des Argonautes. C'était le guide parfait pour escorter les nouveaux

Argonautes sur les sites qu'il avait identifiés avec les décors de l'ancienne légende.

Peu après l'arrivée à Kapidag de Jason et de ses compagnons, le roi Cyzichos, chef des Doliones, vint à leur rencontre. Cette tribu occupait le plat pays de l'isthme qui soude Kapidag à la terre ferme. Cyzichos, jeune homme à peu près du même âge que Jason, venait de se marier, et son épouse Cléité avait quitté le continent depuis peu. Le roi invita les Argonautes à venir avec leur bateau dans le port de sa ville pour festoyer avec lui. Au cours des réjouissances, à en croire Apollonios, une tribu d'indigènes sauvages — des hommes à six bras selon le texte — descendit des montagnes de l'intérieur et attaqua l'*Argo* dans le port. Hercule les repoussa en leur infligeant de lourdes pertes (d'après Apollonios, Hercule faisait encore partie de l'expédition, qu'il quitta seulement à l'escale suivante).

A la fin du festin, l'*Argo*, reprit la mer. Il s'élança dans la mer de Marmara pour contourner la presqu'île, mais un grain le drossa vers la terre où l'équipage parvint à passer une amarre autour d'un rocher, en un lieu-dit Havre-Sacré. Les marins déroutés par la tempête ne se rendirent pas compte qu'ils avaient été rabattus sur la péninsule de Kapidag, de nouveau dans le territoire des Doliones. Dans les ténèbres, ceux-ci prirent les Argonautes pour une bande de pirates et les attaquèrent. Pendant l'escarmouche qui s'ensuivit plusieurs nobles Doliones périrent et, pis encore, Jason en personne abattit le roi Cyzichos sans le reconnaître. L'aube révéla l'affreuse erreur, et les deux camps cessèrent aussitôt de se battre. Les Doliones désespérés se retirèrent dans leur ville fortifiée en emportant le cadavre de leur roi, et les Argonautes accablés se préparèrent à expier leur crime terrible : tuer l'homme qui venait de leur offrir l'hospitalité.

> Pendant trois jours, ils pleurèrent [le roi Cyzichos] avec les Doliones et s'arrachèrent les cheveux. Puis ils défilèrent trois fois autour du roi mort avec leur équipement de bronze, le mirent dans sa tombe, et

> célébrèrent les jeux habituels sur la plaine herbue, où les hommes de notre temps peuvent encore voir le tumulus qu'ils ont édifié pour le roi.

Cléité, la jeune épouse du roi, continue Apollonios, fut incapable d'affronter la vie toute seule, avec son mari dans la tombe. Couronnant les maux dont elle venait de souffrir par un mal plus horrible mais de son propre choix, elle prit une corde et se pendit. Même les nymphes des bois pleurèrent son trépas, et les larmes versées s'unirent en une source, que l'on appela Cléité en souvenir d'une princesse sans égale mais au sort malheureux.

Résit Ertezun estime que le tombeau du roi Cyzichos est sans doute le grand tumulus funéraire qui se trouve à quelques kilomètres au sud de l'isthme, près de la ville de Bandirma. On ne l'a pas encore fouillé. La source de Cléité n'est autre que le cours d'eau qui serpente au milieu des ruines romaines de la cité de Cyzique, nommée ainsi en l'honneur du roi des Doliones défunt. Le ruisseau passe exactement au milieu de l'énorme amphithcâtre romain dont les ruines livrées aux corneilles dominent maintenant les vergers de cerisiers et des champs de mûriers. Aux heures glorieuses de la ville antique, l'on pouvait canaliser l'eau pour emplir tout le fond de l'amphithéâtre, et des acteurs, dans des vaisseaux de taille réduite, représentaient des batailles navales pour le plus grand plaisir de l'assistance.

Après les funérailles du roi Cyzichos, Jason et ses compagnons restèrent bloqués par le mauvais temps sur la côte de Kapidag pendant douze jours, et Résit Ertezun a sans doute retrouvé le rocher sacré auquel l'*Argo* avait fixé son amarre. Un seul rocher isolé correspond à la description, et Résit nous conduisit à l'endroit que les habitants d'aujourd'hui appellent Rocher-Noir. Les pêcheurs des environs l'utilisent encore comme port de refuge, car il offre un excellent abri contre le vent du nord et les vagues. Au bout des douze jours, la fin de la tempête fut annoncée au devin Mopsos par l'arrivée d'un alcyon, ou martin-pêcheur, qui voleta au-dessus de la tête de Jason endormi sur la plage. Mopsos, qui comprenait le langage des oiseaux, put interpréter le présage. Que les Argonautes montent sur le pic sacré du mont Dindymun, au centre de l'île, déclara-t-il, pour sacrifier à Rhéa, la Grande Déesse Mère.

> Laissant quelques compagnons dans le bateau, ils gravirent la montagne. Du sommet, ils purent voir les Hauteurs Macriennes et la côte thrace, en face, sur toute sa longueur — ils avaient l'impression de pouvoir presque la toucher. Et dans le lointain, d'un côté, ils distinguèrent l'entrée brumeuse du Bosphore et des collines de Mysie ; de l'autre, ils aperçurent les eaux vives de l'Aïsepos et la plaine népéienne d'Adresteïa.

En ce lieu Argos, le charpentier du bateau, fabriqua une image sacrée de la Grande Déesse, qu'il sculpta dans le bois d'un ancien cep. Les Argonautes posèrent cette statue sur une pointe de rocher, à l'abri de quelques grands chênes, et édifièrent non loin un autel de petites pierres. Puis ils se coiffèrent de couronnes de feuilles de chêne et accomplirent les sacrifices rituels à la déesse Rhéa, pour la conjurer d'envoyer les tempêtes ailleurs. Enfin, au son de la musique d'Orphée, « les jeunes héros en armure dansèrent autour de l'autel à grands pas, en levant les genoux et en tapant sur leurs boucliers avec leurs épées » pour dominer les plaintes et les gémissements — de mauvais augure — qui montaient encore de la ville où les Doliones pleuraient leur roi. Comme témoignage de sa faveur, continue Apollonios, la Grande Déesse fit mûrir sur les arbres des fruits en abondance et les bêtes sauvages sortirent de leurs terriers et s'avancèrent en remuant la queue. Surtout, une source jaillit du sol en un lieu où aucune eau courante n'avait été vue dans le passé.

Résit Ertezun nous accompagna dans les collines du centre de Kapidag pour essayer d'identifier le mont Dindymun, mais ce qui m'avait semblé une tâche facile s'avéra résolument déconcertant. Les hauteurs du centre de l'île sont piquetées de plusieurs sommets d'à peu près la même altitude. Nous passâmes de l'un à l'autre, dans l'espoir de reconnaître l'endroit d'où l'on pouvait apercevoir en même temps le Bosphore, la côte thrace de l'autre côté de la mer de Marmara et, sur la gauche, les Dardanelles que nous venions de franchir. La présence d'une source miraculeuse ne nous aida guère : nous tombâmes au moins sur cinq petites sources dans les vallonnements proches des lignes de crêtes. Nous décidâmes que l'endroit le plus probable devait être le plus haut sommet de Kapidag, que les Turcs appellent Dedebayir : mont Grand-Père.

Village sur la côte de Kapidag

Dans une agréable vallée boisée, au nord-est du mont Grand-Père, se trouvaient les ruines d'un monastère grec — le monastère Cerise, comme l'appellent à présent les Turcs, autrefois le monastère de Fénéromani. Au début de notre siècle, un professeur de Cambridge fit l'observation intéressante que les gens de l'endroit célébraient une curieuse cérémonie, peut-être liée à un souvenir populaire de la danse mystique des Argonautes autour de l'autel de la déesse Rhéa. Selon le professeur Hazluck, les prêtres du monastère organisaient tous les ans une procession avec une icône sacrée de la

Vierge, en présence de la population de la presqu'île. Cette icône possédait des pouvoirs magiques et guérissait les malades et les boiteux. Parfois, un homme en état de transe religieuse s'en emparait et courait en tête de la foule, en criant et en bondissant, comme pris de folie. Il partait dans les montagnes suivi par tout le monde. La professeur suggérait qu'il s'agissait peut-être de l'écho lointain des danses extatiques des Argonautes autour de l'autel consacré à la Terre Mère.

Aujourd'hui le monastère tombe en ruine et l'icône célèbre a disparu. Personne à Erdek ne savait ce qu'elle était devenue —

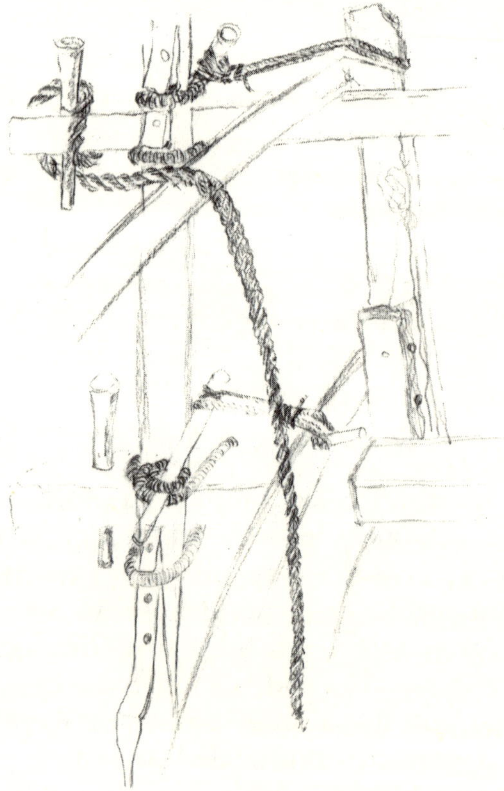

L'aviron-gouvernail de bâbord

le bruit courait qu' « on » l'avait emportée à Istamboul. Mais je savais où elle se trouvait en réalité, car le vieux Vasilis Kalathéri avait également répondu à cette question. Quand il était jeune, la procession avait lieu en mai. Presque toute la population d'Erdek traversait la presqu'île à pied pour gagner le monastère. Les prêtres sortaient en tenant l'icône et criaient « Hou ! Hou ! », la foule les suivait. Vasilis n'avait jamais vu de fanatique s'emparer de l'icône et s'enfuir dans les montagnes. Mais il savait où se trouvait l'icône à présent. Quand les Grecs avaient quitté Erdek, me dit-il, ils s'étaient rendus secrètement au monastère prendre l'icône et la cacher pour pouvoir l'emmener à leur départ. Le soir même, il me la montra : elle était dans l'église neuve, aux murs nus, de Néa Artaki.

Le départ de l'*Argo* moderne ressembla beaucoup — mais en moins sanglant — à celui de Jason et de son équipage. On nous avait prévenus : les abords de la presqu'île avaient une mauvaise réputation : mer très dure et bourrasques dangereuses. A peine en étions-nous au tiers de notre périple autour de Kapidag, que nous dûmes virer de bord et nous mettre à l'abri. Nous passâmes si près de la côte en nous précipitant vers un mouillage protégé, que l'aviron-gouvernail de bâbord gratta les rochers avec un bruit horrible. Cet incident nous valut des ennuis beaucoup plus tard.

Après avoir attendu un jour entier que l'orage s'apaise, nous repartîmes à la rame, au milieu d'une grosse houle, cap à l'est pour longer la presqu'île puis continuer notre route, le long de la côte méridionale de la mer de Marmara. Le 3 juin, Mark Richards, qui calculait le nombre de coups d'aviron, annonça que chaque rameur avait donné au moins cent mille coups depuis le départ de Volos. L'équipage poussa un grand cri de joie. Ce grand moment se produisit tard dans la soirée, tandis que nous souquions ferme pour gagner un mouillage de nuit dans les îles inhabitées de Fener Ada. Tout autour de nous, les pales des avirons faisaient naître de petits tourbillons phosphorescents et sous le bateau, un volute de phosphorescence se détachait des gouvernails comme un cocon de soie sous-marin. Nous nous glissâmes dans le port naturel, baie profonde entourée de falaises, et nos coups de torche électrique éveillèrent d'énormes quantités d'oiseaux de mer perchés sur les rochers. Ils tournoyèrent un instant dans les faisceaux des lampes, pareils à des flocons de neige...

De nouveau, nous vivions l'aventure des anciens Argonautes. C'était en cet endroit, selon Apollonios, que le vent favorable avait abandonné Jason et ses hommes. Ils avaient été contraints de ramer toute une longue journée torride, jusqu'à ce que l'un après l'autre les rameurs s'écroulent sur leurs avirons. Au même endroit, nous connûmes le même sort. Les mains couvertes d'ampoules et les muscles endoloris, les nouveaux Argonautes s'acharnèrent. L'*Argo* semblait ramper comme un escargot sur la mer plate et brillante. Le rythme des coups d'aviron ralentit, l'ennui et la fatigue s'installèrent. Je remarquai qu'un léger contre-courant nous retardait, et la ligne voilée de la terre semblait se dérouler à une lenteur qui me mettait au supplice.

Chaque jour, nous suivions la même routine déprimante. Lever à l'aube, petit déjeuner léger, puis nous prenions les avirons pour souquer jusqu'à midi. Une demi-heure d'arrêt pour déjeuner, puis l'effort recommençait sans désemparer jusqu'à ce que le soleil se couche. Alors je mettais le cap sur la plage la plus proche, à la recherche d'un endroit où nous reposer pour la nuit, sur le sable, les galets ou peut-être le plancher d'un café abandonné.

Hercule avait quitté l'équipage de Jason quelque part le long de cette côte, selon Apollonios. Ce fut après la plus épuisante de leurs journées : tout le monde était si fatigué que seuls Hercule et Jason lui-même eurent encore la force de conduire l'*Argo* à terre. Ulcéré par la faiblesse de ses compagnons, Hercule avait brisé son aviron. En descendant à terre, il s'éloigna pour arracher un petit arbre et se fabriquer une rame de remplacement. Pendant son absence au campement des Argonautes, son écuyer Hylas partit puiser de l'eau. Le jeune homme arriva à une source du nom de Pégae, et lorsqu'il se pencha pour emplir son pichet de bronze, la nymphe de l'étang, séduite par la beauté d'Hylas, tomba amoureuse de lui et décida de le garder. Elle leva les bras, les passa autour du jeune homme et l'entraîna dans l'eau — on ne le revit jamais. Un autre Argonaute, Polyphème de Larissa, en Thessalie, entendit le cri d'Hylas qui se noyait, et s'élança à son tour. Il rencontra Hercule sur le sentier, et les deux hommes se mirent à la recherche du jeune écuyer disparu.

Hercule, au désespoir, courut en tous sens en criant le nom d'Hylas. Juste à ce moment-là, une brise favorable se leva et Tiphys, l'habile nautonier, décida de ne pas perdre une aussi belle occasion. Il ordonna aux Argonautes de prendre la mer. L'*Argo* était encore à quelques encablures de la terre quand on remarqua l'absence à bord d'Hercule, d'Hylas et de Polyphème. Plusieurs Argonautes, dont Télamon, l'ami d'Hercule, voulurent rebrousser chemin sur-le-champ pour aller les chercher. Mais une autre faction, avec à sa tête Calaïs et Zétès, les fils du Vent du Nord, s'y opposèrent : les dieux avaient envoyé la brise favorable comme un présage et il ne fallait pas la gaspiller. L'*Argo* devait continuer sa route sans les absents. Une querelle éclata, et il fut bientôt trop tard pour revenir en arrière. L'*Argo* poursuivit donc son voyage sans Hercule.

On ne saurait préciser l'endroit exact où Hylas se noya en allant puiser de l'eau. Les détails concernant l'étang de Pégae ne sont pas assez précis, et les basses terres le long de la côte sud de la mer de Marmara, entre Kapidag et le golfe de Chios abondent en marais, puits naturels et même source d'eau minérale chaude. Selon la tradition grecque, Hercule resta quelque temps dans la région, essayant mais en vain de retrouver Hylas. Lorsqu'il finit par renoncer, pour se remettre à ses Travaux, il obligea les gens du pays à continuer les recherches. Par la suite, ils célébrèrent chaque année une fête pendant laquelle les jeunes hommes couraient dans la forêt en criant : « Hylas ! Hylas ! » Polyphème, dit-on, fonda la ville de

Chios. Quant à Calaïs et Zétès, partisans d'abandonner Hercule à terre, ils en subirent les conséquences. A la fin de la quête de la Toison d'Or, quand les Argonautes retournèrent chez eux, Hercule retrouva les fils de Borée et exerça sa vengeance.

6
Le Bosphore à la rame

Jonathan Cloke, un mètre quatre-vingt-quinze, le plus grand de tous les Argonautes, arriva le 5 juin, peu après que l'*Argo* atteignit l'entrée du Bosphore, juste à temps pour renforcer l'équipage. Nous allions tenter de remonter le détroit contre le courant et de battre en brèche la théorie selon laquelle un tel exploit était impossible pour un bateau de la fin de l'Âge du Bronze. Sur le plan de la puissance musculaire pure, nous avions à mon sens au moins autant de chance de réussir que quiconque. La majorité de nos nouveaux Argonautes étaient des colosses, plus d'un mètre quatre-vingts, et d'une force étonnante. Quels étaient les trois plus petits ? Mark Richards, le maître de nage — et le plus expérimenté de tous les rameurs ; Peter Wheeler, le marathonien à l'énergie inépuisable ; et Trondur Patursson, né avec des rames aux bras, endurci par des années passées dans de petites barques à rames sur les eaux difficiles des îles Féroé — et à grimper dans les falaises pour dénicher des œufs d'oiseaux de mer.

A Istamboul, un autre vrai marin vint nous rejoindre : un Irlandais ancien champion de course en *curragh*. Les curraghs sont de petits bateaux recouverts de toile particuliers à la côte occidentale de l'Irlande. Ils descendent des premières embarcations de la région, couvertes de peaux, qui hantaient dès l'époque romaine les côtes sauvages de l'Atlantique. Les pêcheurs les utilisent encore comme canots annexes et pour poser des filets dormants ou des casiers à langoustes. Chaque été, dans les petits ports de l'ouest de l'Irlande, ces pêcheurs s'affrontent en une série de régates de curraghs pour sélectionner l'équipage le plus puissant et le plus rapide. C'est une compétition acharnée qui donne lieu à une avalanche de paris et à pas mal de combines louches. Avec un réalisme inquiétant, le juge lance la course par un coup de fusil tiré au-dessus des concurrents. Deux ans auparavant, l'équipage vainqueur comprenait Cormac O'Connor, capitaine en second d'un chalutier irlandais. Et il nous attendait à Istamboul, prêt à ramer pour les Argonautes. Il mesurait plus d'un mètre quatre-vingt-dix et pesait quatre-vingt-dix-huit kilos. Son ciré n'était pas de la taille « fillette ».

Le tempérament sportif de Jonathan Cloke se trouva presque aussitôt mis à l'épreuve. Il se laissa convaincre de participer à un match de lutte. Mais ce n'était pas un match ordinaire, et son adversaire n'avait rien de banal. Jonathan devait rencontrer le champion de Turquie dans la catégoric poids lourd — et les règles seraient celles de la lutte « à huile ».

Jonathan

Un grand quotidien turc s'intéressait particulièrement à l'aventure de l'*Argo*. Tous les deux jours, un journaliste enthousiaste se présentait pour voir où nous en étions et interviewer l'équipage. Certains articles étaient bourrés d'erreurs. A la suite de je ne sais quel contresens de traduction, notre Turc avait compris que Nick Hollis, notre médecin, anesthésiste dans une clinique anglaise, était un hypnotiseur. Et il avait raconté à ses lecteurs que le rôle crucial de Nick consistait à hypnotiser les Argonautes pour leur faire accepter, dans cet état de transe, la nourriture servie à bord ! C'était une horrible calomnie : sur Nick, médecin très consciencieux et camarade exemplaire de deux expéditions, mais surtout sur Pete le coq, obligé de défendre son coin de cambuse contre des Argonautes affamés, qui ne tarissaient pas d'éloges sur sa cuisine et subissaient avec le sourire les bordées d'insultes que Pete leur lançait quand ils venaient chercher leur repas sur le gaillard.

Le journal turc avait résolu de faire du voyage de l'*Argo* un grand succès. Il avait passé dans ses pages des annonces invitant des volontaires turcs à se joindre à l'équipage, il nous avait servi de boîte aux lettres et avait organisé des danses traditionnelles turques sur les quais, le 9 juin, quand nous avions accosté au yacht-club d'Istamboul, dans le faubourg de Fenerbaché... Et il avait eu l'idée de ce match de lutte turque pour évoquer la célèbre rencontre de boxe entre les premiers Argonautes et le féroce roi Amychos, de la tribu des Bébryces.

Selon la légende, après avoir abandonné Hercule, Jason et ses compagnons avaient profité d'un vent favorable pour avancer rapidement vers le Bosphore. Une journée et une nuit de navigation les conduisit à une large baie où ils accostèrent à l'aube. Ils furent abordés sur-le-champ par Amychos, qui passait, selon Apollonios, pour « le plus grand bravache du monde ». Il avait l'habitude de défier en combat singulier tout inconnu qui se présentait sur son territoire. Grande brute, lutteur habile et méchant, Amychos était parfaitement capable de tuer son adversaire, étant donné le caractère implacable des combats de boxe en ce temps-là. Il avait déjà tué plusieurs roitelets voisins et les tribus des environs vivaient dans la crainte. Escorté par sa suite, il se présenta donc aux Argonautes pendant que ceux-ci débarquaient sur la plage, et il annonça qu'il les empêcherait de partir tant qu'ils n'auraient pas désigné un champion pour le rencontrer. Pollux, champion de boxe de toute la Grèce, prit cette provocation pour un affront personnel et accepta immédiatement le défi. Les deux hommes, si l'on en croit l'histoire, ne se ressemblaient en rien : Pollux, jeune et souple, passait pour extrêmement habile ; Amychos, plus âgé, massif, employait une tactique de taureau qui fonce en aveugle. Ils devaient se battre avec de gros gants de peau durcie qui, aux mains d'un champion, pouvaient devenir des armes mortelles. On choisit un lieu convenable. On fixa les gants, et sous les regards des deux groupes de supporters, les Argonautes et les Bébryces, les deux champions se battirent à mort.

Amychos, comptant sur sa plus grande force et sa plus longue expérience, chargea sur-le-champ, persuadé de terrasser au premier choc, par sa seule puissance, ce jeune présomptueux. Au début, Pollux recula devant l'attaque du poids lourd, en esquivant les assauts furieux du chef de tribu, et se servit de sa vitesse et de sa technique supérieure pour détourner les coups redoutables d'Amychos. Mais dès qu'il eut pris la mesure de l'habileté et de la force de son adversaire, Pollux commença à lui résister et les deux hommes échangèrent coup pour coup, jusqu'à ce que la fatigue les oblige à s'écarter pour se reposer, haletants et en sueur. Puis ils se précipitèrent de nouveau l'un sur l'autre et le combat reprit, plus violent que jamais, l'issue toujours incertaine.

> Amychos se souleva sur la pointe des pieds, tel un homme qui veut assommer un bœuf, s'allongea de toute sa hauteur et frappa de son poing lourd vers le bas. Mais Pollux esquiva le coup en tournant la tête, et l'avant-bras de l'autre ne fit qu'effleurer son épaule. Puis il se rapprocha avec méfiance et plaça un coup vif comme l'éclair sur l'oreille ; les os internes se brisèrent. Amychos s'effondra sur ses genoux en se tordant de douleur. Les Argonautes poussèrent un cri de triomphe ; l'instant suivant, l'homme était mort.

Les Bébryces prirent très mal la défaite de leur chef. Ils se saisirent de leurs armes et se jetèrent sur Pollux pour le massacrer. Les Argonautes s'élancèrent à son secours et il s'ensuivit une bataille rangée sur la plage. Castor, pour défendre son frère jumeau, brisa le crâne du premier attaquant ; et Pollux, qui conservait encore des réserves d'énergie, prit son élan et sauta sur Itymonée, un énorme Bébryce, les pieds en avant ; le souffle coupé, l'homme tomba à terre. Un direct du droit mit hors de combat Mimas, un autre guerrier bébryce : la couture du gant de peau lui déchira les paupières, et l'œil se trouva à nu. Un des Argonautes, Talaos, fut blessé par un coup d'épieu, mais sans gravité. Et un autre, Iphitos, reçut un coup de massue habile qui le laissa sans connaissance. Cependant les autres Argonautes tuèrent deux Bébryces de plus, et la tribu décrocha soudain, en abandonnant le champ de bataille aux nautoniers épuisés.

Le texte d'Apollonios ne fournit pas suffisamment de précisions pour que nous puissions situer l'endroit où s'est déroulée cette mémorable rencontre. On a vraiment l'impression que les Argonautes tombèrent sur une tribu hostile qui refusait de laisser ces inconnus pénétrer sur son territoire. Les Bébryces attaquèrent sur la plage même. Selon toute logique, la bataille eut lieu quelque part près de l'entrée sud du Bosphore ou sur ses rives, où les tribus locales soit arrêtaient les inconnus qui passaient, soit exigeaient d'eux une sorte de droit de passage. Les Argonautes ne pouvaient éviter de débarquer, soit près de l'entrée du Bosphore, soit pendant la remontée du détroit, ne serait-ce que pour récupérer des forces en vue de vaincre le courant violent. Une tradition ancienne situe l'épisode du match de boxe contre le roi Amychos sur la rive asiatique du Bosphore, à environ mi-chemin, près de la moderne Hissarlik — mais sans expliquer pourquoi. Le seul indice concernant l'endroit exact est la « large baie » où les Argonautes accostèrent, et un laurier autour duquel ils passèrent les amarres de leur bateau. Le laurier est devenu, dans la tradition populaire, un arbre qui suscite des rages folles chez les hommes — serait-ce une allusion à la folie meurtrière du roi barbare Amychos ?

La lutte-à-l'huile

Heureusement pour Jonathan Cloke, sa rencontre avec les champions de lutte turque se déroula dans un esprit plus amical. On choisit pour le match une prairie de la rive orientale du Bosphore, à Fenerbaché, près de l'endroit où l'*Argo* recevait l'hospitalité du yacht-club. La lutte turque, ou lutte-à-l'huile, devenue aujourd'hui un sport, s'inspire d'une tradition militaire : après une victoire, les soldats se rassemblaient autour de la place d'armes et s'affrontaient simultanément en une compétion « au finish ». Le rôle que joue l'huile sera décrit plus loin. A notre époque, c'est un sport réglementé, avec plusieurs catégories, comme pour la boxe, du poids mouche au poids lourd.

La rencontre de Fenerbaché se présenta comme un match

amical de démonstration et non un véritable assaut de championnat. Une foule de spectateurs amusés se réunit sous les arbres. Une bonne cinquantaine de champions de lutte-à-l'huile se présentèrent pour s'affronter en combats simultanés. Ils portaient un pantalon spécial, très court, confectionné en peau de buffle et fixé au-dessous du genou. Le torse, les mollets et les pieds restent nus. Quand les lutteurs se campent face à face, les pouces glissés sous le cordon de la taille et les muscles vibrants, ils ont l'air vraiment féroce. Le plus impressionnant, bien entendu, n'était autre que l'adversaire choisi pour Jonathan, le champion poids lourd. Quarante-cinq ans, cheveux gris fer coupés en brosse très court, il était bâti comme une locomotive. Pas un gramme de poids en trop. Ses muscles semblaient sculptés dans du bois d'olivier, on eût dit un rocher que la mer a battu pendant des siècles sans pouvoir l'user. Son nom « de guerre » — Piré Cévat, qui signifie Cévat-la-Puce — s'inscrivait en caractères de cuivre sur son pantalon. En tout cas, comme je le fis observer à Jonathan, pour un champion de lutte-à-l'huile, il avait une bonne bouille.

— Est-ce que je peux rentrer à la maison tout de suite ? me demanda Jonathan d'une voix lugubre.

Le présentateur invita les lutteurs à prendre place. C'était une sorte d'aboyeur comme on en voit dans les foires, chargé de distraire et d'informer les spectateurs ainsi que de juger les combats. Bas sur pattes, rond comme un tonneau, il arborait un grand chapeau plat, une chemise blanche très vague et un pantalon bouffant énorme, de couleur grise, orné de soutaches noires sur les côtés, avec en guise de ceinture une écharpe blanche à glands. Je dois l'avouer, quand il arpentait le terrain dans ces oripeaux, il ne manquait pas de panache. Il se mit à hurler les règles du combat et à vociférer les noms de chaque lutteur, qui avançait alors d'un pas pour saluer. Quand il prononça le nom de Jonathan, les vivats de la foule me parurent plus nourris. Jonathan n'avait pas l'air vraiment à sa place, avec son pantalon rouge de marin roulé jusqu'aux genoux au lieu de braies en peau de buffle. Je demandai à mon voisin dans la foule quel était le but du combat.

— Immobiliser le dos de l'adversaire au sol et offrir son ventre au ciel ! me lança-t-il en souriant.

Le présentateur souffla dans un sifflet et les lutteurs s'avancèrent sur l'herbe pour la cérémonie d'ouverture. Du théâtre à l'état pur : ils fléchirent les jambes, firent vibrer leurs muscles, bombèrent le torse, firent quelques pas chaloupés et essayèrent de paraître aussi féroces que possible. Tous les deux ou trois pas, chaque homme tombait sur un genou, offrait à Allah une courte prière, ramassait une pincée de terre et se touchait le front en symbole de soumission. Puis vint le moment du combat. Les lutteurs se divisèrent par couples, une flûte entonna sa plaintive mélopée et un tambourinaire se mit à battre un rythme constant. Le combat durerait aussi longtemps que la musique — ou l'inverse. Dès qu'un homme triomphait de son adversaire, il partait à la recherche d'un autre encore debout et tentait de le jeter à terre, jusqu'à ce qu'il ne reste qu'un seul vainqueur.

Jonathan, nerveux, dévisagea l'homme en face de lui, certain d'être battu. Les deux hommes se colletèrent pendant quelques instants, à la recherche de prises, puis Jonathan se trouva soudain soulevé du sol et la tête en bas, alors qu'il affrontait un poids plume — malgré son mètre quatre-vingt-quinze. L'homme le déposa doucement sur l'herbe, en commençant par les épaules. Son deuxième combat dura un peu plus longtemps. Cette fois, son adversaire adopta une position défensive, à quatre pattes sur le sol. En vain Jonathan essaya de trouver un moyen de le faire basculer. « C'était comme si j'essayais de soulever une énorme pierre glissante, pesant deux tonnes, m'avoua-t-il plus tard. Absolument impossible. L'homme formait un bloc inamovible d'os et de muscles. » Deux minutes plus tard, Piré Cévat lança une main, saisit la jambe de Jonathan et lui fit faire une cabriole complète, provoquant un rugissement enthousiaste de la foule, qui applaudit aussitôt l'esprit sportif de l'Anglais.

En général, une compétition au finish de lutte-à-l'huile dure plusieurs heures, mais ce jour-là, on précipita les choses en notre honneur. L'huile intervient quand le nombre des lutteurs commence à diminuer. La foule se rue sur le terrain en brandissant des bidons d'huile d'olive, avec laquelle ils arrosent généreusement le corps des lutteurs. Assurer une prise devient d'autant plus difficile. Le présentateur ne cesse d'arpenter la prairie, en donnant des coups de sifflet à chaque chute, et sert d'arbitre jusqu'à ce que la masse des lutteurs grognants et haletants se réduise à un vainqueur dans chaque catégorie de poids. Comme il fallait s'y attendre, Cévat-la-Puce remporta son habituelle victoire « poids lourd ».

Le 12 juin, un nouveau contingent d'énergie musculaire turque se présenta pour nous aider à affronter le Bosphore. Il fut le bienvenu. Onze rameurs turcs se portèrent volontaires ce matin-là au yacht-club. Six appartenaient au club d'aviron de Fenerbaché, et les cinq autres au club de Galata-Sérayi. Le groupe comprenait l'entraîneur de l'équipe nationale de Turquie et les entraîneurs des deux clubs.

La journée commença par une explosion. La direction de l'hôtel Sheraton d'Istamboul avait généreusement offert de loger gratuitement les Argonautes. L'équipage se trouvait déjà dans le minibus qui devait nous emmener à l'*Argo*, seul Mark Richards était en retard. En arrivant dans le hall de l'hôtel, il vit le minibus plein sur l'allée et s'élança au pas de course, sans se rendre compte que la porte de l'hôtel, plaque de verre parfaitement astiquée, venait de se refermer. Mark heurta la vitre de plein fouet et en émergea au milieu d'une pluie de verre — et d'un fracas épouvantable qui laissa tout le monde pantois. Notre maître de nage vacilla pendant un instant sur le trottoir, s'assit, étourdi, puis se releva. Nick l'examina et ôta quelques bouts de verre de ses bras et de sa tête. Mark assura qu'il serait assez en forme pour ramer. Quand nous quittâmes l'hôtel, le portier, dans son uniforme magnifique, en était encore ahuri, plus assommé que Mark, avec à la main tout ce qu'il restait de sa belle porte : deux poignées de cuivre qu'il avait ramassées sur l'allée.

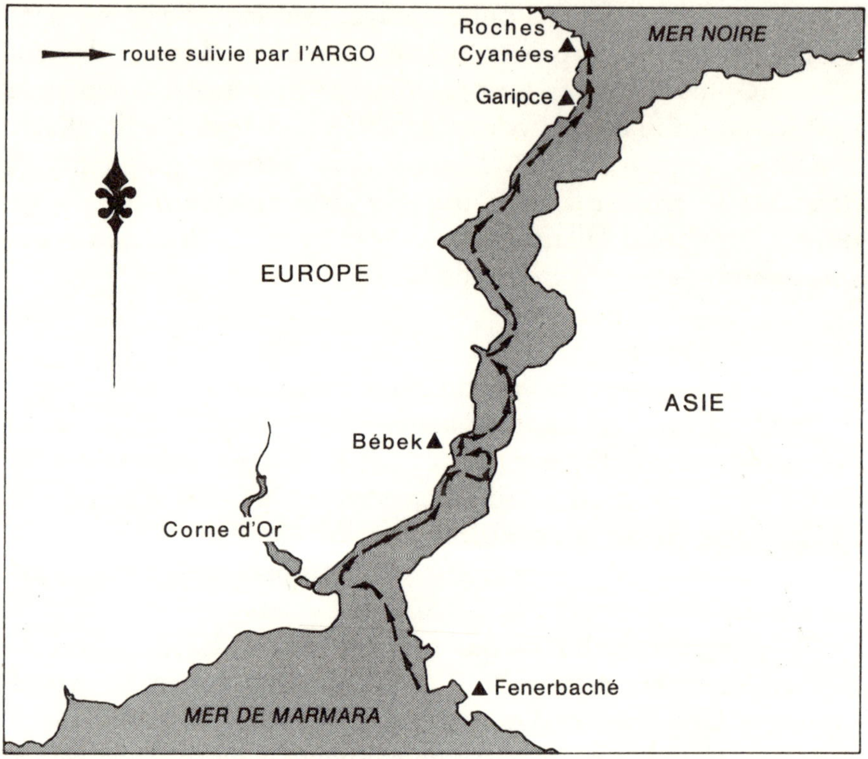

Ce fut au milieu des railleries à l'adresse de Mark que les Argonautes, un peu nerveux, reprirent leur place habituelle sur les bancs de l'*Argo* et montrèrent à nos volontaires turcs la meilleure technique de nage pour faire voguer la galère. Nous savions tous que les conditions pour remonter le Bosphore à la rame seraient loin d'être idéales ce jour-là. La brise qui s'engouffrait dans le détroit nous était contraire. Pis encore, le vent du nord violent qui soufflait depuis une semaine n'avait cessé d'augmenter le débit du courant. Avant l'époque de la marine à moteur, les bateaux qui voulaient remonter le Bosphore attendaient toujours que se lève un vent du sud — ils sont rares — capable au moins de ralentir le courant ou, s'il était assez fort, de naviguer à la voile ; souvent, les bateaux de faible tonnage étaient halés contre le courant par des équipes d'hommes à terre. On avait aménagé sur la berge un chemin de halage. Aujourd'hui, ce chemin ne sert plus depuis longtemps. Dans des cas extrêmes, m'a-t-on dit, des gros voiliers se rendant en Crimée avaient mis plus d'un mois à remonter le Bosphore : ils se halaient contre le courant avec leurs guindeaux, soit en utilisant des câbles amenés à terre, soit en allant mouiller des ancres de touage sur les bas-fonds. Bien entendu, Jason et ses hommes n'avaient aucune de ces possibilités. Ils se trouvaient en territoire hostile, sans chemin de halage praticable, et risquaient de se faire attaquer dès qu'ils s'aventuraient à terre. Ils devaient rester à bord de leur galère et c'est exactement ce qu'Apollonios relate. Ils remontèrent le Bosphore à force de rames, a-t-il écrit. Trois mille ans plus tard, nous allions voir si l'exploit était physiquement possible : nous tenterions de les imiter.

Nous quittâmes le yacht-club et sortîmes du port avec précaution. Mark et Miles, au premier banc de nage, maintenaient une cadence lente pour que les nouveaux rameurs turcs s'habituent au poids et à l'équilibre des avirons de quatorze pieds (4,26 m). Par tribord, un brise-lames bas nous offrait un abri temporaire contre le vent et le courant. Devant nous se découpait l'un des plus beaux décors du monde : les palais et les minarets d'Istamboul, dominant la Corne d'Or. Quelle émotion de piloter une petite galère dans ce chenal animé, artère principale de commerce et d'aventure maritime depuis si loin que remonte la mémoire des hommes. Il n'existe aucun lieu comparable sur toute la terre : c'est le point de rencontre le plus important entre l'Europe et l'Asie, enjambé par une splendide capitale digne de ce site unique.

Devant l'*Argo* s'étendait le palais de Topkapi, avec ses arbres et ses coupoles, ses cheminées décorées, ses tours, ses terrasses et ses pavillons, dominant le promontoire que les sultans ottomans avaient jugé le plus beau site de construction du monde connu. Derrière Topkapi, et non loin, s'élevaient les minarets, les dômes et les demi-coupoles d'une architecture vraiment inspirée — Sainte-Sophie et les mosquées : Süleymaniye, Sultan Ahmed et Yéni Djami, véritable cascade d'élégance. En face, sur l'autre rive de la Corne d'Or, la Tour de Galata se dressait, pareille à un crayon à la pointe cassée, au-dessus du vieux quartier génois de l'Impératrice des cités. Toute la scène débordait d'activité. Des bacs entraient dans la Corne d'Or et en sortaient sans cesse, pour remonter le chenal vers les faubourgs du nord, ou bien foncer droit sur l'Asie, tandis que les flots écumaient autour de leurs étraves plates. En aval, on pouvait voir toute une armada de navires à l'ancre dans le chenal du sud ; ils attendaient pour décharger leur cargaison, ou bien des instructions, ou peut-être la venue d'un pilote pour le détroit. Des navires marchands de toute nature et de tout pavillon défilaient. Un cargo de vrac, de nationalité roumaine, se dirigeait vers le nord, suivi d'un chalutier soviétique de haute mer qui retournait à son port d'Ukraine. Un cargo israélien naviguait vers le sud, haut sur la houle après avoir déchargé son fret en mer Noire. Derrière lui, un énorme pétrolier battant pavillon libérien, chargé à bloc, sans doute en provenance d'un port pétrolier soviétique, glissait vers l'aval, pareil à un cuirassé, avec au moins cent mille tonnes de brut à son bord. Dans ces courants trompeurs, et au milieu d'un tel labyrinthe de bateaux en marche, personne ne disposait de la moindre marge d'erreur. Une seule fausse manœuvre et des léviathans se heurteraient avec une violence effrayante.

L'*Argo* passa devant l'épave lugubre, déchiquetée, du pétrolier accidenté que j'avais vu dix-huit mois plus tôt au cours de ma visite de reconnaissance à Istamboul. Le pilote de cc vaisseau condamné avait dégagé le bâtiment en flammes du chenal principal pour le faire échouer sur des bas-fonds. Des équipes de ferrailleurs découpaient maintenant l'énorme carcasse au chalumeau ; on eût dit un dépeçage de baleine échouée sur une plage. L'*Argo* semblait bien minuscule auprès de l'immense étrave, qui s'élevait au-dessus de nous, pareille à une falaise rouillée. Au-delà du pétrolier naufragé se trouvait le chenal, et j'examinai les vagues d'un œil sceptique.

Cette partie du Bosphore, son entrée méridionale, offre sur deux milles et demi de largeur une masse d'eau agitée qui s'engouffre dans la mer de Marmara à une vitesse de trois à quatre nœuds. Ce jour-là, des moutons blancs couronnaient des vagues courtes et sèches, créées par la brise et les allées et venues constantes des ferry-boats. L'*Argo* sortit de la protection du brise-lames et nous nous trouvâmes soudain dans la pleine force du vent et du courant.

— *Hidi Alla ! Hup ! Hup ! Houp !* lança notre escouade de rameurs turcs avec enthousiasme, tout en souquant ferme.

Les Argonautes sourirent, sans plus, et tirèrent dur sur les poignées en silence. Ils avaient déjà ramé sur quatre cents milles et préféraient ne pas perdre une seule bouffée d'air. On entendit, en turc : « Allez ! Allez ! Tirez plus dur ! Plus dur ! » Les nouveaux venus commençaient à s'apercevoir que déplacer huit tonnes de galères n'a rien d'une partie de canotage en yole de course, légère comme une plume. L'*Argo* ne bondissait pas en avant comme un bateau de compétition ; notre lutte contre le vent et le courant s'annonçait longue et amère.

— Hé ! Vous avez levé l'ancre ? lança une voix.

Les Turcs éclatèrent de rire.

Je gouvernai de façon à placer l'*Argo* à un angle de vingt degrés par rapport au courant, pour filer en biais vers la rive opposée, juste en amont de la Corne d'Or. Mais pour chaque mètre que nous franchissions dans cette direction, nous étions déportés de deux mètres vers la mer de Marmara. Le pauvre *Argo*, tel un insecte maladroit tombé dans un caniveau en train de se vider, courait le risque d'être englouti dans l'égout. Nous glissions sur la surface de l'eau, aussi vite que nous le pouvions, mais l'eau elle-même nous emportait à la dérive. Je commençai à me demander si nous pourrions traverser sans être inexorablement entraîné vers le mouillage du sud. La surface agitée de l'eau constituait notre principal ennemi, et les nouveaux venus, déroutés par l'amplitude des coups d'aviron, avaient énormément de mal à ramer. L'*Argo* piquait du nez et se cabrait dans la houle. Chaque fois que l'on repoussait les avirons vers l'avant, plusieurs pales touchaient les crêtes des vagues, ce qui brisait le rythme des rameurs et réduisait notre vitesse. Le moral de l'équipage était au septième ciel, les rameurs riaient et plaisantaient, mais ils ne pouvaient pas voir — comme moi depuis mon poste à la barre — que l'*Argo* n'avait pour ainsi dire pas encore avancé...

Puis je repérai ce que je cherchais : le contre-courant. Le débit du Bosphore est si puissant que près des rives l'eau se retourne et coule en sens inverse en énormes reflux, pour remplir le vide laissé en amont par le torrent central entraîné vers le sud. Ces contre-courants, qui varient de force et de vitesse sans jamais constituer un chenal continu le long de la rive, sont la clé de toute rencontre du Bosphore à la rame. Ils se forment ici et là, notamment dans les baies, et aident le bateau à remonter en amont. Tout l'art du pilote consiste à trouver les contre-courants et à les enfourcher vers le nord chaque fois que c'est possible. Un pêcheur m'avait appris l'existence d'un contre-courant important, juste au nord de la Corne d'Or, du côté européen. Et je le vis soudain — une ligne bien définie, marquée par une traînée d'écume sale. D'un côté, le courant principal filait à toute allure vers le sud en vagues agitées ; de l'autre, à moins de deux mètres, l'eau presque plate avançait lentement et calmement dans la direction opposée.

— Encore cinquante mètres et nous sortirons du chenal ! criai-je aux rameurs.

Ils redoublèrent d'effort, en souquant de toute leur force, pour gagner les derniers mètres. Soudain l'*Argo* franchit la ligne. En une seule longueur de bateau nous passâmes du chaos au calme, d'un milieu hostile à une mer favorable. Comme si le géant qui tirait la quille du bateau en arrière et le secouait en tous sens avait brusquement lâché prise. En quelques secondes les rameurs sentirent la différence et leur coup de rame se ralentit. L'*Argo* se stabilisa, et à cadence normale, l'équipage poussa la galère vers le nord. Je regardai ma montre. Dix heures et demie ! L'équipage ramait depuis une heure et demie et nous n'avions encore réussi qu'à passer d'un côté du Bosphore à l'autre. En direction du nord, nous avions gagné moins d'un mille.

Il fallait maintenant maintenir l'*Argo* le plus près possible de la rive occidentale, où le contre-courant en notre faveur serait le plus fort. Exactement comme au temps de mes études : le barreur du huit du collège s'efforçait de serrer la rive au plus près pour profiter au mieux des mouvements de l'eau. Seulement voilà : à la place de la campagne douce du comté d'Oxford, les pales des avirons de notre galère plongeaient et se relevaient à un mètre des murailles d'un ancien palais de sultan devenu musée national.

Je m'aperçus que l'effort avait déjà usé les forces de mes hommes ; ils étaient heureux de ramer sans trop pousser pour le moment. Mais le contre-courant s'avérait capricieux. Parfois nous avancions à l'allure d'un bon pas ; dans les passages les plus exposés, où le vent debout nous retenait, nous faisions presque du surplace. Au palais en succéda un autre, puis une mosquée. Des piétons sur la promenade de bord de mer s'arrêtaient, pour nous regarder avec des yeux ronds, puis nous faisaient signe. A onze heures quarante, une ombre passa au-dessus de nous. Elle était projetée par le pont du Bosphore, dont le tablier semblait à une hauteur incroyable au-dessus de nos têtes. Un flot ininterrompu de voitures roulait d'un continent à l'autre, tandis qu'au-dessous une petite galère de l'Âge du Bronze avançait péniblement au rythme d'un passé lointain. Les clients d'un restaurant à la mode des quais, aux nappes jaune vif, demeurèrent bouche bée en nous voyant arriver. Puis ils posèrent leurs couteaux et leurs fourchettes pour applaudir les galériens en plein effort — qui leur sourirent et les saluèrent. Ensuite, ce fut une ligne de bateaux amarrés contre la rive pour l'entretien habituel. Des ouvriers du chantier naval, suspendus très haut au-dessus de nous sur des passerelles de corde pour piqueter la rouille sur les flancs des bateaux, arrêtèrent leurs marteaux pour nous lancer des encouragements. Les coques vides renvoyèrent l'écho de leurs cris.

Loin sur notre droite, dans le chenal principal, un groupe de petits bateaux de pêche ballottaient dans le courant comme un vol de mouettes au repos sur l'eau. Chaque bateau avait son moteur lancé à bonne vitesse pour se maintenir immobile dans le détroit pendant que les hommes lançaient leurs lignes en bordure du chenal d'eau profonde ; ils pêchaient les bancs de poissons qui migrent par cette unique artère vitale reliant la mer Noire au reste des mers et des océans du monde. En surface, le Bosphore coule régulièrement du nord au sud, mais en profondeur, un autre courant, que les Turcs appellent le *kanal,* plus long et plus salé que l'eau de surface de la mer Noire, cherche à remonter dans le sens opposé.

Au faubourg de Bébek, notre halte prévue ce soir-là, le Bosphore tourne et se rétrécit. C'est le goulot du détroit. Là, Méhémet II, le conquérant de Constantinople, a construit sa puissante forteresse, Rouméli Hisar, pour contrôler le passage. Un coup de canon atteint facilement la rive opposée. Par cette brèche étroite s'évacue tout l'excédent des eaux déversées dans la mer Noire par les grands fleuves d'Europe centrale et d'Union Soviétique : le Danube, le Don, le Dniepr et une myriade d'autres rivières et cours d'eau dont les bassins forment un arc immense, des Carpates à l'ouest au Caucase à l'est. Une partie de ces eaux se perd par évaporation, mais la masse, trois cent vingt-cinq kilomètres cubes par an, se déverse par le Bosphore. A Bébek, cet énorme déferlement liquide est comprimé en un chenal d'à peine huit cents mètres de large.

Le résultat, avec un vent du nord pour pousser à l'arrière, évoque parfois une chute de moulin. Le courant principal ricoche d'une rive à l'autre, de l'Europe à l'Asie, se tord et rebondit d'un promontoir rocheux au suivant, et en période de crue produit des langues d'eau agitée que peu de bateaux propulsés par l'énergie humaine seraient capables de remonter. L'*Argo* en tout cas, avec ses huit chevaux-vapeur de muscle humain au maximum de notre effort, n'avait aucune chance s'il affrontait de front un torrent aussi impressionnant. Il ne triompherait qu'en exploitant les contre-courants, or pour les atteindre, il fallait traverser d'une rive à l'autre du détroit ; et pendant cet intervalle, la galère se trouverait exposée à toute la violence des éléments.

La petite galère remonta lentement le long de la côte européenne, sans forcer sur les avirons car l'équipage devait économiser ses forces pour l'épreuve suivante. Je repérai le chenal de la pointe de Bébek à moins d'un demi-mille de distance. L'eau surgissait en une masse bouillonnante à l'endroit où un éperon rocheux s'avançait dans le courant. Des tourbillons se formaient sur le côté du chenal ; de gros flocons d'écume jaillissaient, aussitôt emportés par le flot. Nous nous rapprochâmes et je prévins l'équipage :

— Trente mètres avant le rapide !... Plus que vingt... Commencez à prendre de l'élan.

Guidés par Mark et Miles, au premier banc de nage, les Argonautes précipitèrent la cadence et tirèrent plus dur sur les avirons. L'*Argo* accéléra.

— Dix mètres !

— Ne pouvons-nous pas rester de ce côté ? commença Mark, juste devant moi. Peut-être contourner la pointe, à l'intérieur du courant, et...

Mais avant qu'il ait terminé sa phrase, l'étrave de l'*Argo* pénétra dans le rapide, et j'entendis notre maître de nage pousser un petit cri.

Ce fut comme une panne de direction dans une voiture lancée à pleine vitesse. L'*Argo* échappa à tout contrôle. Il dérapa de côté, sous le choc du torrent. La masse d'eau frappa le bélier et fit tourner le bateau de quatre-vingt-dix degrés en un instant. Pendant quelques secondes horribles, je crus que l'*Argo* allait être bel et bien retourné et entraîné vers l'aval. La violence de l'eau le faisait pencher comme un petit avion en train de virer sur l'aile. Les deux avirons-gouvernails demeuraient sans effet, sans vie, entre mes mains. L'*Argo* cessa complètement d'avancer pour être balayé sur le côté, le pont penché de façon alarmante. Inutile de dire à l'équipage ce qu'il fallait faire. Ils comprenaient exactement ce qui se passait. L'instant précédent, ils étaient tournés vers le sud, et ils se retrouvaient maintenant face au grand mur vertical de Rouméli Hisar tandis que le bateau, perpendiculaire à sa position précédente, était entraîné vers tribord comme un fétu de paille.

Il fallait sortir du rapide au plus vite. Les pales des avirons plongèrent dans l'eau à un rythme précipité. L'équipage serra les dents, gémit sous l'effort et souqua de plus belle. Il ne s'agissait plus de ménager ses forces, mais de développer toute la puissance musculaire dont étaient capables pour un effort bref et concentré vingt hommes ramant à l'unisson, à la limite de leur énergie. L'*Argo* se stabilisa soudain sur son cap ; le gouvernail reprit vie dans mes mains et je sentis les grandes pales de mes avirons résister au flot torrentiel. Les deux barres vibrèrent. Je fis tourner l'*Argo* presque face au courant. Si l'équipage était capable de le maintenir là, de tenir en échec le rapide, je pourrais faire glisser la galère de biais, peu à peu, vers la côte d'Asie. Mais si je me plaçais sur un angle trop ouvert par rapport au courant, l'*Argo* pivoterait de nouveau.

— Allez ! Allez ! Souquez ferme, les gars ! C'est le moment ! Bravo !

L'*Argo* demeura en suspens sur les flots, pareil à un saumon luttant contre un torrent pour remonter vers la source. Lentement, très lentement, nous prîmes bientôt l'avantage : un déplacement à peine sensible par rapport au sol. J'augmentai d'un cheveu l'angle d'attaque du bateau contre le courant. L'espace entre la côte européenne et bâbord commença à s'élargir : l'*Argo* glissait de biais vers le centre du Bosphore. Sur la carte, nous n'avions que six cents mètres à franchir pour atteindre la zone de contre-courant proche de la rive opposée, mais contre le courant, il faut multiplier au moins par quatre pour obtenir la distance par rapport à l'eau. Au milieu du chenal, le vent aggrava les choses. Nous le recevions de plein fouet, il frappait la proue haute de notre galère et nous retenait. Mais malgré cela, je suis certain que l'*Argo* devait avancer à une vitesse d'au moins six nœuds par rapport à la surface du Bosphore.

C'était un effort magnifique. Serait-il suffisant ? Un quart d'heure s'était écoulé depuis que le courant de Bébek nous avait heurtés de plein fouet, et l'équipage perdait un peu de son mordant. Les hommes s'épuisaient à vue d'œil ; une fausse impression de sécurité s'installait. La côte était trop éloignée pour qu'ils puissent déterminer si nous avancions ou non, et nous venions de sortir du secteur le plus impressionnant du rapide. A la barre, je vérifiais en permanence la position exacte du bateau par rapport aux deux côtés, et je m'aperçus vite que nous avions cessé de gagner du terrain. Presque imperceptiblement, l'*Argo* dérivait vers l'aval. Nous n'étions plus les maîtres. Le courant s'était emparé de la galère et lui dictait sa loi. Si cela continuait cinq minutes de plus, nous serions entraînés vers le sud, ballottés d'une rive à l'autre comme une épave, de plus en plus vite à mesure que l'équipage perdrait ses forces. Il fallait absolument que les Argonautes réussissent cette première tentative, car s'ils échouaient aujourd'hui, leur moral serait atteint de façon irréparable, et les onze volontaires turcs risquaient de ne pas se représenter pour un nouvel essai. Pour la première fois depuis le départ de l'*Argo*, j'élevai la voix...

— Allez ! Allez ! braillai-je à tue-tête. Vous mollissez, les gars ! Le courant nous repousse vers l'Europe !

Les Argonautes de la première heure parurent stupéfaits. Jamais ils ne m'avaient vu si véhément. De nouveau, ils tirèrent de toute leur force et les Turcs suivirent le mouvement. Je me rendais bien compte que la plupart étaient au bout du rouleau. Des veines saillaient sur le front de l'entraîneur de l'équipe turque, écarlate sous l'effort, les dents serrées... Dieu merci, la cadence ne s'était pas brisée. L'équipage, malgré le nombre des nouveaux, ramait comme un seul homme. La rive asiatique cessa de s'éloigner, demeura immobile, puis nous recommençâmes de gagner du terrain.

Ils arrivèrent à un endroit, a écrit Apollonios à propos de la remontée du Bosphore par Jason,

> où ils purent voir la vaste mer s'ouvrir des deux côtés, puis ils se trouvèrent en face d'une lame formidable pareille à un rocher en surplomb. Ils baissèrent la tête à cette vue : le flot qui tombait semblait prêt à engloutir le bateau. Mais Tiphys le redressa juste au moment où il plongeait en avant et l'énorme vague glissa sous sa quille. (...) Euphème courut d'un bout à l'autre pour crier à ses amis de ramer de toutes leurs forces, et ils frappèrent l'eau en ahanant. Mais pour chaque pied que gagnait l'*Argo*, ils en perdaient deux, bien que les avirons fussent ployés comme des arcs, tant les Argonautes ramaient ferme...

Le premier *Argo* avait vaincu le Bosphore de cette manière, et les nouveaux Argonautes ne réussirent pas autrement. Au moment où leur second sursaut d'énergie commença à s'épuiser, les galériens — d'Angleterre, de Turquie, d'Irlande, et même un des îles Féroé — firent franchir à l'*Argo* les dernières mètres qui le séparaient du contre-courant sauveur. Haletants, à bout de forces, ils ralentirent leur cadence exténuante et reprirent une allure normale.

— Ça, c'est ce que j'appelle ramer ! lança Jonathan.

Le même jour, il nous fallut retraverser le chenal principal. Nous avons d'abord longé la côte de l'Asie pour gagner quelques centaines de mètres, poussés par le contre-courant favorable, puis nous nous sommes élancés de nouveau contre le torrent pour gagner le mouillage de Bébek, au nord du passage difficile. Chose étrange, pendant ces longues minutes d'acharnement absolu, je remarquai que non seulement l'équipage ramait comme un seul homme, chaque mouvement en parfait synchronisme avec l'ensemble, mais qu'il respirait aussi au même rythme. Comme si, dans un moment de crise, l'*Argo* avait acquis une seule paire de poumons, haletants sous l'effort. Quand nous avons accosté ce soir-là, on pouvait sentir dans l'air le parfum de la réussite totale. Les galériens avaient atteint leur objectif de la journée : remonter la moitié du Bosphore contre le courant, dans des conditions loin d'être favorables. Les Argonautes de la première heure applaudirent spontanément nos volontaires turcs quand ils débarquèrent — en comparant fièrement leurs ampoules bien gagnées...

— Aujourd'hui il vous faudrait quarante hommes ! me lança l'entraîneur de l'équipe nationale turque le lendemain matin, sur le quai de Bébek.

Le vent du nord soufflait en rafales et le Bosphore montrait vraiment les dents. Absolument impossible de naviguer à la rame. De petits cargos se dirigeaient vers la mer Noire, leurs moteurs à pleine force : l'eau remontait très haut le long de leur étrave, mais ils avançaient à peine par rapport à la terre. Dans la direction opposée, une barque à rames qui filait vers Istamboul tournoyait comme une feuille, plus rapide qu'un homme au pas de course ; son propriétaire, assis paisiblement au banc de nage, se laissait dériver sans même toucher les avirons. J'annulai la journée et décidai, à la place, de faire une petite reconnaissance jusqu'à l'entrée nord du détroit. Je m'y rendis à bord d'une vedette à moteur de soixante passagers, et les vagues brisaient si sec que le capitaine refusa de se risquer sur le dernier mille ; les conditions étaient trop dangereuses, me dit-il, il craignait que son bateau ne se remplisse d'eau.

Vingt-quatre heures plus tard, la tempête s'était apaisée. Le vent soufflait encore du nord, et le courant demeurait violent contre nous mais, avec une douzaine de volontaires turcs impatients de prendre les avirons, je décidai que l'*Argo* pourrait s'en sortir. Et nous partîmes donc. Cette fois, nous avions moins d'appréhension. Le goulot du Bébek se trouvait derrière nous, et comme le détroit s'élargissait, le courant devenait de plus en plus faible. Pour profiter des contre-courants, il nous fallait traverser de nouveau vers l'Asie, puis revenir vers l'Europe, mais à partir de là, nous pourrions simplement longer la rive ouest, où le courant était plus faible et de temps en temps en notre faveur. Plus nous nous rapprochions de la mer Noire, plus nous sentions la houle du large, venue du nord. Je serrai au plus près que j'osais la côte de l'Europe, et l'*Argo* poursuivit sa route. L'équipage ramait depuis plus de dix heures quand nous embouquâmes enfin le port de pêche de Rouméli Fener — le Phare romain. Ce feu marquait la fin du Bosphore. La mer Noire s'étalait devant nous. Les nouveaux Argonautes avaient ramé les dix-huit milles nautiques de la mer de Marmara à la mer Noire contre le courant et contre le vent. Ils avaient démontré sans l'ombre d'un doute qu'une galère de vingt avirons pouvait remonter le Bosphore, et que le détroit n'avait pas constitué une barrière infranchissable pour Jason et ses hommes, partis à la conquête de la Toison d'Or.

L'expérience m'avait enseigné autre chose : le système de courants et de contre-courants du Bosphore permet de préciser les endroits particuliers que Jason et ses compagnons ont visités, selon le texte des *Argonautiques.* Les courants imposent à une galère les points où elle doit traverser, soit pour trouver des contre-courants favorables, soit pour éviter les plus mauvais rapides. L'itinéraire d'une galère de la mer de Marmara à la mer Noire est aussi nettement défini qu'un sentier serpentant dans un col de montagne à la recherche de la ligne de moindre pente. Je compris donc où je devais chercher la demeure du prophète aveugle Phinéas. Selon la légende, il vivait sur les rives du Bosphore, et il prévint Jason et ses Argonautes de ce qui allait leur arriver quand ils affronteraient les dangers inconnus de la mer Noire.

Phinéas est le personnage le plus sympathique de toute l'histoire des Argonautes. Il habitait, dit-on, en vue de la mer Noire, sur la rive du détroit. Il possédait le pouvoir de lire l'avenir. Il s'était montré si précis dans ses prédictions et si sincère quand il révélait l'avenir aux gens qui réclamaient son aide, que les dieux, agacés par la présomption de ce simple mortel, l'avaient rendu aveugle. Puisqu'il osait voir si clairement dans l'avenir, il n'aurait pas le pouvoir de regarder le présent... Pour compléter le châtiment, ils envoyèrent les Harpies le tourmenter. C'étaient trois démons ailés, mifemmes, mi-oiseaux, qui hantaient disait-on une grotte des montagnes de Crète. Chaque fois que l'aveugle Phinéas s'apprêtait à prendre un repas, les Harpies fondaient des nuages en poussant des cris aigus, s'emparaient de la nourriture dans l'assiette, et salissaient la table de leurs fientes puantes. Le pauvre Phinéas vivait donc dans le malheur et la faim. Les gens de l'endroit continuaient de solliciter ses prophéties et de lui apporter des présents mais, depuis qu'il était aveugle, Phinéas refusait de leur révéler tout leur avenir, de peur que les dieux ne redoublent son châtiment.

Le personnage de Phinéas ressemble beaucoup aux sages ermites de l'ère chrétienne qui décidaient de vivre dans la solitude d'une grotte du désert, ou d'un îlot rocheux au bord de l'océan. Les gens des environs attribuaient également à ces anachorètes des pouvoirs spéciaux, des dons de guérisseur ou de prophète, et s'occupaient d'eux. De la même manière la population du nord du Bosphore devait faire des dons en nourriture à Phinéas, devenu leur sage, et il n'est guère surprenant que des oiseaux de mer aient appris à lui dérober ses plats, en laissant leurs fientes sur les rochers. Certains commentateurs romains d'Apollonios crurent avoir situé l'endroit exact où Phinéas avait vécu : ils l'appelaient Gyropolis, la ville des vautours, persuadés que les Harpies étaient une espèce locale de vautours, qui volaient la nourriture de l'aveugle. L'endroit en question, sur la côte européenne près de l'entrée

Les falaises de Garipce

nord du Bosphore, correspond à la description d'Apollonios, car les *Argonautiques* précisent que Phinéas vivait près d'une baie, et que de chez lui il avait pu indiquer aux Argonautes dans quel sens ils devraient tourner en sortant du détroit pour s'engager dans la mer Noire.

Aucun vautour ne vit aujourd'hui près de Gyropolis — à supposer qu'il y en ait jamais eu. Le village se nomme Garipce, qui signifie « étrange », « bizarre », à cause de ses rochers aux formes curieuses qui constituent autant de sites faciles à associer au souvenir d'un devin solitaire ou d'un ermite. En outre, ces falaises sont parsemées et striées d'alvéoles, de cavités et de corniches qui constituent d'excellents sites pour des nids d'oiseaux de mer. Leurs fientes forment d'ailleurs des traînées sur tous ces rochers. Les oiseaux de mer n'ont pas seulement choisi ce site à cause de la facilité de nicher, mais en raison des pêches miraculeuses qu'ils peuvent faire non loin. A l'endroit où la mer Noire s'engouffre dans l'entonnoir du Bosphore, le mélange des eaux et leur turbulence produit des conditions idéales pour que les poissons trouvent de quoi se nourrir. C'est là également que passent les énormes bancs de poissons qui migrent chaque année par le détroit. Bref, Garipce est un site rêvé pour les espèces marines prédatrices qui, en dérobant le pain de la bouche de l'aveugle Phinéas, sont entrées dans la mythologie sous le nom de Harpies.

Mais l'expédition de notre *Argo* des temps modernes fournit une autre raison de considérer Garipce comme le site de Phinéas : c'est le dernier endroit abrité où l'on puisse descendre à terre dans le Bosphore avant de s'embarquer sur la vaste étendue de la mer Noire, et il se trouve exactement sur l'itinéraire imposé à une galère par le jeu des courants. Pendant les six derniers milles nautiques du Bosphore, un vaisseau à rames naviguant vers le nord est contraint par le courant de coller à la rive occidentale du détroit. Puis, juste au moment où la mer Noire s'ouvre devant le marin, celui-ci découvre sur sa gauche l'anse minuscule de Garipce, qui lui offre un havre parfait. Et le marin accoste alors pour trois raisons : se reposer après les efforts du Bosphore et avant d'entrer dans la mer Noire ; demander des renseignements sur la façon de naviguer dans les eaux inconnues qui l'attendent ; et surtout, embarquer ce qui demeure pour lui le bien le plus précieux : de l'eau douce.

C'est sans aucun doute ce qu'a dû faire Jason. Garipce est aujourd'hui encore le dernier port naturel avant la mer Noire. De nos jours, les abords du Bosphore vers le nord sont, des deux côtés, des zones militaires interdites aux civils. Mais le village de Garipce survit, piqué au milieu de l'enclave militaire. Les étranges falaises noires, aux formes torturées, sont percées par la petite faille de l'anse minuscule où une poignée de bateaux de pêche sont halés sur la grève, parfaitement à l'abri de la houle violente de la mer Noire qui déferle à l'entrée du Bosphore, poussée par les bourrasques venues du nord après avoir balayé la Russie. Garipce n'est qu'un hameau de maisons turques traditionnelles, avec une mosquée toute simple, un endroit charmant que la vie moderne n'a pas souillé, sans doute à cause de son isolement militaire. Au-dessus du village se dressent les ruines d'un fort.

Au temps passé, aucun bateau se dirigeant vers la mer Noire ne serait arrivé à l'entrée de ce port sans s'arrêter. Au pied de la falaise, derrière le village, je découvris que je m'attendais à trouver : une source d'eau douce magnifique qui jaillissait du rocher. Un robinet de bronze merveilleusement ouvragé fermait la conduite d'eau qui recueillait la source captée à la base des falaises. Irgun, dont le père gagnait sa vie comme marchand d'eau à Istamboul quand j'avais fait sa connaissance, goutta la source de Garipce et la déclara délicieuse. Aussi bonne que n'importe quelle eau livrée en ville. Même s'ils n'avaient pas eu besoin de consulter Phinéas sur les conditions de navigation en mer Noire, Jason et ses hommes se seraient arrêtés à cette aiguade pour s'approvisionner en eau douce avant d'entamer l'étape suivante de leur long voyage.

La légende assure que Jason ne se borna pas à approvisionner l'*Argo*. Quand ils apprirent les ennuis de Phinéas avec les

Harpies, deux des héros, Zétès et Calaïs, proposèrent de s'occuper des trois femmes oiseaux. Ils étaient particulièrement bien qualifiés pour cette tâche : fils du Vent-du-Nord, ils avaient le pouvoir de voler. On disposa un banquet pour appâter les Harpies, et Zétès et Calaïs s'embusquèrent, l'épée nue. Bien entendu, ils entendirent presque aussitôt la clameur des Harpies qui s'approchaient et les cris horribles des créatures lorsqu'elles fondirent sur la nourriture et se mirent à la dépecer. A cet instant, Zétès et Calaïs bondirent de leur cachette et fondirent sur les voleuses. Les Harpies s'envolèrent et les fils de Borée les suivirent. Après une longue poursuite, Zétès et Calaïs rattrapèrent leurs proies — certains disent près des rochers que l'on appelle Strophades, au large de la côte occidentale de Grèce. Les deux héros auraient pourfendu les Harpies avec leurs épées si les dieux de l'Olympe ne s'étaient pas interposés. Ils envoyèrent comme messagère la déesse Iris pour demander aux fils de Borée de ne faire aucun mal aux Harpies : qu'ils les laissent libres et elles cesseraient de tourmenter le devin aveugle à l'avenir. Zétès et Calaïs abandonnèrent donc la poursuite et rebroussèrent chemin pour apporter la bonne nouvelle à Phinéas et aux Argonautes, qui les attendaient à la sortie nord du Bosphore.

Phinéas, reconnaissant, donna aux Argonautes toutes les indications dont ils avaient besoin pour la suite de leur quête. Il leur dit de tourner vers l'est en sortant du détroit et de ramer le long de la côte septentrionale d'Asie Mineure en serrant le continent de près. Il leur fit la liste des tribus qu'ils rencontreraient, des ports qu'ils trouveraient et des aventures qu'il leur adviendrait. Quant à ce qui les attendait à leur arrivée en Colchide, le Pays de la Toison d'Or, il refusa de le divulguer. Ce serait trop révéler, leur dit-il : les Argonautes l'apprendraient par eux-mêmes.

Mais le plus grand service que Phinéas rendit aux Argonautes eut un effet presque immédiat : il leur révéla le secret qui permettait d'échapper au plus grand danger naturel de tout le voyage, le danger responsable du naufrage de tous les bateaux qui avaient essayé avant l'*Argo* de sortir du détroit : les Sympligades, péril connu de tout le monde antique sous le nom de Roches-qui-se-heurtent.

Le village de Garipce

7
La mer Noire

> Quand vous me quitterez, leur dit Phinéas, la première chose que vous verrez sera les Roches Cyanées, au bout du détroit. Autant que je sache, personne n'est jamais passé entre elles, parce que n'étant pas fixées au fond de la mer, elles se heurtent fréquemment, et font jaillir l'eau en une masse bouillonnante qui retombe sur les flancs rocheux du détroit avec un rugissement retentissant. Mais puisque, comme je le comprends, vous êtes des voyageurs craignant les dieux, doublés d'hommes de bon sens, je vous donnerai un conseil. Ne risquez pas témérairement votre vie, ne vous précipitez pas au danger avec l'imprudence de la jeunesse. Faites d'abord une expérience. De l'*Argo* envoyez une colombe explorer le chemin. Si elle réussit à voler entre les rochers et à sortir dans la mer, n'hésitez pas à suivre sa trace, mais tenez ferme vos avirons, et fendez l'eau du détroit.

Le stratagème de la colombe fonctionna merveilleusement. Lorsque l'équipage de Jason contourna le dernier promontoire du détroit, il vit devant lui les Sympligades, ou Roches Cyanées. C'étaient deux grosses masses de pierre qui flottaient près de l'entrée du détroit, en se heurtant avec un bruit effrayant. Chaque fois qu'un bateau tentait de passer entre elles, les Roches se refermaient comme un piège pour pulvériser l'indésirable. Sous les yeux des Argonautes, les Roches qui venaient de se refermer commençaient déjà à s'ouvrir. L'*Argo* se rapprocha du passage et Euphème, le coureur, lâcha la colombe. Elle vola bas sur l'eau, droit entre les rochers. Aussitôt, ils se heurtèrent de nouveau, mais trop tard. Les Argonautes virent que la colombe avait franchi le passage, les roches n'avaient réussi à pincer que les plumes de sa queue.

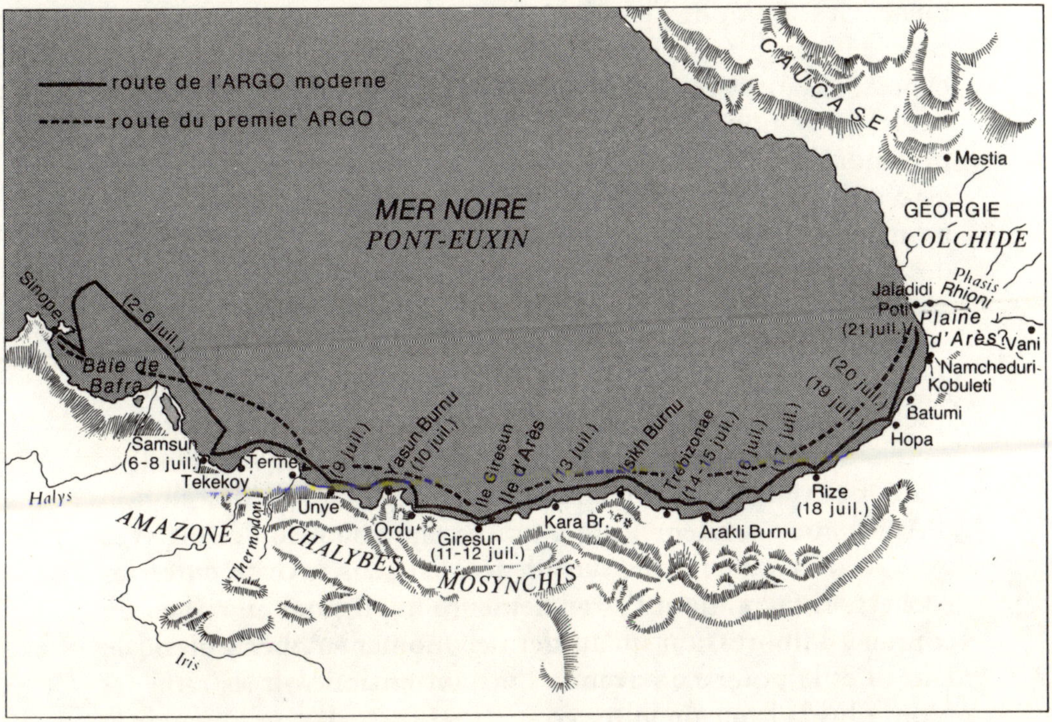

Pour Jason et ses hommes, ce fut le signal propice. Dès que les rochers s'écartèrent, les rameurs redoublèrent d'efforts et l'*Argo* s'engagea dans la brèche. Pendant un instant de terreur, le bateau demeura immobile, pris par les turbulences, incapable ni d'avancer ni de revenir en arrière. Il semblait certain que les

Roches l'écraseraient. Mais à ce moment, selon les *Argonautiques,* la déesse Athéna intervint pour les sauver : d'une main elle retint les rochers, et de l'autre elle poussa l'*Argo* dans le passage. Il était temps. Les Sympligades se refermèrent avec un bruit assourdissant, l'ornement de poupe de la galère fut déchiqueté... Et depuis ce jour-là, écrit Apollonios, « les Roches sont enracinées pour toujours tout près l'une de l'autre. Les dieux cléments avaient décidé que tel serait leur destin si un être humain parvenait à les traverser ».

Pendant des siècles, les tentatives d'explication du phénomène des Sympligades par des causes naturelles se sont succédé. On a évoqué un récif bas du côté asiatique : tantôt exposé et tantôt recouvert par la marée, il aurait provoqué le naufrage de nombreux bateaux longeant la côte. D'autres ont prétendu que les Roches-qui-se-heurtent seraient d'énormes glaces flottantes, charriées des côtes de Crimée vers le sud au moment de la débâcle de printemps : elles auraient endommagé des bateaux aux abords du détroit. Mais on a très rarement vu la mer Noire charrier des glaces si loin dans le sud, et il n'existe aucun récif vraiment dangereux à l'entrée nord du Bosphore, du côté de l'Asie comme du côté de l'Europe, uniquement quelques roches au large, faciles à repérer et aussi faciles à éviter, dans des eaux où l'ampleur des marées est très faible.

Et pourtant les principaux éléments de la description d'Apollonios sonnent juste à qui navigue dans le détroit avec un bateau à rames. Les turbulences en sens inverse entre les rochers, la façon dont l'*Argo* demeure impuissant au milieu du courant, l'impression qu'au dernier moment Athéna prend le bateau et le pousse en avant à l'instant critique où les rameurs n'ont plus la force de lutter contre les flots... Il s'agit bien de la version dramatisée de difficultés très réelles. Plus en aval, pour remonter le goulot de Bébek, n'importe quelle galère rencontre les rapides, son comportement devient soudain incontrôlable, elle est ballottée par les eaux puis, aussi brusquement, le contre-courant prend le bateau et l'on ressent la curieuse impression d'être poussé vers l'avant, exactement comme si la déesse Athéna voulait vous sauver, ainsi qu'elle a, dit-on, sauvé l'*Argo*. Puis à onze milles plus au nord, à l'entrée de la mer Noire, l'on retrouve le reste de la description : l'embrun soulevé vers le ciel d'une houle poussée par des vents de tempête dans l'entonnoir surprenant du Bosphore, et la clameur des vagues lorsqu'elles déferlent contre les promontoires, de chaque côté, et rebondissent en tourbillons puissants.

C'est là également que se trouvent les vestiges des Roches-qui-se-heurtent de l'Antiquité. Les anciens les avaient associées sans hésitation aux deux grands blocs de roches qui se dressent à quatre-vingts mètres au large du promontoire nord, près de Rouméli Fener. On les appelait également Roches Cyanées — c'est-à-dire bleu foncé — parce que c'était à l'époque classique la couleur de la menace et du danger, m'expliqua Mark Richards, l'érudit du nouvel *Argo*, quand nous grimpâmes à leur sommet. En fait, les roches sont d'un noir de charbon avec des reflets verts ; elles semblent formées par d'énormes blocs détachés des falaises voisines. Une faille étroite les sépare, si bien qu'au prix d'un effort de l'imagination, on peut supposer qu'elles flottaient jadis isolément, pareilles à d'énormes blocs de pierre ponce à la surface de la mer. La mauvaise réputation de ces Roches-qui-se-heurtent relève du mythe pur, mais symbolise fort bien les difficultés réelles de la remontée du Bosphore. Quand Jason et ses Argonautes réussirent à passer et pénétrèrent dans la mer Noire, les roches, symboliquement, perdirent leur pouvoir : plus jamais elles ne menacèrent un bateau dans ces eaux.

Ironie du sort, ces roches redoutées viennent d'être transformées en un refuge, au lieu d'un danger pour la navigation. Un môle de béton, de construction très récente, relie les roches à la terre, et une flottille importante de bateaux de pêche se met à l'abri du brise-lames. Les pêcheurs m'ont dit qu'en hiver, par gros temps, le ressac éclate en gerbes d'écume jusque par-dessus les rochers, à douze mètres de hauteur, et l'on peut alors entendre les rugissements des flots très loin dans les terres. Les Roches, assurent-ils, marquent encore la limite réelle des dangers du Bosphore. Par mauvais temps, aucun bateau, si grand soit-il, ne peut se considérer en sécurité tant qu'il n'a pas dépassé les Roches, au-delà des turbulences de l'embouchure beaucoup moins profonde du détroit.

Sur la cime plate de la Roche la plus proche de la terre nous avons trouvé, Mark et moi, les vestiges d'un pilier romain, bloc de marbre cannelé d'un mètre vingt de haut et d'un peu plus d'un mètre de diamètre. C'était un segment d'une colonne de pierre qui servait jadis de point de repère pour les bateaux naviguant dans le détroit. Auparavant, les Grecs avaient bâti un autel au même endroit, pour effectuer des sacrifices et solliciter la faveur des dieux avant de se risquer dans la mer septentrionale. C'était un moment crucial du voyage, l'instant où les hommes se lançaient sur une mer si redoutée des Anciens qu'ils l'avaient appelée « l'Inhospitalière ».

La mer Noire conserve toujours cette réputation. On nous prévint de ses dangers à maintes reprises — les pêcheurs turcs du Bosphore, après ceux de la mer de Marmara et après les Grecs de l'Égée. La mer Noire n'est pas la place d'un bateau non ponté. Des tempêtes soudaines frappent sans s'annoncer. Même la forme des vagues, selon certains Turcs, n'a rien de commun avec une houle normale. Dans certains secteurs, au large de la côte, nous rencontrerions une répétition particulière de trois vagues, plus fortes que les autres, arrivant coup sur coup. Aucun bateau ne navigue vraiment en sécurité sans problème dans les triples vagues, me dirent-ils. On risquait d'embarquer de l'eau, de subir des avaries, et le bateau secoué par les chocs successifs pouvait se briser. Les triples vagues étaient si bien connues qu'aucun bateau de pêche ne se risquait au large de certains endroits de la côte : les marins refusaient d'y travailler.

Ce ne fut donc pas sans émotion que le 15 juin l'*Argo* quitta le port à l'abri des Roches Cyanées pour s'élancer dans sa longue navigation vers l'est, le long de la côte turque. Un nouveau groupe de volontaires turcs avait remplacé les hommes qui nous avaient aidés de Çanakkalé à Istamboul.

Mustafa faisait très sérieux avec sa barbe noire ; Ziya travaillait normalement comme traducteur pour une compagnie d'import-export ; son grand ami Yigit, étudiant en économie de vingt-six ans, s'avéra un vrai marin de tempérament. Quant à Husnu, architecte de formation, c'était un ami d'Ali et il maîtrisait parfaitement l'anglais lui aussi. Le jeune Umur, si morose le jour où il s'était embarqué sur l'*Argo*, annonça qu'au lieu de nous quitter ici comme il en avait l'intention au départ, il désirait rester avec les Argonautes le plus longtemps possible. Enfin, nous avions à bord un passager de douze ans — ma fille Ida à qui j'avais promis quelques jours sur l'*Argo* pour compenser mes longues absences pendant la préparation de l'expédition et la construction de la galère.

Mustafa

Ida embarqua à bord de l'*Argo* en pleine mer, grâce à la famille de Kaan, mes amis de longue date à Istamboul. Ils auraient fait n'importe quoi pour aider l'expédition. Irgun, le fils aîné, entré dans les affaires à son compte, dirigeait un bureau pour faciliter l'obtention des permis de conduire et des cartes grises auprès des services de police. Son énergie et son optimisme étaient sans limites.

— Je commence à agir quand les autres renoncent, me

déclara-t-il avec une confiance en lui bien caractéristique. Impossible n'est pas turc.

Et Irgun semblait vraiment une sorte de génie sorti de la lampe d'Aladin. A Istamboul, les gardes-côtes turcs avaient décidé que l'*Argo* ne risquait plus de sombrer, et que nous n'avions plus besoin d'un patrouilleur pour nous escorter en permanence. A la place, ils jetteraient un coup d'œil sur nous de temps en temps, quand ils auraient un bateau dans le secteur. Et Irgun se mit à apparaître aux moments et aux endroits où nous nous y attendions le moins. Comme Oncle John en Grèce, il semblait connaître tous les gens liés d'une manière ou d'une autre à la vie des ports — capitaines de bacs, patrons de chalutiers, plaisanciers, douaniers, officiers des gardes-côtes, pilotes du Bosphore. Dès que l'un d'eux apercevait l'*Argo* sur leur coin de côte habituel, il téléphonait à Irgun, et celui-ci apparaissait soudain sur le quai de quelque port inconnu, ou bien sa voix me surprenait en répondant dans la petite radio talkie-walkie qui me permettait de garder le contact avec le canot pneumatique, quand celui-ci se rendait à terre pour faire des courses.

Mais Irgun avait une rivale. Mukaddes, sa sœur cadette, avait décidé de le battre à son propre jeu. La dernière fois que je l'avais vue, c'était une gamine timide de treize ans avec d'immenses yeux de faon, septième enfant d'une famille de huit, tous blottis joyeusement autour de la table de leur appartement de deux pièces. Mais depuis cette époque, Mukaddes s'était merveilleusement épanouie pour devenir une femme d'affaires d'Istamboul qui volait de succès en succès, aussi énergique et enthousiaste que son frère. Elle s'allia avec une sœur aînée, Ikun, qui dirigeait un standard téléphonique, pour organiser un système d'observation aussi efficace que celui de leur frère. Pas un seul gardien de phare ou maître de port n'échappa aux coups de fil d'Ikun et de Mukaddes, qui vérifiaient à toute heure le passage de l'*Argo*.

Mukaddes alla attendre ma fille Ida à l'aéroport d'Istamboul, où elle la subtilisa à Irgun sous son nez — car il l'attendait lui aussi. Le lendemain matin, Mukaddes persuada un patron de bateau de pêche de partir à la recherche de la galère, déjà en mer Noire. Mukaddes, Ikun et plusieurs autres membres de la famille nous firent signe du pont du chalutier quand il rattrapa l'*Argo*. Ida monta à bord. Au même instant la voix d'Irgun nous appela faiblement au talkie-walkie et quand nous arrivâmes au petit port suivant, il nous y attendait. Il avait conduit pendant quatre heures pour nous rejoindre. Il nous avait repérés avec des jumelles du haut d'une falaise, et il nous accueillit en lançant :

— Avez-vous besoin de quelque chose ? N'hésitez pas à me le demander.

Il avait déjà prévenu de l'arrivée de l'*Argo* le capitaine du port, le maire du village et le caporal responsable de la sécurité. Il nous quitta pour reprendre la route d'Istamboul, quatre heures au volant, au lendemain d'une opération grave — il était sorti de clinique seulement deux semaines plus tôt.

Ces rencontres constituaient de joyeux interludes dans notre longue et pénible traversée vers l'est. Rien de commun avec des vacances. La routine quotidienne commençait normalement à six heures du matin. L'équipage s'éveillait et quittait la plage où ils dormaient sur le sable. Ils montaient à bord rejoindre les trois ou quatre hommes qui avaient dormi sur l'avant-pont et la passerelle centrale, par mesure de sécurité : si le vent fraîchissait pendant la nuit, l'*Argo* risquait de déraper sur son mouillage. Nous levions l'ancre et commencions aussitôt à ramer. L'équipage souquait une heure, avec toujours dix hommes aux avirons pendant que leurs camarades se reposaient. Toutes les cinq minutes un banc de deux rameurs était remplacé par deux galériens reposés. Puis, après une heure de dur travail, le système changeait. L'équipage se divisait par moitié et un groupe ramait un quart d'heure pendant que l'autre déjeunait. Ensuite, le groupe repu se mettait aux avirons et quand tout le monde avait fini de manger, le tour de rôle normal reprenait. L'*Argo* avançait régulièrement à la vitesse de trois nœuds à trois nœuds et demi pendant cinq heures, avec pour se soutenir un simple bol de thé.

Les nouveaux trouvèrent ce régime épuisant. Après trois heures aux avirons, même les plus en forme titubaient de fatigue. Les anciens Argonautes continuaient de ramer jusqu'à la pause repas de midi. Nous jetions l'ancre en eau peu profonde et l'équipage dévorait son repas puis prenait un bain. Vers treize heures trente, retentissait de nouveau le cri :

— Aux bancs de nage ! En position ! Avirons à la mer. Prêts ? Souquez !

Et nous repartions jusqu'à l'arrêt du soir. Les plus mauvais jours, l'équipage rama pendant onze heures de supplice avant que l'*Argo* n'accoste pour la nuit.

Bien entendu, tout le monde détestait ramer, activité répétitive, purement physique et ennuyeuse. Toute distraction était donc la bienvenue. Certains essayaient de lire en ramant — ils installaient un livre en équilibre à côté d'eux sur le banc. D'autres mettaient des écouteurs et écoutaient de la musique sur leur lecteur de cassettes, jusqu'à ce que l'enregistrement lui-même devienne assommant. On se mit à jouer aux devinettes et autres jeux de société purement verbaux, puis on institua un jeu de blagues. Chaque homme devait raconter à tour de rôle une histoire drôle, la plus longue étant la meilleure ; si elle était jugée trop mauvaise, elle se voyait mise à l'index et personne ne pouvait la répéter pendant deux semaines ; les plaisanteries vraiment pénibles subissaient un interdit de deux ans... Mais l'activité qui avait de loin le plus de succès était le chant, en solo ou en chœur. Le chant donnait un rythme aux avirons et coordonnait les efforts des rameurs. Les chansons pop modernes convenaient rarement. Les meilleurs airs demeuraient soit les chansons à boire, soit les hymnes de l'Église anglicane — dont le rythme semble particulièrement bien adapté au coup de rame d'une galère. Et nos Turcs écoutaient en faisant les yeux ronds, les Argonautes venus des lointaines îles britanniques entonner à tue-tête, en général à l'initiative de Tim Readman, des chants religieux parsemés au petit bonheur la chance de quelques refrains d'ivrognes. Notre champion de chant fut incontestablement Cormac. Il avait une belle voix et un vaste répertoire de chants de marin et de ballades irlandaises traditionnelles. Avec l'équipage reprenant le refrain en chœur, Cormac chanta tout le long de la côte d'Anatolie.

L'expédition avançait lentement mais sûrement vers l'est. Les bons jours, la brise se levait pour venir à notre aide et l'équipage se reposait un peu pendant que l'*Argo* glissait sur les flots, poussé par sa toile. Il n'était pas question, ces jours-là, de s'arrêter pour faire ses provisions. Même dix minutes de brise favorable étaient trop précieuses pour qu'on les laisse perdre. Pete le coq et Tim le commissaire nous quittaient dans le canot pneumatique, pourvu d'un petit moteur hors-bord, qui nous servait aussi à prendre des photos. Ils gagnaient quelque petit port pour acheter de quoi manger pendant que l'*Argo* continuait le long de la côte. L'intendance nous rejoignait quand elle pouvait, et entre-temps l'*Argo* avait fait bon usage de chaque bouffée de brise.

Nous avions de plus en plus de mal à nous approvisionner dans les petits ports : la demande d'un équipage nombreux de galériens très affamés dépassait souvent l'offre d'un épicier ou d'un boucher de village. Pete le coq devait faire des miracles pour satisfaire l'appétit de chacun. Nous dévorions des bassines de yoghourt, des sacs entiers de fruits et de pain, et toute la viande qui se présentait. Du poisson ? Presque impossible d'en acheter. Les seuls poissons que nous mangions étaient ceux que Cormac attrapait. Peter Warren, Peter Wheeler et Trondur Patursson, fanatiques de pêche, entassaient autour de leur banc de nage tout un attirail peu alléchant : lignes, hameçons rouillés, poids de plomb, bouts de viande en train de pourrir et appâts fantaisie. Mais ils n'attrapaient jamais que du fretin. Cormac, en revanche, avait la main heureuse. S'il y avait du poisson, il sautait sur son hameçon. Il pêcha plusieurs roussettes d'un mètre de long qui nous firent d'excellents repas.

Mais Trondur récoltait la mer de plus d'une autre manière. Au port de Kefken, puis près de Zonguldak, il partit chasser les oiseaux de mer en train de nicher dans les grottes marines. Par-dessus ses tennis, il enfila de grosses chaussettes de laine des Féroé pour ne pas déraper sur les rochers couverts d'algues, et il disparut avec le canot pneumatique dans les ouvertures béantes des grottes où l'on voyait entrer et sortir cormorans et goélands. Au fond de la grotte, Trondur débarquait pour grimper vers les corniches proches du plafond.

— Il fallait voir ça ! me dit Tim Readman un jour, au retour d'une de ces chasses. Trondur est monté à même la paroi lisse des rochers. Sur la corniche, les petits cormorans tendaient le cou hors des nids pour le regarder en caquetant de curiosité et d'inquiétude. Puis, soudain, la tête hirsute de Trondur est apparue au-dessus de la corniche. Ensuite, des cris frénétiques, des plumes qui volaient dans toutes les directions, des bruits d'ailes affolés. On ne voyait plus de Trondur que ses chaussettes de laine dépassant de la corniche, puis il réapparut et redescendit en tenant deux jeunes cormorans par le cou.

— Le cou des cormorans est déjà long, dit Cormac en regardant la prise mais, vraiment, Trondur en a fait des cous de girafe !

Le ragoût de cormoran à la Trondur Patursson — l'oiseau est vidé, puis pelé et cuit à la cocotte — eut beaucoup de succès. La chair avait la couleur et le goût du lièvre en civet, et pour commencer cet excellent repas, Pete nous servit un hors-d'œuvre de moules ramassées sur les murs de la grotte et ouvertes sur un feu de bois d'épave, allumé sur les galets.

Le 19 juin à quatorze heures trente, le maître de nage Mark Richards annonça le deux cent millième coup d'aviron du voyage. L'équipage fit encore preuve d'assez d'enthousiasme pour accélérer la cadence pendant les derniers coups du compte à rebours. On n'aurait jamais cru qu'il ramait depuis sept heures et quart du matin, sans pause pour le petit déjeuner. Dans la soirée, un orage qui montait au large nous offrit un bon coup de brise, et nous aperçûmes enfin le promontoire d'Eregli derrière lequel, selon Apollonios, se trouve la Bouche de l'Enfer — nouvelle étape identifiable du voyage de Jason et du premier *Argo*.

Une flottille de bateaux de pêche nous attendait pour nous souhaiter la bienvenue. Ils sortirent soudain du port d'Eregli et formèrent une joyeuse phalange autour de nous. Tous les ponts étaient pleins de spectateurs. A ma vive surprise, un gros chalutier croisa juste sous le nez de l'*Argo* et un colosse turc, en slip, grimpa sur le toit de la passerelle et se jeta dans la mer — un plongeon de près de dix mètres — devant notre étrave. Il disparut, et je craignis qu'il ne soit happé et réduit en chair à pâté par les hélices des bateaux de pêche qui se pressaient autour de nous. Miracle, il saisit la poignée que Peter Wheeler avait taillée pour le bélier de l'*Argo* et il grimpa le long de l'étrave, tout mouillé, aussi moustachu et velu qu'un phoque. Il était ivre et bien décidé à serrer dans ses bras le premier Argonaute qu'il rencontrerait. Le hasard voulut que ce fût Trondur, avec sa longue barbe et sa coupe de cheveux style broussaille. Notre Turc éméché parut légèrement déconcerté...

> Ce promontoire élevé, avec ses falaises verticales, a écrit Apollonios au sujet d'Eregli, s'avance dans la mer de Bithynie. Au-dessous, au niveau de la mer, il y a une plate-forme massive de rocher lisse sur laquelle la houle se brise et rugit, alors que très haut, sur le côté tourné vers la terre, elle retombe en un creux profond. C'est là que se trouve la Grotte de l'Hadès avec ses arbres et ses rochers en surplomb. De ses froides profondeurs monte un souffle glacé qui recouvre tout d'un givre luisant, mais qui fait fondre le soleil de midi. La mer furieuse se mêle sans cesse au bruissement des feuilles secouées par le vent issu de la grotte. Là aussi se trouve l'embouchure de l'Achéron, qui sourd du flanc de la montagne et tombe par un profond ravin dans la mer de l'Orient. (...) Les Argonautes conduisirent leur nef à cet

endroit même. Peu après, le vent tomba, et ils l'échouèrent à l'abri du cap d'Achéruse.

La Bouche de l'Enfer est la deuxième d'une série de trois grottes creusées au flanc des collines de grès sur la rive gauche du fleuve côtier que les habitants de la moderne Eregli appellent Der Bagh — la rivière Grenouille. Selon le texte d'Apollonios, le cours d'eau se jette dans la mer Noire tout

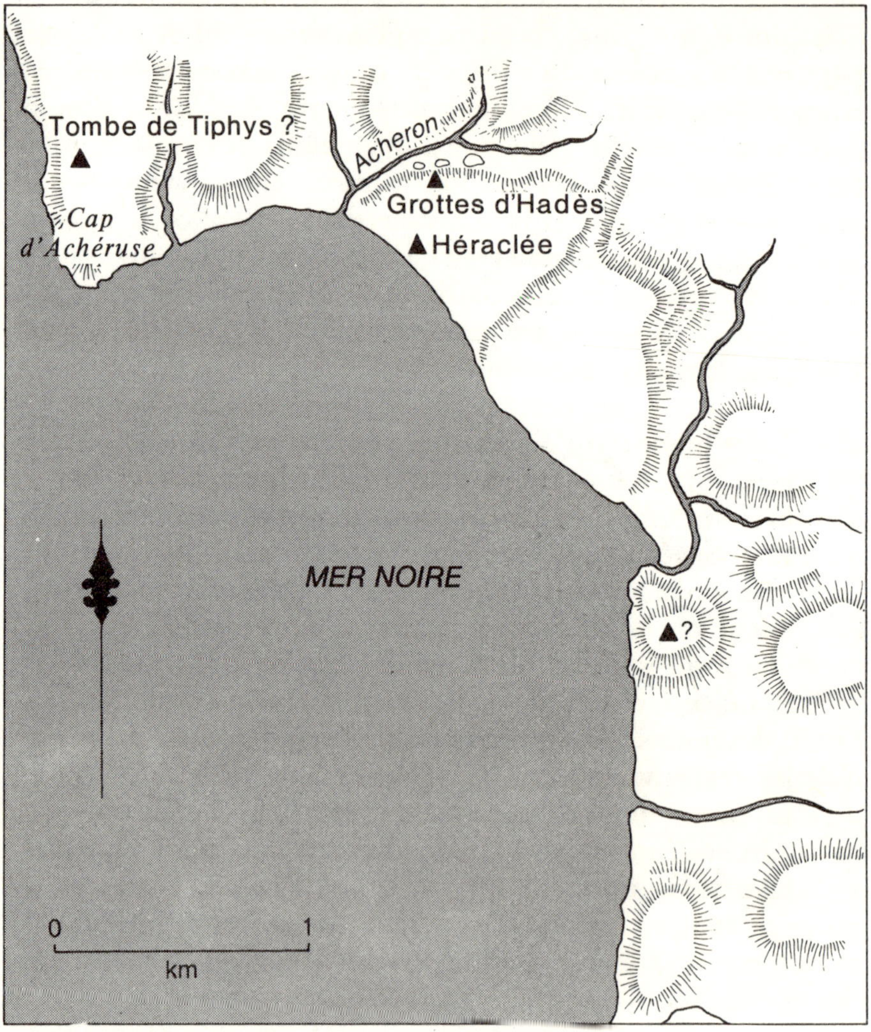

près du cap d'Achéruse, aujourd'hui zone militaire, car Eregli, port stratégique de la côte nord de la Turquie, sert de quartier général à la marine turque. La ville moderne a recouvert entièrement le site du port grec de l'Antiquité et modifié le tracé de la côte, mais l'on peut encore suivre la route qui remonte le cours sinueux de la Grenouille, où, jusqu'au début de ce siècle, de petits bateaux mouillaient non loin de la première grotte, qui renferme les vestiges d'un dallage de mosaïque et une chapelle chrétienne très ancienne.

La deuxième grotte, beaucoup plus vaste, s'ouvre seulement par une fente étroite du rocher et l'on voit sans peine pourquoi elle a été considérée comme la Bouche de l'Enfer. Apollonios parle d'un « souffle glacé ». Au printemps et en hiver, selon notre guide — le fils de l'apothicaire de l'endroit — un brouillard dense emplit la vallée envahie de végétation épaisse. Cette brume tenace ensevelit les buissons, les arbres et les pentes environnantes sous un linceul blanc qui semble émaner de l'entrée de la grotte. Ce passage étroit, dans lequel on a peine à se glisser, plonge soudain et tourne en une spirale serrée. Le visiteur doit s'accrocher à la roche humide de condensation et du « givre luisant » d'Apollonios. La surface calcaire brille. A l'intérieur, la température tombe brusquement. Le boyau d'accès conduit à une grotte souterraine qui s'enfonçait jadis d'un kilomètre et demi au cœur de la montagne, mais en 1960, un effondrement énorme a fermé le fond de cette grande grotte. Au milieu de la salle souterraine se trouve un bassin d'eau claire, profonde ; l'eau qui suinte et ruisselle sur les parois de la grotte fait briller le calcaire ; l'air glacé résonne à tout instant de l'écho des gouttes tombant du plafond ou glissant sur la pierre, qu'elles revêtent de dépôt. Un visiteur de l'Âge du Bronze, debout en cet endroit avec pour tout éclairage un brandon enflammé ou une lampe à huile, ne pouvait songer vraiment qu'à l'entrée des Mondes inférieurs. On a trouvé des tessons de poterie, des fragments de statues grecques et romaines brisées, et des traces de suie laissées par les lampes — les Anciens devaient pratiquer un culte en ces lieux.

Le cap d'Achéruse

La légende veut qu'Hercule soit venu là au cours de ses Travaux, pour soumettre le gardien des Enfers, l'affreux chien Cerbère. Humiliée par sa capture, la créature bava, et l'on dit qu'aux endroits où tombèrent des gouttes de sa salive poussa de l'aconit, plante vénéneuse. On en ramasse beaucoup dans les environs d'Eregli, où la médecine populaire l'utilise encore. Nul ne sait si ce fut le seul séjour d'Hercule dans la région, mais la légende assure qu'il y repassa quand il partit conquérir la ceinture de la reine des Amazones — un autre de ses Travaux. Il aurait aidé les gens de l'endroit au cours de leurs guerres tribales. Quoi qu'il en soit, la ville moderne demeure fidèle au héros, car Eregli n'est autre que la forme turque modernisée de l'ancienne Héraclée du Pont, dédiée à Hercule-Héraklès.

Quand Jason et ses Argonautes arrivèrent, ils furent particulièrement bien reçus. La tribu locale, les Mariandyni étaient de farouches ennemis des Bébryces, dont Pollux avait récemment tué le roi Amychos au cours du fameux match de boxe. Les Mariandyni et les Bébryces se livraient une guerre de frontière et le roi Lycos des Mariandyni fut ravi que les Argonautes aient infligé une cuisante défaite à ses ennemis. Pollux, l'homme qui avait abattu le roi fanfaron, fut traité comme un sauveur, et Lycos invita les autres Argonautes dans son palais pour un festin et des réjouissances. Le roi Lycos annonça aussi qu'en

L'*Argo* dépasse les Roches Cyanées et s'engage dans la mer Noire.

A Eregli, une flottille de bateaux de pêche vient nous souhaiter la bienvenue.

(*Ci-dessus*) Pete le coq et Tim le commissaire font le marché.

(*Ci-contre*) Le Dr Adam Mackie, confrère de Nick Hollis, n'a guère d'espace où s'allonger.

(*Ci-contre*) Au large de la côte turque, en mer Noire : « Les plus mauvais jours, l'équipage ramait onze heures exténuantes. »
(*Ci-dessous*) Cormac O'Connor : s'il y avait un poisson dans les parages, il mordait à son hameçon.
(*En bas*) A l'abri du mauvais temps dans l'anse de Gideros, le refuge le plus parfait que la nature ait jamais conçu.

(*En haut, à gauche*) On entendit un craquement horrible : le gouvernail de bâbord s'était brisé.

(*En haut, à droite*) Tim Readman et Peter Wheeler saisirent les filins pour carguer la voile.

(*Ci-dessus*) Pete le coq retient un foc de fortune pour détourner l'*Argo* des rochers.

(*Ci-dessus*) Cormac O'Connor et Mark Richards terminent la réparation temporaire, sous le contrôle de Peter.

(*Ci-contre*) Peter Wheeler examine l'aviron-gouvernail brisé à l'endroit où le montant était assemblé à la pale.

(*Au centre de la double page*) Jonathan Cloke aide Peter Wheeler, en rouge, à réparer.

«Le moment de vérité pour un bateau de l'Âge du Bronze.»

(*A gauche*) Vergue baissée et voile battante.

(*Ci-dessous*) Prélude à la tempête au large de Sinope.

En bas, à gauche) L'équipage montre des signes de fatigue. Mark Richards — gauche — et Peter Moran.

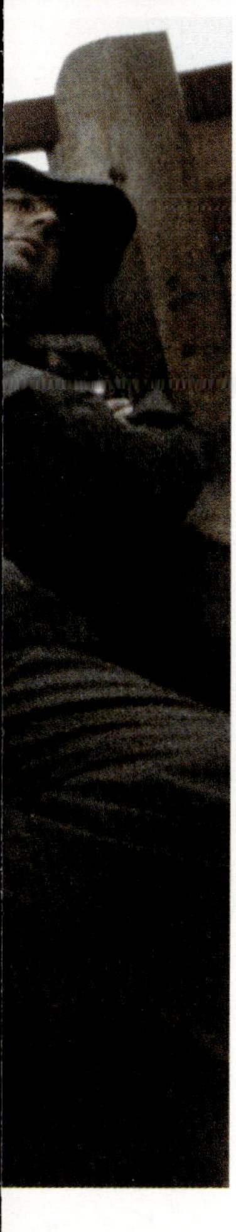

Le pays des Chalybes. Peter Wheeler sur la plage de sable noir.

(*Ci-dessus*) Les douaniers turcs d'Hopa : c'est la première fois qu'un bateau va passer directement d'Hopa en URSS depuis la guerre.

(*Page suivante*) L'*Argo* entre dans les eaux soviétiques.

l'honneur des grands Castor et Pollux il bâtirait un monument sur le promontoire. Il servirait d'amer à tous les autres marins qui passeraient en ces lieux. En outre, il enverrait son propre fils Dascylos avec les Argonautes, comme guide et messager auprès des tribus amies qui vivaient plus loin sur la côte d'Asie Mineure.

Hélas, la visite à Lycos devait se terminer par une double tragédie. Depuis le début de l'aventure, Idmon le devin savait qu'il ne rentrerait pas vivant du voyage de Jason ; il était condamné à périr sur une grève étrangère. A l'aurore, comme les voyageurs retournaient à l'*Argo* après le festin de Lycos, chargés des présents du roi, ils dérangèrent un vieux sanglier sauvage qui dormait dans les roseaux, près de la rivière. La bête noire chargea Idmon et lui entailla la cuisse avec ses défenses. Idmon tomba, blessé à mort. Ses compagnons tuèrent le sanglier avec leurs javelots mais ne purent sauver la vie d'Idmon. Ils le transportèrent à bord de l'*Argo,* où il mourut dans les bras de ses amis. Son décès imposait un deuil rituel de trois jours. Le quatrième matin, les Argonautes enterrèrent leur camarade sur les pentes du promontoire, élevèrent un tumulus au-dessus de sa tombe et y plantèrent un olivier sauvage, en souvenir.

Le retard provoqué par les rites funéraires fut fatal à un autre Argonaute, leur timonier, l'habile Tiphys. Il devint souffrant et mourut d'un mal foudroyant inexpliqué, peut-être une fièvre contractée dans les marais insalubres de l'Achéron. Tiphys fut enterré lui aussi sur le promontoire, auprès de son compagnon. Pendant douze jours, la quête de la Toison d'Or s'arrêta. Jason, déprimé par le décès de ses fidèles amis, avait perdu toute volonté de continuer le voyage. Les autres Argonautes semblaient aussi découragés, et ce fut Ancée qui dut prendre l'initiative. Il proposa de remplacer Tiphys à la barre — n'était-il pas lui aussi un marin très expérimenté ? Puis il entreprit de réveiller les autres de leur accablement et sut les convaincre de continuer le voyage.

Par un hasard heureux, le site le plus probable des tombeaux de Tiphys et d'Idmon a échappé à l'expansion de la moderne Eregli. La « Hauteur d'Achéruse » où ils ont été ensevelis, selon les *Argonautiques,* se trouve à l'intérieur de la zone militaire, et demeure encore une lande intacte, couverte de gazon et d'arbustes. De l'*Argo,* tout en ramant, nous avons regardé le cap, comme les marins d'autrefois, et nous avons remarqué sur le sommet de la colline les ruines d'un bâtiment ancien, sans doute la base d'un phare ou d'une guette. Ces ruines s'élèvent sur un tertre bas qui semble artificiel — peut-être un ancien tumulus funéraire. Quand la zone militaire s'ouvrira aux archéologues, ce sera le premier endroit où rechercher les restes de deux des hommes qui avaient suivi Jason à bord de l'*Argo.*

Après Eregli, où ma fille Ida nous quitta, nous arrivâmes à Zonguldak, la ville du charbon, et le maire nous envoya deux remorqueurs pour détourner de force la galère dans le port, que nous voulions éviter. Un autre groupe de danseurs nous attendait sur la jetée, pour interpréter cette fois de vraies danses de la mer Noire. Vêtus de tuniques serrées d'un noir de jais, ils exécutèrent la Danse du Poisson : ils tremblaient et frétillaient pour imiter un banc d'anchois pris dans les filets des pêcheurs et jetés sur le pont du bateau. Des chaînes d'argent, des glands brillants et des courroies de cuir cloutées de métal scintillaient en tous sens tandis que les danseurs mimaient la capture et les affres des poissons en train de se débattre contre la mort.

Akçakoça, Eregli, Zonguldak — chaque ville où nous sommes passés le long de cette côte tint à nous accueillir avec des présents, des fleurs, des danses folkloriques et des festins. La réception imprévue de Zonguldak nous avait retardés par rapport à mes prévisions et le crépuscule nous surprit en train de ramer sans grande énergie au large d'une plage triste, très exposée. Quelques bateaux de pêche se trouvaient à l'ancre sur les bas-fonds, mais le reste de la flottille avait été halé très haut sur la plage, à l'abri de tout danger. L'endroit n'avait pas l'air sûr pour la nuit, mais nous étions trop exténués pour aller plus loin. Je fis mouiller l'ancre, puis tirer une amarre de proue sur la côte, et nous prîmes notre dîner. La majeure partie de l'équipage alla se coucher comme d'habitude dans les dunes et le quart de nuit resta à bord. Vers minuit, de gros nuages noirs venant du nord dissimulèrent les étoiles. La plage s'anima soudain d'une activité frénétique. Des lumières apparurent : les propriétaires des bateaux du village couraient en tous sens. Tout le monde criait.

— Un coup de vent noir se prépare ! me lança Ali de la plage. Ils disent que c'est dangereux, que nous devons nous méfier !

Les pêcheurs se mirent à patauger dans l'eau pour aller chercher leurs bateaux à l'ancre et les haler à terre avec des câbles de remorque. D'autres s'activaient autour de cabestans de fabrication primitive pour tirer leur bateau au sec.

— Ils disent que nous ferions bien de haler l'*Argo* sur le sable, me cria Ali. Ils disent qu'il y a un gros treuil pour le tirer. Ils nous aideront.

Je décidai qu'il était plus sage de faire confiance aux ancres de l'*Argo* et de le laisser où il était. Je me voyais mal en train de haler l'*Argo* dans le ressac d'une plage découverte en pleine nuit avec un vent du large qui montait. Ce serait inefficace, et l'*Argo* risquait davantage d'avaries au cours de la manœuvre, si le mauvais temps survenait quand nous serions à moitié dans l'eau et à moitié en dehors. Les hommes de garde à bord commençaient à se remuer — je vis que les trois sacs de couchage, sur l'avant-pont, changeaient de forme. Le tapage avait éveillé leurs occupants et ils jetaient un coup d'œil au-dehors, manifestement peu enthousiastes à l'idée de sortir sous la pluie qui commençait à tomber dans le noir. Ils comprirent vite qu'il n'y avait qu'une solution : enfiler les cirés. Ils vérifièrent la haussière de l'ancre puis se mirent à étaler la bâche de mauvais temps.

Ils étaient encore en train de fixer les derniers coins de la bâche quand la tempête se déchaîna. Elle n'était pas aussi violente que les pêcheurs l'avaient craint, mais elle suffit amplement à occuper les hommes du bord : ils larguèrent l'amarre qui retenait la poupe de l'*Argo* à la plage, puis tirèrent sur l'ancre principale pour faire flotter le bateau en eau plus profonde. Ensuite, ils mouillèrent une ancre de tempête pour l'empêcher d'être drossé à terre par les vagues qui devenaient de plus en plus violentes. Dèjà la pluie tombait vraiment très fort et les premiers éclairs nous montrèrent les silhouettes noires grouillantes des Argonautes qui couraient pêle-mêle pour s'abriter du déluge. Ils pouvaient toujours se glisser sous des barques retournées, alors qu'à bord de l'*Argo* leurs compagnons se faisaient inonder sans merci.

— C'est bien la chance des Irlandais ! lança une silhouette trempée à mes côtés, tandis que nous halions de toutes nos forces la haussière d'ancre glacée.

C'était Cormac, et je m'aperçus que, par pur hasard, la garde de nuit à bord se composait uniquement d'Argonautes irlandais. Dès lors, l'avant-pont où les trois hommes avaient décidé de dormir par cette nuit d'orage porta par la suite le nom d' « Ambassade d'Irlande ».

Cet orage annonçait un changement de temps. Pendant les trois jours qui suivirent, tandis que nous avancions vers l'est à la rame et à la voile, les averses se firent de plus en plus fréquentes. Après le beau port ancien d'Amsara, où nous passâmes une nuit ancrés dans l'ovale du vieux port des galères, la côte turque changea soudain. Les contreforts montagneux s'avançaient maintenant jusqu'à la mer et le paysage semblait beaucoup plus sauvage et désolé. Nous passâmes devant de magnifiques précipices où les mouettes tournoyaient contre les rochers, pareilles à des perles d'écume. La montagne, à l'arrière, se couvrait de forêts de châtaigniers, ainsi que des noisetiers cultivés sur des kilomètres et des kilomètres par la population locale. De temps à autre, nous rencontrions une anse isolée, reliée à l'intérieur uniquement par une étroite piste de terre. Au fond de chacune de ces baies se trouvait en général une petite étendue plate de prairie où nous apercevions une ferme de bois, deux ou trois granges et quelques champs clôturés par des barrières de bois. Il y avait des chevaux et des vaches dans ces prés et, vues de loin, les minuscules silhouettes des animaux et des bâtiments ressemblaient à des fermes-jouets sorties de leur boîte le matin de Nöel et étalées sur le tapis.

Le 26 juin, nous arrivâmes à la côte la plus hostile, la plus sauvage que nous eussions rencontrée depuis le début de notre voyage. Des falaises et des rochers, d'autres rochers et d'autres falaises. Aucun signe de vie, tandis que nous avancions péniblement à quelques centaines de mètres au large — avec un temps détestable. Ce matin-là, le soleil s'était levé derrière des masses de nuages si épais qu'à neuf heures on avait encore l'impression d'être au point du jour, tant la lumière demeurait mauvaise. Dans la grisaille, les montagnes sur notre droite semblaient des formes noires derrière le rideau de brume. Des traînées de brouillard s'accrochaient à la paroi des falaises et des nuages lourds remontaient dans les hautes vallées. Depuis vingt-quatre heures, le vent soufflait constamment du quadrant nord et quelque part en mer Noire une tempête devait se préparer car la houle roulait très fort et se brisait, sinistre, sur les rochers qu'elle couronnait d'écume. Il se mit à pleuvoir. Les premières minutes de l'ondée violente firent luire la peau des rameurs, toujours torse nu. Bientôt l'averse se transforma en un déluge implacable, crépitant, et la côte disparut derrière un voile gris. Les mains des rameurs devinrent blanches et collantes, leurs cals durement gagnés se firent chair morte.

L'équipage aurait dû se lamenter de ses malheurs, mais — à ma vive surprise — tout le monde se réjouit. La pluie battante constituait un changement et ramer était si monotone que n'importe quelle diversion était la bienvenue. Les hommes se mirent à chanter : des refrains obscènes comme il fallait s'y attendre, mais aussi des chansons enfantines, des ballades et des airs à boire. Tim Readman sauta sur la passerelle centrale pour faire un numéro de cabaret sur les planches glissantes, suivi bientôt par Adam, médecin ami de Nick Hollis, qui s'était joint à nous près de Zonguldak. Vint ensuite le tour de Mark, qui sortit de son fourre-tout, pour son numéro, une chéchia turque. L'équipage chantait, riait et continuait de ramer.

Pendant les numéros de cabaret, le vent fraîchit et tourna plus à l'est. L'*Argo* avançait tout juste à un nœud sur l'eau, et par-dessus les visages joyeux de mes hommes, je pouvais constater que la petite galère dérivait peu à peu vers les rochers. Ce n'était pas une perspective réjouissante. L'eau était beaucoup trop profonde pour mouiller une ancre au large de cette côte fortifiée, et nous n'avions qu'une seule chance : trouver une anse, signalée par les cartes turques, qui creusait une faille dans la ligne hostile des falaises. Plus l'*Argo* se rapprochait de la côte, plus mon inquiétude augmentait. Le danger semblait imminent. L'équipage à présent se taisait, car l'effort constant, contrarié par le vent, commençait à saper les énergies.

Puis je vis quelque chose de blanc au pied d'une falaise, un petit point, qui devint bientôt un pilier de pierre de petite taille. Il se dressait sur une corniche rocheuse, d'un côté d'une coupure étroite dans la falaise. Sans ce pilier, qui attirait l'attention, j'aurais sûrement repéré l'entrée de l'anse trop tard. Cette étrange baie constituait un miracle de la géologie. A une époque lointaine, la mer avait dû user un point faible de la ligne des falaises, dans lesquelles elle avait grignoté une ouverture d'une trentaine de mètres de largeur. L'eau qui s'y était précipitée avait submergé un petit vallon derrière les falaises, pour former un bassin intérieur, presque isolé de la mer. Son unique entrée était la fente presque impossible à remarquer dans la paroi de la falaise.

— Attention ! Il y a un écueil au milieu du chenal ! cria soudain Ziya, alarmé.

Effectivement, une grosse vague arrondie roulait dans l'étroite entrée et se brisait au milieu en une masse d'écume. Les eaux se soulevaient exactement comme si elles déferlaient sur un écueil, mais ce ressac était dû en réalité à la rencontre des vagues réfléchies qui rebondissaient sur les falaises de chaque côté. Je mis l'*Argo* cap sur l'entrée et demandai aux hommes de souquer fort. Le bateau s'éleva sur le dos d'une vague, fila sur la houle, retomba en arrière et fut repris par la vague suivante. L'équipage ramait à fond pour que la galère avance à une vitesse me permettant de bien manœuvrer, sans la laisser dériver ni prendre la vague par le travers. Secoué comme par des montagnes russes, ses yeux farouches braqués droit devant, l'*Argo* s'engouffra dans la faille et nous entrâmes dans le port.

Cette anse constituait un monde à part. En moins de vingt mètres, l'*Argo* passa des vagues et de la houle au calme le plus plat. De la mer furieuse, au-dehors, il ne restait qu'un éventail d'écume, étalé à l'entrée. Les eaux du bassin intérieur étaient à peine troublées. Nous aurions pu nous croire dans une grande boule de verre. De tous les côtés, le sol s'élevait en pente si raide que l'anse, pour ainsi dire emmurée, était parfaitement protégée des éléments. Au-dehors, la mer Noire se déchaînait, et au-dessus de nos têtes, le vent du nord chassait un voile d'embruns qui tourbillonnait en contournant les pentes de la montagne. Mais à l'intérieur de la vallée noyée, la brise ébouriffait à peine les feuilles des arbres. C'était le refuge le plus parfait que la nature puisse concevoir. D'un côté de l'anse se trouvait un hameau de trois ou quatre masures ; du côté opposé, une seule maison toute en rez-de-chaussée avec une galerie, un petit hangar à bateaux, une minuscule bande de plage et une jetée bien entretenue, construite astucieusement entre plusieurs rochers submergés. Le propriétaire de la maisonnette avait dû apercevoir l'*Argo* qui sortait du mauvais temps, car il grimpait déjà dans une petite barque à rames pour venir à notre rencontre.

L'*Argo* glissa vers son coin du port, jeta l'ancre, et l'inconnu nous salua courtoisement et apporta à terre, pour nous, une ligne d'amarrage qu'il fixa à un rocher. La galère serait en parfaite sécurité dans l'anse de Gidéros, nous affirma-t-il. Au cours des pires tempêtes d'hiver, aucune houle, aucune vague ne pénétrait dans ce port secret. Il y vivait depuis vingt-cinq ans, et jamais le mauvais temps ne l'avait dérangé. Les pires bourrasques faisaient rage à moins de quatre cents mètres, mais c'était à peine si les plantes grimpantes de sa galerie frémissaient dans le vent. En été, caprice de la nature, pas un moustique ne l'importunait. Par beau temps, il gagnait sa vie en pêchant à l'extérieur de l'anse. Le reste de l'année, il s'occupait de son jardin. Il faisait pousser des légumes dans de minuscules champs taillés dans la pente raide derrière sa maison et soignait ses cerisiers. Aucun chemin n'arrivait chez lui, seulement une sente boueuse. Mais la route ne passait pas loin : il grimpait la pente raide et pouvait prendre l'autobus conduisant à la ville, située à huit kilomètres. Sa vie, comme l'anse elle-même, semblait idyllique.

L'entrée dans l'anse de Gideros

Les Grecs avaient donné à cette région de la côte le nom de Paphlagonie, et les indigènes avaient alors une réputation de guerriers farouches qui n'aimaient guère les étrangers et ne se privaient pas de les rejeter à la mer. Aujourd'hui encore, le massif demeure la région la plus reculée, la plus inaccessible de toute la côte turque de la mer Noire. Le terrain accidenté, les hautes montagnes si proches de la mer ont isolé le district du reste du pays. La première route côtière est encore en chantier, et les petites villes n'ont aucun arrière-pays naturel. Leur population dépend entièrement de l'exploitation forestière et de la pêche, ainsi que de rares cultures au pied des monts. Cidé, la ville la plus proche de l'anse de Gidéros, faisait vraiment triste, abandonnée. La plupart des jeunes étaient partis chercher du travail à Ankara, à Istamboul ou à l'étranger. Il ne restait que des vieux, vivant le plus souvent grâce à l'argent que leur envoyaient leurs enfants. Mais même à Cidé, malgré la pauvreté criante, le conseil municipal ne laissa pas passer les Argonautes sans leur offrir l'hospitalité. Le maire envoya un autobus nous chercher à l'anse, et nous grimpâmes le sentier glissant sous la pluie fine, pour nous faire conduire en ville où l'on nous offrit un repas, un bain au hammam et des lits pour la nuit.

A l'aurore, nous étions de retour sur nos bancs de nage trempés. La voile de l'*Argo* n'avait eu aucune chance de sécher au cours des journées précédentes, et des taches noires de moisissures commençaient à l'envahir, lui conférant un aspect crotté. L'équipage aussi se dégradait. Même la garde-robe immaculée de Dick Hill, notre beau Brummel, montrait les premiers signes de décadence, tandis que pour le reste d'entre nous, l'humidité et le manque d'espace donnaient à tous nos effets un côté naufragé en détresse... Tous nos vêtements étaient tachés de graisse de mouton venant des estropes des avirons. Nos chemises déchirées et sales n'avaient rien à envier à nos pantalons loqueteux après tant d'heures d'aviron. Nos gamelles étaient cabossées, et pas très propres elles non plus. Les cantines métalliques, dans le style militaire, qui semblaient si nettes au début du voyage, s'étaient bosselées et la peinture s'écaillait. Nous buvions dans toutes sortes de tasses de plastique crasseux et de bols de métal répugnants. Tout ce qui glissait accidentellement dans la cale devait être condamné et jeté par-dessus bord, car il était impossible de chasser l'odeur infecte de l'eau noire, vaseuse, des fonds du bateau. L'équipage veillait avec un soin particulier sur les livres et les revues, passées de main en main, mais l'humidité avait fait gonfler leurs pages. Jonathan avait marché sur ses lunettes de vue, ce qui lui donnait un air fort étrange : un verre complètement étoilé était opaque, avec une fêlure en plein milieu ; on l'aurait vraiment pris pour un borgne.

Pendant quatre jours encore, nous longeâmes péniblement une côte sombre, percée ici et là par les gorges des cours d'eau. Les caps se succédaient, apparaissaient puis glissaient derrière nous avec une lenteur désespérante. Au cap Carambis, selon Apollonios, le vent du nord se divisait : une partie se détournait vers l'ouest et l'autre vers l'est. Les Argonautes modernes espéraient sincèrement qu'il en serait ainsi, car nous aurions alors, au-delà du cap, le vent en poupe. L'équipage commençait à se ressentir de ses efforts répétés. Peter Wheeler et Peter Warren semblaient imbattables — ils avaient apparemment assez d'énergie pour ramer à perpétuité. Mark Richards, le maître de nage, possédait un tel cran qu'il souquait toujours au maximum de sa puissance mais, malgré ses couches superposées de muscles, il finissait souvent la journée au bord de l'effondrement physique, totalement vidé par l'effort que représentent six ou sept heures d'aviron, entrecoupées de pauses très brèves. Nos deux colosses — Jonathan et Cormac — possédaient le poids et la force qui leur permettaient de maintenir la pression. Mais à divers degrés, tous les hommes commençaient à montrer des signes de fatigue : traits tirés, regards enfoncés, douleurs dans le dos, plaies aux coudes et sur les fesses, peau qui pelait par plaques...

Chaque homme à bord aurait été capable de diriger l'équipe, de ramer en première position et d'adapter la cadence de nage aux conditions changeantes. Par temps calme, les coups d'aviron longs s'avéraient efficaces, mais dès que la mer s'agitait, seuls des coups plus courts (et plus fatigants) permettaient de contrôler l'*Argo*, qui roulait et tanguait. Chaque aviron avait pris des caractéristiques particulières. Nous savions tous lequel était raide, ou bien trop lourd, ou légèrement vrillé. D'autres semblaient trop légers et flexibles. Les meilleurs possédaient le degré exact de souplesse et de ressort, et aux changements de banc, après les pauses, chacun attendait avec espoir l'occasion de tomber sur une bonne pale.

Maintenir le bateau horizontal devint une obsession. Après presque deux mois au banc de nage, l'équipage était aussi sensible au changement d'assiette qu'un niveau à bulle. Si l'*Argo* gîtait d'à peine un demi-degré, les galériens du côté le plus haut avaient deux fois plus de mal à toucher l'eau avec leurs pales. On entendait alors le cri :

— Ça gîte !

Et tous les hommes de repos couraient d'un côté du bateau à l'autre pour rétablir l'équilibre avec leur poids. Parfois la couture d'une estrope, détrempée par l'eau, claquait au milieu d'un coup d'aviron et le malheureux rameur se trouvait catapulté vers l'arrière, de son banc dans les fonds. Quand cela se produisait, personne ne riait. Les Argonautes, trop fatigués, avaient vu l'accident survenir trop souvent. Apollonios a très bien décrit leur effort :

> Ils peinaient sur l'infatigable aviron. Ils travaillaient comme des bœufs labourant la terre humide. La sueur coule de leur flanc et de leur cou ; leurs yeux ronds fixent le vide, exorbités, sous le joug ; des bouffées d'air brûlant jaillissent en grondant de leurs naseaux, et toute la journée ils peinent, les sabots enfoncés dans le sol. De même, l'équipage de l'*Argo* laboura l'eau salée avec les avirons pendant la nuit entière.

Au large du cap Carambis, le vent nous donna vraiment l'impression qu'il allait tourner en notre faveur, comme l'annonçait Apollonios, mais le temps me parut bien trompeur. Nous croisâmes le cap à belle allure, toute voile dehors sous une forte brise tombant d'un ciel bas qui lançait du crachin, puis deux coups de vent soudain fouettèrent de l'embrun pardessus tout le bateau et je décidai que la prudence demeure la mère de la sûreté. Les nouveaux Argonautes étaient d'excellents rameurs, mais leur compétence à la voile par gros temps n'avait pas encore été mise à l'épreuve. Jusque-là, presque les trois-quarts de la durée du voyage s'étaient passés sous les avirons, sans utiliser la voile. La moitié de l'équipage — tous les Turcs et plusieurs Argonautes de la première heure — n'avait pour ainsi dire aucune expérience des manœuvres sur un bateau non ponté par gros temps. Après tout, l'*Argo* était très vulnérable sous des conditions atmosphériques contraires.

Entre les mains d'un équipage inexpérimenté ou fatigué, il pouvait avoir des ennuis très vite. Une vague déferlante risquait de l'emplir d'eau. Il n'avait pas de pont pour renvoyer à la mer les paquets d'eau embarqués, et le mouvement de l'eau en liberté par les fonds à chaque coup de roulis le rendrait dangereusement instable. Et s'il était masqué, pris vent dessus, la voile se remplirait du mauvais côté et forcerait contre le mât ; il faudrait alors penser très vite et agir habilement pour empêcher la galère de chavirer, si le mât ne se brisait pas assez tôt pour réduire la violence du choc. Par forte brise, une vague traîtresse pouvait nous faire perdre notre assiette, et il faudrait que l'équipage déplace son propre poids sur-le-champ pour rétablir l'aplomb. Après dix ou douze heures d'aviron, les hommes étaient beaucoup trop épuisés pour réagir avec la promptitude nécessaire. Tout bien pesé, je jugeai préférable de ne pas prendre de risque, et d'accoster chaque soir. Je tenais absolument à éviter à l'*Argo* le choc d'un mauvais grain ou d'une tornade soudaine, dans le noir, avec un équipage exténué dont plusieurs membres seraient sans doute terrassés par le mal de mer.

Ma prudence redoubla après le 29 juin, quand le plus expérimenté des marins à bord, Trondur Patursson dut nous quitter pour retourner chez lui, dans les Féroé. Quelle tristesse de le voir partir ! Il allait manquer la dernière partie du voyage, probablement la plus passionnante. Mais il ne pouvait rester plus longtemps. Il passa les dernières heures à préparer ses esquisses, à bord ou bien depuis le canot pneumatique. Le jour de son départ, le vent contraire rendit l'atmosphère encore plus déprimante. Nous quittâmes le petit port d'Abana à cinq heures du matin et, pendant plus de six heures, à la rame et à la voile, en tirant des bords, j'essayai de gagner du terrain. En fin de compte, je dus admettre la défaite, virer de bord et retourner au port — un effroyable gâchis d'énergie.

Puis, comme c'est si souvent le cas au cours d'un long voyage, au plus mauvais jour succéda l'un des meilleurs. De nouveau levés au petit jour, nous sortîmes du port d'Abana à la rame. Cette fois, le calme dura toute la matinée, et dans l'après-midi une brise douce se leva de l'ouest et nous pûmes mettre à la voile. Cormac lança une ligne à la mer et attrapa plusieurs roussettes charnues qui suffirent au dîner de tout l'équipage. Au coucher du soleil, la brise n'avait pas varié et le temps paraissait si sûr que je décidai de courir le risque d'une navigation nocturne. L'équipage me paraissait bien reposé et parfaitement détendu. Deux des Turcs, Mustafa et Umur, jouaient aux échecs ; un lecteur de cassettes lançait une musique classique douce ; le reste de l'équipage lisait ou bavardait. Nous avions dépassé le dernier port sûr et rebrousser chemin semblait vraiment dommage. Pour nous récompenser, ce vent envoyé par les dieux souffla tout au long de la nuit, sous un ciel plein d'étoiles pour nous diriger, et l'*Argo* courut à trois ou quatre nœuds, sous la surveillance des hommes de quart. Chaque quart comprenait quatre hommes : deux d'entre eux, le chef de quart et son second, avaient une bonne expérience de la voile ; les autres étaient des novices mais devaient prendre la barre à tour de rôle pour apprendre à diriger une galère à voile carrée. Ce n'était pas si facile. A la moindre erreur, le vent passait du mauvais côté de la voile : les autres membres du quart devaient alors sortir les avirons et tourner l'*Argo* à la rame pour le remettre dans la bonne direction...

A l'aube, nous avons dépassé Ince Burnu, le cap le plus septentrional de la côte turque, à l'endroit où la mer Noire est le moins large : nous n'étions qu'à cent soixante milles nautiques de la côte de Crimée — à l'est du méridien qui passe par Suez. Au milieu d'une houle qui roulait du nord, nous longeâmes le pied de falaises calcaires creusées de centaines de grottes, sans une seule habitation — si l'on excepte le phare solitaire sur le cap, qui marquait ce point crucial de notre voyage. Pete le coq nous servit pour le petit déjeuner des œufs brouillés, des pastèques et du pain. Enfin, le promontoire aplati de Sinope, destination de notre journée, apparut à l'horizon. Nous avions merveilleusement navigué : l'*Argo* avalait les milles en grand style. Le vent soufflait en rafales et les vagues prenaient de la hauteur : elles jaillissaient des profondeurs, fortes de l'énergie amassée sur leur long trajet depuis l'Ukraine. Toujours prudent, je mis le cap de façon à éviter la presqu'île de Sinope d'une très grande marge, l'étrave braquée très au large de l'endroit où la houle se brisait contre les rochers. C'était une précaution excessive, et pourtant je ne pus que m'en féliciter dans les heures qui suivirent.

Une énorme vague prit l'*Argo*. Il bondit sur la crête et glissa sur le côté opposé, puis nous entendîmes un craquement effrayant. Le gouvernail de bâbord s'était cassé. Le montant de l'aviron, une pièce de bois de première qualité, choisie spécialement, d'une section de 7,5 par 18 cm, s'était brisé à l'endroit où il était assemblé à la pale, qui pendait sur le côté, inutile, retenue uniquement par quelques fibres de bois. Le gouvernail avait dû souffrir quand nous avions raclé les rochers dans la mer de Marmara ; mais peut-être était-ce seulement la violence d'une vague exceptionnelle. Quelle que fût la raison de l'accident, l'*Argo* avait perdu la moitié de son pouvoir de gouverne.

Au début, la situation ne me parut pas trop grave. L'*Argo* naviguait encore sous vent arrière, et le gouvernail qui restait à tribord semblait capable de le maintenir sur son cap, au large du promontoire battu par la houle. J'avais de grandes chances de modifier suffisamment le cours naturel de la galère pour lui faire éviter les rochers menaçants. L'horreur qui s'était peinte sur les traits de plusieurs membres de l'équipage, à l'instant du craquement, fit place à des expressions de curiosité : qu'allait-il se passer maintenant ? Peter Wheeler, le charpentier du bateau, vint à l'arrière examiner — stoïquement — les fragments brisés de l'aviron. Calme à son habitude, Peter secoua simplement la tête, remonta les morceaux à bord et les amarra avec un cordage.

— Je réparerai les dégâts à Sinope, me dit-il, rassurant.

L'*Argo* continua d'avancer. Il doubla la première pointe de la presqu'île, puis je poussai la barre de tribord pour virer sur la droite et passer au ras de la côte dans un chenal entre les rochers et un petit îlot déchiqueté. Je désirais foncer vent arrière dans le chenal, puis contourner la deuxième pointe pour me trouver à l'abri du vent, qui ricochait sur les rochers. La manœuvre paraissait assez simple. Il suffisait d'avoir les nerfs solides et de ne pas rater le bon moment, car je savais qu'il était essentiel de virer à l'abri le plus tôt possible. Si nous nous trouvions entraînés au-delà du promontoire de Sinope avec un seul gouvernail, nous aurions à coup sûr des ennuis. Notre galère de l'Âge du Bronze ne pourrait jamais virer de bord et remonter un fort vent debout si nous dépassions notre but. Et si nous ne nous réfugions pas à Sinope, nous serions emportés dans la baie de Bafra, golfe de cinquante milles de large. Or à l'autre bout de ce golfe se trouve la pointe de Bafra, delta bas et plat que poussent vers la mer les alluvions du Kizil Irmak, un des grands fleuves de Turquie. Cette côte inhospitalière, sans un seul port digne de ce nom, est bordée par des hauts fonds et des bancs de sable changeant constamment de position. Le premier port au-delà, Samsun, se trouve à presque cent milles nautiques de Sinope, donc beaucoup trop loin pour tenter la traversée avec un bateau accidenté.

Mais lorsque je tirai sur la barre de tribord pour faire virer l'*Argo* à l'abri du promontoire, je reçus une leçon salutaire et effrayante sur la façon dont manœuvre une galère. Pendant quelques secondes, tout se passa bien : l'*Argo* tourna gentiment. Puis, au-delà d'un certain angle critique, la voile carrée gonflée à craquer prit possession du bateau : l'*Argo* se libéra de moi. La voile avait plus de puissance que mon gouvernail unique, et l'arc de cercle progressif que je désirais tracer se transforma en un dérapage violent sur la droite. Au lieu de se diriger vers l'espace entre les rochers et l'îlot, l'*Argo* fonça droit sur les écueils. Le gouvernail unique ballotta dans ma main, impuissant. De sa propre volonté l'*Argo* se stabilisa sous le vent, se cabra et se mit à prendre de la vitesse vers les rochers fatals. J'eus l'impression que ressent un skieur novice qui, au moment où il veut tourner doucement sur une pente, s'aperçoit soudain que ses skis décident de l'entraîner vers le bord du gouffre.

— Lâchez la vergue à tribord ! Tirez la vergue à bâbord ! Du mou à l'écoute de tribord ! Halez la grande écoute de bâbord !

J'essayais de faire tourner la voile pour remettre l'*Argo* sur le bon cap. Sans succès. Le bélier se comportait à présent comme un gouvernail avant ; il plongeait dans l'eau et dirigeait la galère au suicide. La voile gonflée constituait une menace. Sans ses deux gouvernails pour le maîtriser, l'*Argo* était aussi sauvage qu'un cheval de rodéo.

— Carguez la voile !

Tim Readman avait le chic pour se trouver toujours où il fallait en cas d'urgence. Il monta avec Peter Wheeler sur la passerelle de poupe et saisit les cordages permettant de carguer la voile sur la vergue.

— Tout le monde aux bancs de nage ! Pales dehors ! Bordée de tribord, nagez ! Bordée de bâbord, pales en arrière, et tenez bon !

Les hommes de tribord se mirent à ramer de toutes leurs forces vers l'avant tandis que leurs camarades de bâbord plongeaient leurs pales dans l'eau et poussaient vers la poupe pour servir de frein. Il fallait tourner le bateau sur son axe, mais la force combinée de quatorze rameurs n'y suffit pas. L'*Argo* continua sur son erre, poussé vers les rochers par le vent. Nous n'étions plus qu'à cinquante mètres des brisants. Il fallait d'une manière ou d'une autre faire pivoter le bateau sous le vent — et très vite. Sur un yacht moderne, une trinquette ou un foc auraient fait l'affaire. Mais l'*Argo* n'avait qu'une seule voile carrée. Un foc !... Un foc provisoire...

— Vite ! Sortez la bâche de l'avant et hissez-la à l'étai avant du mât comme une voile.

Tim Readman et Pete le cuisinier se précipitèrent vers l'endroit où l'on rangeait les bâches, dans un sac à voile. Ils tirèrent sur la ficelle et sortirent le petit triangle de toile qui abritait normalement le pont avant de la pluie.

— Vite !

L'*Argo* accidenté continuait de dériver vers les rochers malgré tous les efforts des rameurs. Les hommes qui essayaient de freiner le bateau étaient aplatis par la pression des avirons ; penchés en arrière et accrochés d'une main au bastingage pour éviter de tomber sous les bancs de nage.

Tim et Pete coururent sur la passerelle centrale avec le triangle de toile. Le Grand Cormac retira son aviron pour les aider. Il fit monter Tim sur ses épaules, pour que celui-ci puisse fixer un coin de la bâche assez haut sur le hauban avant du mât. Il n'y avait guère le temps d'installer des écoutes de contrôle, et Pete le coq maintint un coin de notre voile de fortune pendant que Peter Warren se suspendait au troisième. Le petit bout de toile claqua dans le vent, puis se gonfla. Je sentis très bien la traction de la mini-voile sur l'étrave, qui obligeait l'*Argo* à se redresser. Lentement, le bélier de la galère se remit sur le bon cap et l'*Argo* fila dans la direction qu'il fallait.

Cinq minutes plus tard, je décidai d'essayer tout de même de nouveau la grand-voile, mais dès qu'elle s'emplit de vent, l'*Argo* vira de nouveau vers les rochers. Cette fois nous étions prêts : la bâche-foc improvisée reprit sa place et l'*Argo* fit la révérence au secteur dangereux. Ainsi, cahin-caha, la galère privée de son gouvernail de bâbord zigzagua entre les rochers. Tantôt les rameurs de bâbord enfonçaient leurs pales pour servir de gouvernail ; tantôt la bordée de tribord ramait pour nous faire avancer. Sur le pont avant, les trois Peter et Tim Readman tournaient et retournaient la bâche pour attraper le vent et orienter l'étrave de la galère, tandis que le gouvernail restant ballottait entre mes mains, sans effet. Nous longeâmes bientôt l'îlot rocheux. Si tout allait bien, nous sortirions vite du passage difficile. Je regardai la carte marine. Avec le vent de tempête qui le poussait, l'*Argo* risquait d'être entraîné dans l'immense étendue du golfe de Bafra.

— Nous avons une chance de trouver un peu d'abri juste après la pointe, criai-je à l'équipage crispé. Mais à l'instant même où nous arriverons à la fin des rochers, il faudra souquer comme des diables pour essayer de nous glisser contre la terre et échapper au vent. Préparez-vous, et à mon ordre, allez-y !

Je fis obliquer l'*Argo* vers les rochers, aussi près que je l'osai. Au moment où nous dépassâmes la dernière pointe je hurlai :

— Souquez ! Souquez !

Et je fis tourner le nez de l'*Argo* vers tribord. L'équipage se mit à tirer sur les rames avec l'énergie du désespoir, comme dans les pires moments du Bosphore. La galère prit juste assez de vitesse pour surmonter la force du vent qui s'engouffrait le long de la côte.

A mon vif soulagement, le petit coin d'eau calme que j'espérais existait. Pas plus de trente mètres sur vingt ! Un petit bateau de pêche s'y trouvait déjà à l'ancre, pour éviter les bourrasques. L'*Argo* se glissa dans ce refuge et Cormac lança l'ancre par-dessus bord. Pendant un instant, l'ancre refusa de s'accrocher, et l'*Argo* se mit à dériver vers les rochers à pic. Elle arriva si près que Peter Wheeler se saisit d'un espar pour repousser la galère. Les rameurs écartèrent le bateau juste à temps. Cormac enduisit de beurre un des contrepoids de plomb des avirons, et le fixa au bout d'une ligne pour sonder le fond : sable ou rocher. Quand le plomb remonta avec des grains de sable collés au beurre, il jeta de nouveau l'ancre, et cette fois elle tint bon.

Peter Wheeler se mit aussitôt à réparer le gouvernail accidenté. Il pirata deux des planches du cuisinier pour s'en servir d'attelles. Il perça une série de trous dans la hampe du gouvernail brisé et enfonça des chevilles de bois pour maintenir les attelles en place. L'assemblage de fortune fut ensuite renforcé par des cordages. Il était encore en train de procéder à cette réparation temporaire, mais suffisante pour nous permettre d'entrer tant bien que mal à Sinope, quand parut au bout du promontoire un grand bateau de pêche peuplé de Turcs en train d'applaudir et de lancer des vivats. Sinope célébrait la fin des fêtes religieuses du Ramadan par des régates. L'*Argo* n'aurait pas pu arriver à un meilleur moment. « Pouvez-vous entrer dans le port dès que le vent se calmera ? » nous crièrent les pêcheurs. Puis ils déployèrent une grande banderole avec une faute d'orthographe vénielle : SINOP WELLCOMES THE ARGONAUTS.

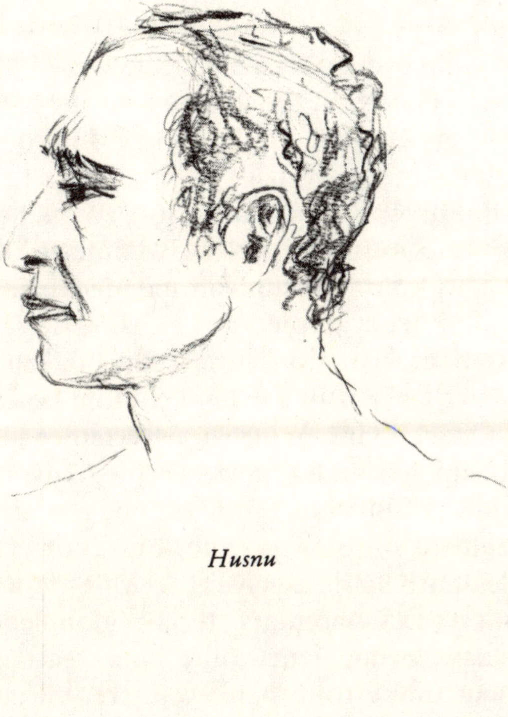

Husnu

8
Gülé ! Gülé !

Si Jason et les Argonautes ont effectué leur voyage en mer Noire vers le milieu du treizième siècle av. J.-C., comme le suggèrent nos recherches, quel genre de population ont-ils rencontré le long des côtes d'Anatolie ? Le conservateur du musée de Sinope me conduisit sur les vestiges d'un village comme ceux qui prospéraient sans doute en ces lieux quand les Argonautes sont passés. Le site, au sommet d'une colline en pente raide à cinq kilomètres de Sinope, dominait la vaste baie et les terres vallonnées, au pied de la chaîne de montagnes qui sépare efficacement la région côtière du plateau intérieur. A l'Âge du Bronze, les maisons étaient tout en bois, matériau de construction naturel dans une région fortement boisée. Leurs occupants fabriquaient une poterie simple, ainsi que des outils de bronze et d'os. On avait l'impression, me dit le conservateur, d'une culture simple, robuste, qui avait établi des liens étroits avec les autres tribus vivant le long de la côte, à l'est comme à l'ouest. Les habitants de la région, connus sous le nom de Kaskas, occupaient toute une section de ce qui constitue en fait une étroite bande côtière, véritable corridor s'étendant du Bosphore à l'ouest au Caucase à l'est. Ils avaient plus de contacts avec les autres habitants de la côte qu'avec les populations du plateau, à l'intérieur des terres. Après avoir franchi les Roches Cyanées, les Argonautes étaient entrés dans ce corridor, qui les conduirait naturellement jusqu'en Colchide, le pays de la Toison d'Or

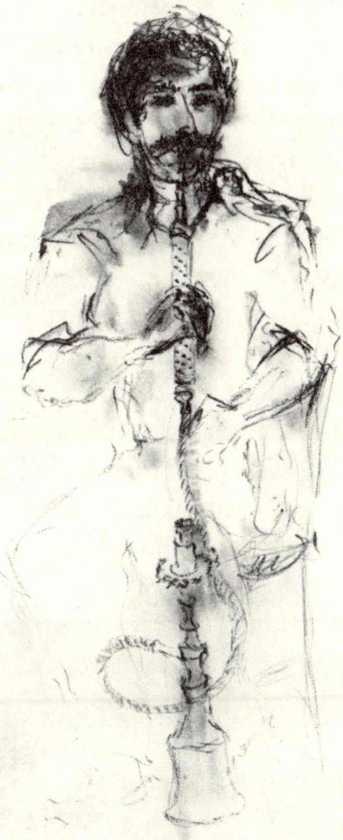

Les Kaskas sont un peuple mystérieux. Ils apparaissent vers 1600 av. J.-C. dans les documents hittites, et l'on a de bonnes raisons de croire que les souverains hittites établirent une sorte de route commerciale de leur capitale Bogazkoy, dans le centre-nord de l'Anatolie, jusqu'à la côte de la mer Noire en territoire kaska. Les historiens commencent seulement à apprécier l'importance de cette route commerciale, car ils s'intéressaient davantage aux contacts des Hittites vers le sud, avec la Méditerranée, mais un simple regard à la carte montre que pour les Hittites l'accès à la mer le plus proche se trouvait au nord — la mer Noire —, ce qui n'est pas sans intérêt par rapport à la légende des Argonautes. Une douzaine d'amphores d'origine mycénienne viennent d'être mises à jour dans les ruines noircies par un incendie d'un petit palais hittite de Masat, dans le centre-nord de l'Anatolie. La trouvaille souleva l'enthousiasme des archéologues, car ces amphores, destinées au transport de l'huile, sont les premiers objets indiscutablement mycéniens découverts au cœur du pays hittite. Paradoxalement, ces amphores datent d'une époque où l'empire hittite se dégradait et où les routes terrestres devenaient peu sûres. En revanche, cette trouvaille semble concorder avec l'époque supposée de la légende de Jason, et il est fort possible qu'elle soit la preuve d'un contact établi par voie de mer, via le Bosphore, entre les Mycéniens d'une part, et de l'autre les Hittites, les Kaskas et les diverses populations des rivages de la mer Noire. Si c'est bien le cas, l'histoire de Jason symboliserait la première pénétration grecque dans le Pont-Euxin...

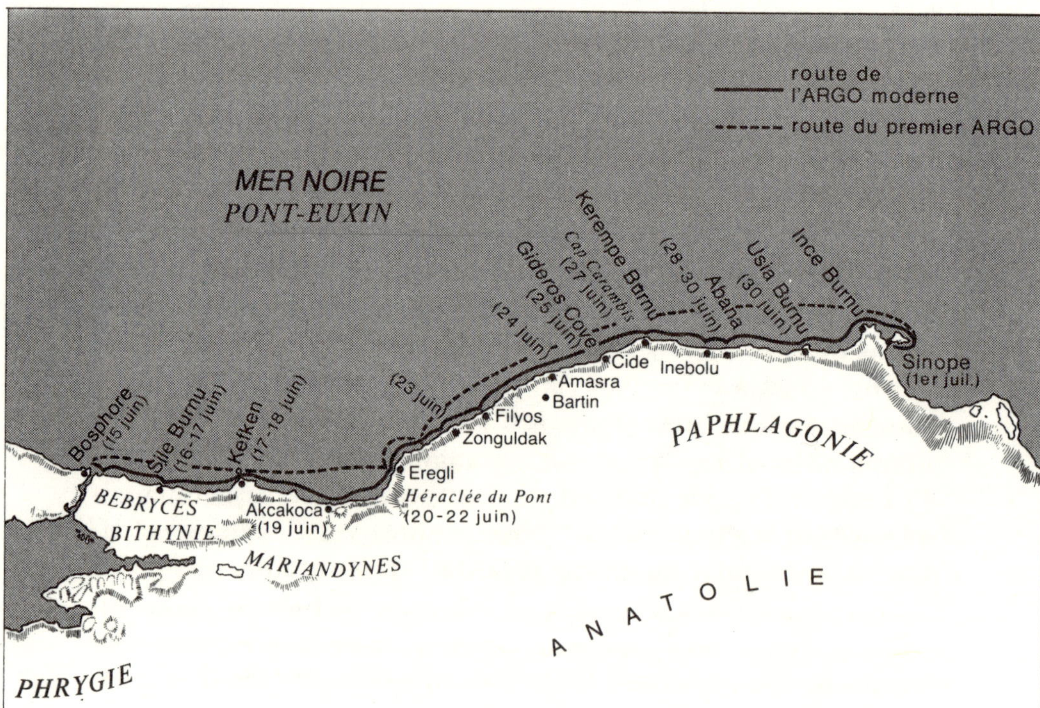

Boum ! Boum ! Bada ! Boum ! Nous pouvions entendre clairement chaque battement du tambour sur l'eau. Le tambourinaire était un personnage bizarre — nu hormis une paire de caleçons blancs, il s'avançait à grands pas sur la jetée de Sinope, les yeux fixés droit devant lui, et battait son tambour. Il ne lança pas un seul coup d'œil dans notre direction, bien que de toute évidence il fût venu pour nous souhaiter bon voyage. Il avait bien soixante ans. Des mois et des mois de quasi-nudité avaient tanné sa peau en un bel acajou. Sur ses talons trottinait un petit fox-terrier noir et blanc, avec une grosse tache noire sur un œil, ressemblant trait pour trait au chien d'une bande dessinée célèbre. L'animal ne regardait ni à gauche ni à droite lui non plus, mais trottait avec le nez vissé à quelques centimètres des talons nus de son maître. Sur la jetée, personne d'autre. Uniquement ce fakir excentrique qui battait un rythme dément pour les coups d'aviron qui nous entraînaient de nouveau dans la mer Noire.

Sans raison, cette silhouette raide qui défilait, le battement insistant du tambour et le petit terrier frétillant qui suivait le mouvement, pareil au fétiche d'un sorcier, me mirent mal à l'aise. Peter Wheeler avait fait un excellent travail sur l'aviron-gouvernail. Il avait trouvé un atelier de charpentier pour réparer et renforcer la pièce de bois brisée, qui avait repris sa place sous la barre perpendiculaire. L'équipage avait rendu visite au hammam de la ville, à l'invitation du maire, et nous avions nettoyé l'*Argo*. Pourquoi donc éprouvais-je un pressentiment étrange ? Le ciel était clair, une brise douce nous poussait, et sur notre gauche, la masse de la presqu'île de Sinope nous offrait un abri d'eau calme pour ramer. Seul sujet d'irritation, la brise du soir qui nous entraînait vers le milieu de la baie semblait capricieuse. Je me proposais de traverser la baie pour éviter les dangers de la pointe de Bafra le lendemain dans la soirée, quand nous aurions encore assez de lumière pour voir où nous passions. J'espérais que le vent tiendrait et que l'équipage n'aurait pas besoin de ramer jusqu'à l'aurore pour contourner la pointe. Si nous avions su ce qui allait nous arriver pendant les cinq jours suivants, aucun de nous n'aurait rechigné à ramer — car nous allions avoir notre baptême de gros temps dans une galère de l'Âge du Bronze.

A minuit, le vent tourna à l'est — la pire direction possible. Pour éviter d'être drossé contre les rochers de Sinope dans le noir, je mis le cap au nord, vers le large, afin de me réserver une marge de manœuvre. La brise forcit. Pas de changement brusque, rien de spectaculaire, mais une augmentation constante de puissance et de vitesse. Comme le vent soufflait plus fort, la mer commença à s'agiter, les crêtes des vagues à se briser. Puis la triple vague décrite par les pêcheurs arriva : à intervalles irréguliers, des groupes de trois vagues rapprochées,

très sèches, plus hautes que les autres. Elles roulaient sur l'*Argo* et chaque fois la galère faisait une violente embardée. Pendant quelque temps, l'équipage essaya de ramer, tandis que je manœuvrais au mieux pour m'écarter de la côte dangereuse. Bientôt, il fut totalement impossible de tenir les avirons. Le bateau était beaucoup trop instable. Aucune pale ne pouvait prendre appui sur la surface de la mer. Les hommes glissaient sur les bancs de nage éclaboussés d'embruns, lançaient des jurons, rataient leur coup de rame puis renonçaient. J'ordonnai de rentrer les avirons le plus possible à bord et de coincer les manches sous les bancs pour que les pales, dirigées vers le haut, soient le plus loin possible des vagues. Ce n'était pas une simple

L'Argo *par gros temps*

question de confort. Je craignais qu'une série d'avirons pris par une vague déferlante n'agisse comme levier et ne fasse chavirer le bateau.

A deux heures du matin, le fin croissant de la nouvelle lune éclaira l'étendue de la détresse de l'*Argo*. La galère roulait de bord sur bord à vous donner le mal de mer. Parfois le roulis devenait si violent que les pales des avirons, malgré leur angle vers le haut, disparaissaient sous l'eau pour émerger au milieu des remous. Les tolets grinçaient et la secousse se répercutait sur toute la longueur du bateau. De temps à autre, une vague plus haute passait par-dessus la poupe et nous embarquions des paquets de mer. Il fallait alors écoper toute l'eau de la cale.

Il était grand temps d'améliorer notre tactique défensive contre la mer, et d'essayer de traverser le gros temps en courant le moindre risque. C'était le moment de la vérité pour les calculs de Colin Mudie, l'architecte de l'*Argo*, et pour les qualités nautiques d'un vaisseau de l'Âge du Bronze. Nous ne savions pas si la galère tiendrait bon, ni si le temps n'allait pas se dégrader davantage. Les premiers textes grecs ne cessent de parler de galères naufragées par les tempêtes, et de pertes énormes subies par des flottes drossées sur les rochers à la suite d'imprévisibles coups de tabac : les hommes mouraient alors par milliers. Je décidai que tant que l'*Argo* pourrait porter de la toile, nous continuerions de nous diriger vers le large. Nous abaissâmes la vergue d'un bon mètre le long du mât et établîmes la voile sans la tendre, de sorte que le vent glisse hors de la toile sans lui transmettre sa force. Après quelques essais, je trouvai la position naturelle de l'*Argo*, de biais par rapport à la vague. Il se soulevait et retombait quand la vague le dépassait et faisait une embardée sur le côté chaque fois que la crête glissait sous la quille. Comme celle-ci n'avait que soixante centimètres de tirant d'eau, elle offrait très peu de prise à l'eau. En fait, l'*Argo* n'était qu'un canot à rames long et étroit perdu en mer par gros temps, et il appartenait à son équipage de lui donner sa meilleure chance de survie. Pour empêcher le bateau de prendre trop de gîte, l'équipage s'allongea sur les bancs de nage, le plus bas possible et la tête — partie la plus lourde du corps — contre les plats-bords du côté d'où venait le vent. Cette position n'était pas confortable, car chaque fois que nous embarquions un paquet de mer, l'eau inondait la tête des hommes et se faufilait dans leur cou.

A l'aurore, le contour du promontoire de Sinope était à peine visible, très bas sur l'horizon. Nous étions emportés de plus en plus loin vers le large et la côte ne tarderait pas à disparaître. Il y avait une station radio sur le cap, et j'essayai de l'appeler avec mon talkie-walkie pour demander les prévisions météorologiques et signaler notre position. Mais le petit appareil manquait de puissance. Je n'obtins aucune réponse. Je pris sous la passerelle centrale la radio de détresse, du genre bateau de sauvetage, j'installai son antenne et je fis un nouvel essai. Sans plus de succès. En mer Noire, il y a très peu de postes d'écoute sur les bateaux ou les stations de la côte. Je repliai l'antenne et rangeai l'appareil. Il ne nous restait plus qu'à nous dépatouiller nous-mêmes.

Toute la matinée, l'*Argo* continua vers le large. Le cap disparut et nous fûmes entourés, à perte de vue, par une immense étendue de vagues sinistres qui se brisaient sous un ciel de plomb. Aucun bateau, car l'*Argo* avait quitté depuis longtemps la route que prennent les quelques caboteurs qui contournent le cap. Nous étions vraiment seuls, pris au piège de la situation classique qu'ont redoutée tous les galériens depuis l'aube de la navigation : à la dérive sur un bateau non ponté, archiplein d'hommes qui ne tarderaient pas à s'épuiser et à perdre leur moral si les conditions atmosphériques ne s'amélioraient pas ; trop faibles et impuissants en face d'un gros temps qui nous imposait un cap ; sans la moindre chance de revenir à terre tant que le vent ne s'apaiserait pas — sauf s'il tournait en faveur de la galère... Jamais les nouveaux Argonautes ne se trouvèrent aussi près des conditions de navigation du premier *Argo*.

L'épreuve continua toute la journée et toute la nuit.

> Une autre nuit de chien, dit mon journal de bord, rédigé trente-six heures plus tard. Passée avec une mer aussi dure. Le bateau, sous voile réduite, peine sur les vagues couronnées de blanc. Tous les Turcs, terrassés par le mal de mer, incapables de manger, se recroquevillent dans leurs couvertures sur les bancs, pareils à des cadavres. Ali essaie de manger du pain sec pour arrêter ses vomissements, mais Umur et Yuksel, complètement prostrés, refusent toute nourriture. De temps en temps, nous embarquons une vague par l'arrière, ou bien une vague plus courte se précipite contre le flanc du bateau, éclate en embruns qui fouettent les hommes endormis sur les bancs de nage. Si la vague est plus forte, l'eau se glisse dans leur cou et dans leur sac de couchage. (...) Les saucisses chaudes en conserve que nous avons mangées hier soir avaient mauvais goût — même Peter Wheeler les a vomies. Je crois qu'elles s'étaient gâtées dans leur boîte, mais comment préparer un repas plus substantiel dans des conditions pareilles ? Le seul moment de gaieté fut quand Pete le coq tendit à chaque homme une tranche de pastèque — un délice. Nous devons surveiller la consommation d'eau. J'ai seize hommes à bord et nos réserves sont limitées.

Parmi l'équipage, les réactions étaient très différentes. Certains comme les pauvres Yuksel et Umur, complètement abattus par leur mal de mer, avaient cessé de s'intéresser à ce qui se passait. Ils demeurèrent morts au monde pendant presque deux jours, avec des couvertures trempées sur leur tête. Pendant que la galère tanguait et embardait, ils gisaient, inertes, au milieu du matériel. Si l'*Argo* avait chaviré, ils auraient eu très peu de chances de survie. La plupart des autres membres de l'équipage, flegmatiques, restaient allongés dans leurs sacs de couchage ou pelotonnés dans leurs cirés. De temps en temps, une vague plus mauvaise les arrosait. La seule distraction consistait à ramper jusqu'au plat-bord pour regarder la succession ininterrompue des vagues qui se jetaient sur l'*Argo* — et se demander laquelle, en fonction de sa taille et de son angle, toucherait le bordage juste sous votre nez (ou dessous).

Neuf fois sur dix, l'*Argo* parvenait à son point critique de stabilité et penchait sur le côté : la crête de la vague remontait le long de la coque vers le plat-bord, de plus en plus près du bord de la planche puis, à dix ou douze centimètres, la galère semblait frissonner, se redressait, et le haut de la vague glissait au-dessous de nous. Sans cesse, l'*Argo* frétillait ainsi sur les vagues et n'embarquait des paquets d'eau qu'occasionnellement.

Un ou deux membres de l'équipage commençaient à paraître vraiment au désespoir. C'était l'attente qui sapait leur moral. Les heures se succédaient et l'*Argo* continuait d'embarquer et de rouler, menacé par chaque vague. Aucun marin d'occasion ne pouvait comprendre que notre seul espoir était de nous soumettre passivement à la mer en faisant confiance à la conception de notre galère. Mais la meilleure solution consistait de toute évidence à économiser nos forces et à attendre la fin du mauvais temps. Seulement alors, nous pourrions songer à revenir à terre. Entre-temps, la sécurité nous imposait de rester le plus loin possible des côtes et d'aider l'*Argo* à braver la houle par le travers. Nous avions également l'option de tourner le dos au vent et de courir sur les vagues en espérant que la belle poupe recourbée de la galère s'éléverait au-dessus de la houle, mais comment savoir si, dans cette position, le bélier de l'étrave ne nous ferait pas des ennuis ? Il risquait de s'enfoncer dans l'eau, d'entraîner l'étrave sur le côté et de faire chavirer la galère par le travers. Le comportement de l'*Argo* par gros temps demeurait un mystère. Personne d'entre nous ne savait comment la galère réagirait, et chacun ne pouvait en juger que dans les limites de ses propres connaissances. Ceux qui vivaient leur première tempête en bateau non ponté furent naturellement les premiers à s'inquiéter ; ceux qui possédaient davantage d'expérience avaient un seuil de crainte plus élevé.

Vers trois heures du matin, le deuxième jour, le vent commença enfin à se calmer, et à l'aurore la houle ne menaçait plus l'*Argo*. « Trente-six heures de gros temps dans un bateau non ponté avec un équipage nombreux : amplement suffisant, dit mon journal de bord. J'espère que cela ne continuera pas. Le plus intéressant de ce genre de coup de tabac, c'est que le soleil brille même sous un vent de force sept, de sorte que les vagues scintillent quand elles se précipitent sur l'*Argo*. Agression enthousiaste, plutôt que menace sinistre... »

A la suite de la tempête, nous cessâmes de naviguer sans compas. Dès que le vent s'apaisa, et que nous pûmes reprendre le cours normal de notre voyage, une petite boussole de poche apparut mystérieusement à un endroit où le timonier de quart ne pouvait manquer de la voir. Nous avions parcouru huit cents milles nautiques sans l'aide du compas, et démontré qu'il était parfaitement possible de naviguer de Grèce en mer Noire sans en posséder. Certains membres de l'équipage estimèrent manifestement que cela suffisait ; on ne devait reproduire les conditions historiques de l'expérience que jusqu'à un certain point, et ce qui les intéressait, c'était de retourner à terre le plus tôt possible. Bien entendu, le soleil et les étoiles nous indiquaient clairement la direction du sud, où se trouvait la côte, mais la petite boussole était rassurante — et pour tout dire, elle fut plus efficace comme accessoire psychologique que comme instrument précis de navigation. Son utilité était d'autant plus limitée qu'après une journée et demie de gros temps, qui nous avait entraînés loin de la terre, nous ne connaissions pas notre point de départ.

J'estimais que nous nous trouvions à environ trente milles nautiques au nord-nord-est de Sinope. Nous ne connaissions pas notre point de départ exact, nous n'avions aucun moyen de mesurer avec précision notre vitesse par rapport à l'eau, ni d'évaluer les effets des courants locaux. Dans ces conditions, comment calculer quand et où nous retrouverions la côte ? En levant les yeux vers le ciel étoilé, tandis que l'*Argo* remettait le cap vers le continent, je trouvai plus rassurante que la présence de la boussole celle des deux étoiles Castor et Pollux, brillant dans la constellation des Gémeaux en l'honneur des premiers Argonautes. En gardant les jumeaux au bout du bras de vergue de tribord pendant le premier quart de la nuit, l'*Argo* se dirigeait vers la côte de Turquie.

Les vivres commençaient à manquer. Il n'y avait pas assez de place à bord de l'*Argo* pour entasser de quoi nourrir seize hommes pendant longtemps. Nous avions déjà consommé la ration de pain et de légumes prévue pour deux jours. Nos réserves comprenaient entre autres les boîtes de saucisses qui semblaient contaminées. Il valait mieux les jeter par-dessus bord que risquer un empoisonnement. Les rations furent donc réduites, et nous dûmes nous contenter, pour dîner, d'un œuf et d'une poignée de riz. Le petit déjeuner et le déjeuner, réunis en un seul repas, consista en deux petits biscuits par homme, avec une tasse de café ou de thé. Plus important, nous avions une bonne provision d'eau douce. Nous pouvions rester plusieurs jours sans manger — d'ailleurs l'équipage, terrassé par le mal de mer, avait perdu l'appétit —, mais manquer d'eau aurait été une catastrophe. Nous n'avions jamais quitté un port sans que nos réservoirs d'eau soient pleins au moins à quatre-vingts pour cent, et nous les avions remplis à Sinope. L'équipage se rationna à un litre et demi par personne et par jour, ce qui nous permettait de tenir au moins une semaine.

Mon principal souci demeurait donc le vent : il fallait qu'il continue de souffler en notre faveur au moins deux jours. Si la brise de la côte se levait de nouveau, nous serions entraînés encore plus au large, en pleine mer. Et si notre bon vent cessait, nous étions trop loin de la terre pour y parvenir à la rame, sauf par calme plat absolu — fort improbable en mer Noire : il y avait une trop grande étendue d'eau vers le nord, et la houle se forme donc beaucoup plus facilement qu'entre les îles de l'Égée. D'ailleurs, la mer demeurait agitée et rien n'indiquait qu'elle se calmerait de sitôt. Nous voguions dans des hautes vagues, cap toujours au sud-est, quand le 5 juillet à huit heures du matin, nous entendîmes de nouveau le craquement impossible à confondre d'un gouvernail qui se brise.

Cette fois, c'était le montant du gouvernail de tribord qui venait de céder. Exactement comme la première fois, l'*Argo* glissait devant une vague ; le poids du bateau avait forcé sur la pale et le montant s'était brisé, tandis que la pale ballottait. Tim Readman installa en toute hâte un gouvernail auxiliaire d'urgence, en tenant un aviron normal par-dessus la poupe, et pendant une heure, il aida le timonier à maintenir l'*Argo* sous le vent, pendant que Peter Wheeler exécutait la réparation — il commençait à en avoir l'habitude. Le cuisinier perdit de nouveau les deux planches qui fermaient sa soute, annexées par le charpentier pour fabriquer des attelles. Puis Peter regarda Mac et Cormac consolider l'assemblage temporaire par quelques tours de grosse corde. Quand le gouvernail reprit sa place, il n'avait pas l'air très sûr. La pale bringuebalait car la réparation avait encore du jeu. Les cordes de fixation et les coins l'empêchaient de tourner à fond dans sa rainure. Mais il plongeait dans l'eau comme une quille fine, et serait sûrement assez solide pour maintenir l'*Argo* sur son cap, à condition de ne pas trop forcer sur la barre.

L'accident n'affecta ni notre moral, ni notre progression. L'*Argo* filait joyeusement à trois ou quatre nœuds, dans la bonne direction. Les anciens du Voyage de Sindbad avaient vécu des crises semblables. Pendant notre traversée jusqu'en Chine, notre bateau arabe avait dû surmonter des problèmes chroniques de gouvernail — cela ne l'avait pas empêché de nous conduire jusqu'à Canton. Il suffisait de garder son calme, et de posséder assez d'ingéniosité pour effectuer les réparations courantes en mer. Le fait qu'il s'agissait du deuxième accident du même genre aida également l'*Argo*. Nous avons déjà affronté le problème, et nous savions comment nous en sortir. En outre, l'équipage venait de subir sans dommage l'expérience du gros temps, et sa confiance avait redoublé.

Pour le dîner, encore des biscuits, puis pour la première fois depuis la tempête, nous aperçûmes cette nuit-là un halo de lumière sur l'horizon. Calculant que ce devait être la grande ville de Samsun, nous décidâmes de nous diriger vers ces feux à la rame. A huit heures du matin, nous doublâmes la jetée du port de Samsun et, peu après, nous nous amarrâmes à quai. Nous avions quitté Sinope cinq jours plus tôt, et les Argonautes étaient épuisés. Nous avions tous envie d'un bon sommeil ininterrompu et d'un repas chaud. Nous étions restés à bord de la galère beaucoup plus longtemps que nous ne l'escomptions. Ali, parti à la recherche d'un café pour notre déjeuner, revint avec un exemplaire du journal du matin. Il souriait jusqu'aux oreilles.

— Regardez la manchette, en première page, nous dit-il. C'est sur les Argonautes. « Vingt-cinq marins anglais perdus en mer Noire ! »

Samsun est l'un des meilleurs ports de la côte nord de Turquie et, à la fin de l'Âge du Bronze, il existait déjà une ville importante sur un site qui porte aujourd'hui le nom de Tékékoy, à vingt-deux kilomètres vers l'est. Des fouilles préliminaires y ont mis à jour des tombes de la fin de l'Âge du Bronze contenant des couteaux de bronze, des boucles d'oreilles et deux pointes de javelot, en bronze elles aussi. Ces trouvailles suggèrent aux archéologues que Tékékoy était un des points d'aboutissement de la route terrestre reliant la mer Noire aux grandes cités hittites de l'intérieur. Dans ce secteur, la ligne des côtes a été profondément modifiée par les masses d'alluvions, de cailloux et de sable charriées par des fleuves comme l'Izil Irmak et déposées sous forme de deltas qui gagnent sur la mer. Apollonios avait déjà remarqué que ces rivages formaient un pays de deltas changeants — les embouchures des fleuves Halys, Iris et Thermodon, ce dernier fameux à cause des batailleuses Amazones qui habitaient sur ses rives, et l'Iris réputé pour ses quatre-vingt-seize bras et affluents qui serpentaient en tous sens dans la plaine « amazonienne » : plusieurs disparaissaient sous terre pour ne jamais réapparaître et les autres se rejoignaient pour se déverser dans la mer Noire près de Thémiscyra. Là, dit Apollonios, les Argonautes échouèrent l'*Argo* sur la plage pour la nuit, avec l'intention de mettre les farouches Amazones au défi, mais un bon vent du nord-ouest envoyé par Zeus les persuada de continuer leur route en toute hâte vers la Colchide. La bataille, prévue et désirée, n'eut pas lieu.

Les nouveaux Argonautes furent saisis par un sentiment d'impatience du même ordre. Nous passâmes deux jours à Samsun pour récupérer après notre escapade au large, pendant qu'un aimable ancien officier de la marine turque, dispensé du service actif par suite d'invalidité, réparait avec compétence notre gouvernail brisé. Il refusa tout paiement, et demanda simplement un jeu des plans de l'*Argo* pour pouvoir construire un modèle réduit de la galère. Pour sa réparation, il utilisa des chutes de mûrier, des chevilles de chêne de Turquie et du cœur de hêtre.

— Nous pourrions offrir un prix à quiconque devinera exactement les essences de bois que contient ce bateau, remarqua Peter Wheeler.

Dès que l'aviron-gouvernail fut en place, nous partîmes pour contourner le delta de l'Izil Irmak, qui continue de déverser son gravier et son sable au nord-est de Samsun. « PRÉCAUTION : formation de bancs, les bâtiments ne s'approcheront pas à moins de cinq milles de la côte au voisinage de la pointe d'Iris », prévient la carte de l'Amirauté, inquiète dès que les fonds changent de profondeur. Comme il convient à une galère, nous restâmes à moins de deux cents mètres de la grève, aux abords de l'énorme tache d'eau couleur de lait qui filtrait à travers l'éventail de gravier marquant l'embouchure du fleuve.

— Nous devrions être en pays d'esturgeon, s'écria Peter Wheeler plein d'espoir en appâtant un hameçon démesuré. Ce serait très agréable d'avoir du caviar au petit déjeuner.

— N'attrape-t-on pas les esturgeons au filet ? lança un non-pêcheur, pessimiste.

La conversation demeura morne, tandis que l'*Argo* poursuivait péniblement sa route vers l'est. Plusieurs membres de l'équipage souffraient de gueules de bois monumentales, acquises au cours d'une soirée prolongée à Samsun ; un ou deux hommes étaient vraiment trop malades pour souquer dur. De nouveau, l'*Argo* prenait la mauvaise habitude de dériver vers la côte, bien que nous eussions établi la voile aussi serrée que possible pour essayer de remonter au vent.

Puis Nick Hollis lança timidement :

— Pourquoi ne pas essayer de mettre tout le monde à l'arrière. L'*Argo* répondrait mieux à la voile.

Deux mois plus tôt, peu après avoir quitté Volos, en Grèce, nous avions tenté une expérience du même genre, en déplaçant tout ce que nous pouvions vers l'arrière pour voir si nous pourrions faire naviguer l'*Argo* au plus près. La différence n'avait guère été sensible. Mais à présent, tout méritait d'être tenté pour améliorer les capacités sous voile de notre galère à rames. L'équipage au complet, en forme ou encore dans les vapeurs, grimpa à l'arrière pour s'entasser sur le minuscule pont. Il n'y avait pas assez de place pour tout le monde debout, mais certains se perchèrent sur le bastingage et d'autres s'assirent en tas les uns sur les autres. Plus d'une tonne de chair humaine passa brusquement à l'arrière du bateau. L'effet fut merveilleux. Le nez de l'*Argo* se souleva légèrement, et se braqua soudain plus près du vent d'au moins quinze degrés.

— Fabuleux ! s'écria Seth. Plus besoin de ramer ! Nous pourrons gagner la Géorgie à la voile !

La suggestion de Nick Hollis améliora au-delà de tout espoir les conditions du reste du voyage. Manifestement, notre expérience précédente, près des côtes de Grèce n'avait pas été assez radicale. Si nous devions déplacer du ballast, il fallait le faire en quantité. Nous modifiâmes donc l'arrimage du bateau en permanence, en halant les ancres à bord pour les placer sous le pont arrière. Nous déplaçâmes également le plus possible vers l'arrière les barils les plus lourds et nos réservoirs d'eau, même si cela nous obligeait à porter l'eau de la cuisine sur toute la longueur du bateau. Enfin, l'équipage cessa de s'asseoir n'importe où et surtout de se rassembler sur le minuscule gaillard d'avant. Pourtant les tentations de glisser vers l'avant étaient permanentes. L'étrave offrait un meilleur abri contre le vent, et constituait toujours le domaine de Peter le coq. L'appât d'un petit en-cas et d'une tasse de thé ou de café demeurait très fort.

> Le lendemain à la tombée de la nuit, a écrit Apollonios, ils parvinrent au pays des Chalybes. Ce peuple n'utilise pas le bœuf de labour. Non seulement il ne fait pas pousser de blé, mais il ne plante ni arbuste ni arbre pour leurs fruits succulents, et ne fait paître aucun troupeau dans les prairies couvertes de rosée. Leur tâche consiste à extraire le fer d'un sol têtu, et ils vivent en vendant le métal qu'ils produisent. Pour eux aucun matin n'apporte jamais de répit. Dans une atmosphère noire de suie et de fumée, ils vivent une existence de labeur sans relâche.

L'Anatolie est à notre connaissance l'un des premiers endroits de la Terre où l'humanité ait forgé le fer. On peut en voir la raison sur les plages à l'est de Samsun. Le sable devient noir, ou d'un gris très sombre, partout où le ressac a ramené les grains des terres ferrugineuses charriées vers la mer par les fleuves. Ce sable noir est si riche en fer que l'on peut en attirer les grains avec un aimant. On peut faire fondre le sable le plus noir en un fer grossier, simplement en le jetant sur les braises d'un feu de bois. Le fer était si précieux à l'Âge du Bronze qu'il servait pour payer le tribut aux souverains et comme prix dans les concours ; un bout de fer constituait le plus généreux des présents. Les Grecs, comme nous l'avions vu à Lemnos, croyaient que le dieu Héphaïstos leur avait enseigné les arts de la métallurgie lors de son séjour dans l'île. Si ces arts venaient de la côte d'Anatolie, comme c'est fort probable, la voie la plus logique pour l'acheminement de cette technique était le corridor maritime suivi par Jason et ses compagnons.

Il existe d'ailleurs, dans les *Argonautiques*, la preuve qu'une forme de relation commerciale existait avant même le passage de l'*Argo* dans ces eaux. La grande galère de Jason fut peut-être le premier *vaisseau grec* à effectuer la traversée complète de l'Égée au fond de la mer Noire, mais des Grecs avaient sans doute pénétré auparavant dans ces régions, soit par voie de terre, soit plus probablement en passant d'un port à l'autre sur des bateaux locaux. Non seulement, Phrixos s'était rendu en Colchide avant les Argonautes, sur le bélier volant, mais à Sinope, selon la légende, Jason et les Argonautes avaient rencontré trois Grecs, Déiléon, Antolychos et Phlogios. Abandonnés là après l'expédition d'Hercule contre les Amazones par voie de terre, ils furent enchantés que leurs compatriotes les emmènent. Une autre rencontre de hasard, encore plus extraordinaire, renforce la théorie d'une route maritime bien établie le long de la côte anatolienne : Jason trouva sur son chemin quatre cousins qui naviguaient en direction opposée ! Ces quatre jeunes gens, Cytissoros, Phrontis, Mélas et Argos, les fils de Phrixos, venaient de Colchide. Leur mère n'était autre que la princesse Chalciope, fille d'Aïétès, le farouche roi de Colchide. Phrixos avait épousé la princesse au pays de la Toison d'Or. A la mort de leur père, les quatre jeunes gens avaient décidé de visiter sa patrie en Grèce pour réclamer un éventuel héritage. Ils avaient quitté la Colchide sur un bateau de la région, mais à la hauteur de Giresun une tempête s'était levée au milieu de la nuit. Filant devant un vent du nord qui soufflait en rafales, désireux sans doute de gagner le mouillage sûr de Giresun, le bateau colchidien avait heurté un écueil et s'était brisé. Les jeunes gens s'étaient accrochés à des épaves, et la tempête les avait drossés sur une île consacrée à Arès, le dieu de la guerre. Ce fut là que, peu après, l'arrivée de l'*Argo* les sauva.

L'identification de l'île d'Arès ne pose aucun problème. Sur toute la côte nord de l'Anatolie, il n'existe que quatre îles dignes de ce nom. Tout vaisseau explorateur longeant la côte relâche naturellement sur ces îles, pour l'excellente raison qu'elles offrent des refuges sûrs où camper à distance d'éventuelles tribus hostiles du continent. Quand l'*Argo* était arrivé au pays des Amazones, il avait déjà dépassé trois de ces îles, et la quatrième et dernière île, précise Apollonios, servait aux Amazones de lieu de culte : elles y sacrifiaient des chevaux sur une pierre noire sacrée — leur autel au dieu de la guerre.

L'île de Giresun

L'île de Giresun, à un mille et demi au nord-ouest de la ville actuelle, correspond exactement à la description, tandis que le rocher Palamut, écueil isolé non loin, constitue un excellent candidat pour l'endroit où le bateau colchidien aurait fait naufrage. Le long d'une côte étonnamment dépourvue de récifs et d'écueils au large sur des centaines de milles nautiques, le rocher Palamut est un point dangereux tout à fait exceptionnel, situé au pire des endroits. Il se trouve en effet à l'entrée nord du port de Giresun, juste au-dessus de la surface ; seule l'écume de la houle qui se brise parfois à sa hauteur, signale sa présence. Le bateau colchidien, qui cherchait l'abri de Giresun dans la nuit et la confusion d'un coup de vent du nord, n'avait aucune chance d'apercevoir le danger avant de talonner cet écueil isolé, sur lequel il allait s'éventrer. L'équipage tomba à la mer, et les plus chanceux nagèrent jusqu'à l'île de Giresun, à un demi-mille de là.

Phinéas, le devin aveugle des bouches du Bosphore, avait averti les Argonautes qu'ils trouveraient l'île d'Arès infestée d'oiseaux hostiles. « Vous échouerez votre bateau sur une île basse, leur avait-il dit, mais non sans avoir découvert d'abord un moyen de chasser les innombrables oiseaux qui hantent la côte déserte. » Ces oiseaux attaquaient l'homme. Comme les

Argonautes s'approchaient de l'île à la rame, la légende rapporte qu'un oiseau vola vers eux et leur décocha une plume, qui blessa Oïléos à l'épaule gauche. Éribotès, assis à côté d'Oïléos sur le même banc de nage, arracha la plume et pansa la blessure, pendant que Clytos réussissait à abattre l'oiseau suivant d'un coup de flèche. La moitié des Argonautes placèrent alors leurs boucliers au-dessus des têtes pour former un dais protecteur au-dessus de l'*Argo* pendant que les autres continuaient de ramer vers l'île. En accostant, ils firent un grand tapage, poussèrent des cris et frappèrent leurs boucliers avec leurs armes, si bien que les oiseaux s'élevèrent dans les airs par milliers, saisis de panique, décochèrent une pluie dense de dards empennés contre le bateau, puis se hâtèrent de battre en retraite vers les hauteurs du continent, par-delà le bras de mer. De toute évidence, les Argonautes débarquèrent donc sur une île qui servait d'habitat à des quantités d'oiseaux. L'île de Giresun correspond parfaitement à ce récit. Des rangées ininterrompues de cormorans et de goélands se pressaient sur les flancs rocheux de l'île quand nous y arrivâmes. Effrayés par le nouvel *Argo* ils s'envolèrent par milliers vers le continent, tandis que d'autres continuaient de tournoyer dans les courants ascendants, provoqués par la forme bossue de l'île.

Débarquer sur l'île de Giresun exige encore certaines précautions. Il n'y a pas de port, mais un simple quai grossier taillé dans la masse des rochers, du côté de la terre. Personne n'habite sur l'île, large d'à peine deux cent cinquante mètres — mais elle était cependant fortifiée à l'époque byzantine. Aujourd'hui, les gens du continent y viennent tous les ans, le 20 mai, pour invoquer sa magie. Car nous avons découvert, une fois de plus, qu'un site des Argonautes a conservé une tradition très forte de pouvoirs magiques. La coutume veut que l'on se rende d'abord le long d'une rivière du continent pour jeter dans son cours sept doubles poignées de cailloux, puis une seule poignée. Ce geste symbolise une libération, le rejet des soucis et de la malchance. Puis le suppliant engage un batelier pour le conduire à la rame jusqu'à l'île de Giresun, qu'il doit contourner trois fois, toujours d'est en ouest. Le suppliant accoste ensuite et s'avance vers un rocher noir isolé, qui se trouve à découvert sur le rivage oriental de l'île. Ce rocher noir, pareil à une énorme boule de billard de plus de trois mètres de diamètre, semble formé par la même roche que les Sympligades, à l'entrée du Bosphore. Il est tavelé de petits trous, dans lesquels le suppliant place un rappel symbolique de son souhait : deux petits cailloux blottis l'un contre l'autre viennent d'amoureux qui espèrent se marier ; un seul caillou dans sa niche provient d'un couple stérile qui désire un enfant. On peut accrocher au rocher, en guise de rappel, un simple bout de chiffon. S'il est jeune et en forme, un homme peut renforcer la magie en grimpant autour du rocher — trois fois de suite — écartelé contre sa surface rugueuse...

Le vieux batelier qui gagne sa vie en conduisant ces visiteurs dans l'île, m'a raconté que des hommes ont souvent cherché des trésors enfouis dans l'île, dont le centre est maintenant envahi de broussailles épaisses, de bosquets d'arbres et de ruines byzantines croulantes. Autant qu'il le sache, personne n'y a jamais trouvé de trésor, mais le rocher noir et sa magie demeurent célèbres parmi les paysans. Cette énorme masse noire est-elle la « pierre noire » où, à en croire Apollonios, les Amazones immolaient les chevaux de leurs sacrifices ? C'est possible. Mais il y a de nombreuses « pierres noires » enfouies parmi les fougères et les ronces du centre de l'île, où les oiseaux de mer tournoient constamment dans les ascendances au-dessus de l'île d'Arès.

Les quatre fils de Phrixos, à moitié Grecs et à moitié Colchidiens, furent consternés d'apprendre que les Argonautes avaient l'intention de s'emparer de la Toison d'Or. Ne savaient-ils pas, demandèrent-ils à Jason, que leur grand-père le roi Aiétès soupçonnait tous les étrangers et les mettait généralement à mort dès qu'ils franchissaient les frontières de son royaume ? Quant à la Toison, les Colchidiens la révéraient. Ils l'avaient accrochée à un chêne sacré, dans une enceinte rituelle, et un énorme serpent qui ne dormait jamais la gardait. S'entêter dans leur entreprise serait folie pure... Mais comme les fils de Phrixos étaient du même sang que Jason et devaient la vie aux Argonautes, ils acceptèrent de les accompagner en Colchide. Quand la galère y parviendrait, ils intercéderaient auprès de leur grand-père en faveur des voyageurs.

A partir de Giresun vers l'est, les ports sont plus rapprochés et une route neuve serpente le long de la mer Noire, bien que les montagnes soient très proches de la côte. Au temps d'Apollonios, les forêts de cette région étaient célèbres : elles servaient de demeure à un peuple bizarre, les Mosynchis, nommés ainsi d'après les *mossynes,* ou maisons de bois, qu'ils habitaient. Ces indigènes avaient une étrange conception de la décence. Des actes que les autres races accomplissaient en public, les Mosynchis les faisaient honteusement en privé ; et ils se livraient en public à tous les actes normaux de la vie privée : ils s'accouplaient librement en présence de leurs voisins. Mais ce n'était pas un peuple cruel, et quand leur chef tribal commettait une erreur, ils ne le punissaient qu'en l'emprisonnant dans une pièce pendant une journée, sans rien à manger.

Aujourd'hui, les pentes des monts Mosynchis sont remarquables par la présence soit de champs de thé, soit de bosquets de noisetiers, sur des hectares et des hectares. Partout où nous allions, on nous donnait des noisettes à manger : crues, grillées, en gâteaux ou en pâtes.

— Si nous mangeons encore des noisettes, grogna Mark Richards, il va nous pousser des queues en panache, et nous grimperons dans les arbres pour faire nos provisions d'hiver !

A chaque descente à terre, notre cuisinier et notre intendant en ramenaient des sacs.

Là où pousse le thé, tombe la pluie — fort et souvent. Et en passant devant les collines cultivées en terrasse où pousse le thé de Turquie, l'*Argo* reçut à satiété les averses tièdes qui arrosaient les plantations d'arbres à thé. Chaque membre de l'équipage connaissait maintenant les points faibles de tous les autres : les colères soudaines de John Egan ; la vantardise de titi londonien de Seth, et la pagaille de son paquetage (il devait le refaire sans cesse pour éliminer les objets inutiles qu'il y accumulait) ; l'habitude qu'avait prise le grand Jonathan d'arpenter le bateau chaque soir à la recherche d'une place où allonger sa carcasse d'un mètre quatre-vingt-quinze, en marchant sur ceux qui s'étaient déjà installés pour la nuit. « Eh, c'est ma tête que tu piétines ! » lui fit observer Mark gentiment un jour, depuis le dessous du banc où Jonathan se tenait depuis deux minutes, à la recherche d'un coin où dormir, sans se rendre compte qu'il était debout sur le crâne chauve du maître de nage. Tim Readman avait choisi lui aussi le fond de cale comme nid idéal, et il en ressortait le matin, le visage rond, ses yeux bleus clignotant encore, le nez en trompette et la barbe en broussaille, le chapeau informe tiré si bas sur son front qu'on songeait au gros nounours du Muppet Show un jour de bonne humeur.

A mesure que les barbes de l'équipage devenaient plus fournies, leurs crânes se dégarnissaient. A chaque port où nous faisions escale, tel ou tel Argonaute décidait de rendre visite au figaro turc du coin, et revenait à bord avec la boule presque à zéro. Giresun, Tirebolu et Akçakale virent les cheveux de l'équipage tomber comme blé en moisson. A Trébizonde, le capitaine du port nous offrit un repas sublime dans le parc qui domine la mer et, le soir venu, un chanteur de ballades, renommé dans la région, nous donna la sérénade avec une saga de son cru sur les Argonautes, turcs, anglais et irlandais, assez fous pour ramer sur les rivages de la mer Noire.

Plusieurs autres volontaires turcs se présentèrent, ramèrent, puis repartirent : un homme qui dirigeait une affaire de lavage de voitures ; un étudiant en médecine ; un élève de lycée. Ils venaient, me dit Mustafa le jour où il nous quitta pour prendre un emploi d'été, soit par curiosité, soit sur un coup de tête, soit par idéal. Mustafa lui-même s'était décidé par goût de l'aventure, pour rencontrer de nouvelles têtes et se trouver lui-même. Il avait échoué à ses examens de l'école dentaire et il espérait, au milieu de l'équipage de l'*Argo,* retrouver sa confiance en lui. Il m'avoua qu'il avait appris beaucoup de choses sur lui-même pendant ses vingt-cinq jours à bord de la galère. Il savait maintenant qu'il était capable de tenir bon dans des circonstances difficiles — les heures à l'aviron sous la pluie, la promiscuité du bord, prendre le quart par une nuit froide et humide, ou bien, pis encore, ramer dans le noir pour écarter l'*Argo* de la côte ou l'orienter dans le sens du vent. Mustafa nous quitta heureux ; il ne regrettait que les heures de mal de mer et les pires moments au banc de nage. « Parfois, me dit-il, résumant sa pensée en un mot, c'était vraiment *la torture.* »

L'équipage commençait à montrer de plus en plus nettement des signes d'épuisement physique. La dernière semaine le long de la côte turque, une sorte de léthargie s'installa. La raison en était en partie psychologique — les rameurs économisaient leurs forces pour le dernier tronçon du voyage : la traversée de la frontière soviétique et l'entrée en Géorgie, le pays moderne de la Toison d'Or. Mais ils étaient surtout exténués par des journées d'effort physique sans espace où se détendre, coupées par des nuits jamais confortables et souvent ininterrompues par l'ordre soudain de prendre les rames ou de manœuvrer la voile. Ils avaient l'air un peu hagard, les traits tirés ; trois ou quatre heures de nage le matin, qu'ils accomplissaient naguère avec tant de verve, devenaient à présent une corvée mortelle qui les laissait épuisés et abattus. Après un quart de million de coups d'aviron la perspective de naviguer encore cent milles nautiques à la rame les paralysait. Chaque homme à bord préférait attendre le vent, si capricieux qu'il fût, si longtemps qu'il se fît espérer. De nuit comme de jour, sous la pluie ou par beau temps, l'*Argo* n'avançait que si le vent gonflait sa voile pour reposer les galériens.

Il s'avéra que les brises favorables survenaient surtout après la tombée du jour, et l'équipage dormit donc de moins en moins à mesure que l'*Argo* progressait lentement, parallèle au chapelet de feux de la côte, parfois entouré dans le noir par les reniflements d'un banc de petits dauphins de la mer Noire. Notre voyage avait commencé au pays de l'olivier qui poussait partout pour fournir à l'homme l'huile de sa cuisine. Nous avions quitté la zone de l'olivier : à la place, les gens de Trébizonde utilisaient autrefois la graisse des dauphins comme unique source d'huile. Quand nous avions quitté la Grèce à la fin du printemps, les paysages clairs étaient baignés par une lumière crue, et même les jours de soleil l'air demeurait frais. Mais maintenant, dans l'est de la mer Noire en milieu d'été, nous subissions une chaleur humide, étouffante, la visibilité demeurait faible et des nuages roulaient sans cesse sur les crêtes des montagnes. Pendant dix jours de suite, nous ne vîmes pas le soleil.

Le 18 juillet, l'équipage se mit à l'eau pour nettoyer la coque et gratter les algues et les berniques accumulées en dix semaines. On utilisa les bords de nos gamelles métalliques, déjà cabossées — elles servaient à tout. A mesure que ces saletés se décollaient, nous les apercevions qui dérivaient dans l'eau derrière nous, comme un nuage, signe certain que l'*Argo* grignotait un peu de terrain contre un courant contraire. Ce grattage de la coque nous fit gagner un quart de nœud et même un avantage aussi infime fut apprécié. L'*Argo* tirait des bords au large, en remontant péniblement au vent. Quand la brise nous faisait faux bond, nous sortions les avirons et ramions vers la terre jusqu'à un mouillage, car nous n'avions guère envie de nous laisser déporter par le courant, ou d'être entraînés au large par un autre coup de tabac. Toute la nuit du 18 au 19 juillet, nous traçâmes un zigzag inutile : vers le large autant que j'osai, puis sur l'autre bord vers la terre, pour nous retrouver au matin à peu près à l'endroit que nous avions quitté la veille au soir.

Le 20 juillet au petit jour, quand je m'éveillai, je trouvai le quart du matin — Peter Warren, Peter Wheeler et Seth — renforcé par Cormac, en train de ramer vaillamment pour franchir le dernier mille qui nous séparait de la jetée d'un port. Ils conduisaient l'*Argo* à Hopa, le dernier port de Turquie à quatre kilomètres de la frontière soviétique. Nous avions désiré avec tellement d'intensité arriver à Hopa que ce fut une vraie déception de débarquer dans un endroit si misérable et lugubre.

Quel dommage, me dis-je, de quitter en un lieu si déprimant un pays qui nous avait témoigné tellement de chaleur et de prévenance ! La rue principale d'Hopa, pleine de nids-de-poule, était entièrement défoncée par les convois de poids lourds qui chargent le fret à destination de l'Iran et de l'Irak, car Hopa est le port de la mer Noire le plus proche de ces pays. Les maisons de béton armé nous parurent laides et négligées. Le port, agrandi pour satisfaire les exigences du commerce avec le Proche-Orient, se ressentait visiblement de la crise soudaine des échanges. Le vaste môle ne contenait que deux ou trois cargos. Il régnait à Hopa une atmosphère de défaite, et même de mort ; on avait l'impression de se trouver vraiment au bout du monde.

Mais les Turcs d'Hopa se montrèrent aussi serviables que partout ailleurs. Tout voilier ayant l'intention de passer de Turquie en URSS devait obligatoirement effectuer les formalités de douane et d'immigration à Trébizonde, beaucoup plus à l'ouest. Très peu de cargos traversaient la frontière, et jamais aucun bateau n'avait navigué directement d'Hopa en Géorgie soviétique. Je proposai donc d'apporter tous les passeports de l'équipage à Trébizonde par la route, de les faire viser ainsi que les papiers du bateau, puis de revenir à Hopa. Les officiers de police et de douane prirent un air épouvanté. Il fallait cinq heures pour aller à Trébizonde, et les bureaux de la police du port seraient sûrement fermés à mon arrivée. Ensuite encore cinq heures d'autocar pour revenir. Les « autorités » se concertèrent et décidèrent de téléphoner au préfet pour demander conseil. Mais celui-ci était absent, il assistait à une cérémonie. Les Argonautes attendirent donc sur le quai tout l'après-midi, entourés par tout notre matériel, cantines et barils ouverts pour le contrôle douanier. Puis le préfet ou son adjoint avaient dû retourner à leur bureau, parce que les « autorités » arrivèrent en courant sur les quais, rayonnants d'allégresse.

L'*Argo* avait l'autorisation de continuer sa route. Je n'aurais pas besoin de retourner à Trébizonde. L'officier des douanes, le capitaine du port et la police locale étaient ravis. Mais nos passeports ? demandai-je poliment. Ne devait-on pas les régulariser ? Ils avaient été tamponnés à notre entrée en Turquie, ne fallait-il pas un tampon de sortie ?

— Non, non ! me répondit-on. Inutile. Vous avez une autorisation spéciale. Comment voulez-vous que nous tamponnions vos passeports ? Aucun bateau n'a quitté la Turquie du port d'Hopa depuis la Seconde Guerre mondiale. En fait, l'administration ne nous a jamais donné de tampon ! Faites un bon voyage ! *Gülé ! Gülé !*

Et nous quittâmes la Turquie, avec l'au revoir traditionnel turc qui résonnait joyeusement dans nos oreilles. Il paraît qu'il signifie littéralement : « Allez en riant ! »

9
La Géorgie

Deux énormes pylônes de pierre marquent la frontière maritime entre la Turquie et l'Union Soviétique. Avec leurs bandes peintes en rouge et en blanc, les deux pylônes l'un derrière l'autre sur le rivage se détachent nettement sur le fond du paysage : les pentes magnifiques du Petit Caucase. Quand les deux pylônes, vus depuis la mer, sont bien en ligne, le voyageur franchit la frontière, invisible à la surface de la mer, qui sépare les deux pays. Les deux pylônes sont également alignés avec un pic remarquable de l'arrière-pays, que les arpenteurs du gouvernement ont sans doute choisi comme repère naturel impossible à confondre.

L'*Argo*, à la vitesse tranquille de trois nœuds, traversa cette ligne imaginaire dans la pénombre grise du petit matin. Si nous étions, comme on nous l'avait affirmé, le premier bateau autorisé à franchir cette frontière en près de quarante ans, directement du dernier port turc d'Hopa au premier port soviétique de Batoum, je n'avais pas envie de batifoler dans le secteur en pleine obscurité, et pendant la majeure partie de la nuit précédente nous avions vécu une expérience inhabituelle : celle d'essayer de ne pas avancer trop vite. Nous avions pris congé de nos Argonautes turcs à Hopa, puis nous avions ramé le long de la côte pendant une demi-heure et jeté l'ancre dans une petite anse entourée de rochers, pour prendre un dîner tardif, nous reposer et attendre la brise de nuit, venant de la terre, qui nous pousserait vers la République Socialiste Soviétique de Géorgie.

Nous étions tous vraiment impatients et curieux. Qu'allait nous apporter la journée du lendemain ? A quoi ressemblerait la Géorgie soviétique ? Comment allait-on nous recevoir ? Les Géorgiens seraient-ils très différents des Turcs ? La frontière ne se trouvait qu'à quatre-vingt milles de notre but final, l'embouchure du fleuve Rhioni, que les Grecs appelaient Phasis. C'était sur ses rives que se trouvait autrefois le chêne sacré auquel Phrixos avait accroché la Toison d'Or. Les Géorgiens peuvent se considérer comme l'une des civilisations les plus anciennes du monde, sans aucune discontinuité ; ce sont les descendants directs des Colchidiens qui vivaient dans la vallée du Rhioni à l'époque de Jason, et certains parlent encore une langue très proche de celle que les premiers Argonautes ont dû entendre. Comment ces gens allaient-ils juger notre quête du vingtième siècle ? Quel serait l'aboutissement final de toutes nos peines — mains couvertes d'ampoules, fesses mâchées, nuits inconfortables sur les durs bancs de nage, vêtements tachés de sueur, cale puante, quarts de nuit où, l'œil pleureur, on ne songe qu'à se blottir dans la chaleur du sac de couchage au lieu de rester à la barre pendant que s'égrènent les interminables minutes ?

L'un après l'autre, les membres de l'équipage se couchèrent pour goûter un peu de sommeil avant l'arrivée à la frontière. N'était-ce pas un repos mérité ? Ces hommes avaient réussi à conduire, à la rame et à la voile, un vaisseau de la fin de l'Âge du Bronze sur mille cinq cent milles de mer, voyage qu'Homère et ses contemporains, pourtant élevés dans une tradition de dur labeur physique et d'effort soutenu, considéraient comme un exploit héroïque. Notre seul avantage par rapport à leur époque, c'était de savoir où nous voulions aller. Avec nos cartes marines et notre connaissance de la géographie, nous pouvions éviter la peur de l'inconnu qui devait saisir les explorateurs mycéniens. Mais nous avions souffert d'une autre forme d'ignorance. A notre départ de Grèce, nous ne savions absolument pas si notre bateau pourrait résister aux conditions du voyage. Nous ne savions pas quand chercher un abri, que faire une fois pris par une tempête, comment reconnaître un bon mouillage pour une galère, quelles parties du bateau étaient le plus vulnérables. Or tout ceci, que les premiers Argonautes savaient au départ, nous l'avions appris « à la dure ». Les nouveaux Argonautes, à mon sens, avaient toute raison de se montrer fiers.

Tandis que l'*Argo* tirait sur son câble d'ancre dans le noir, je songeai à tous ceux qui nous avaient aidés à parvenir jusqu'ici. Sans doute n'avaient-ils qu'une vague idée de l'endroit où se trouvait l'*Argo* en ce moment — l'Oncle John à Athènes ; Costas, l'ancien pilote de ligne de soixante et un ans et les autres volontaires grecs ; Erzin, Umur et les Turcs ; Trondur Patursson, rentré aux Féroé avec un carton de croquis pour lui rappeler des terres plus chaudes. Je regrettais beaucoup qu'ils ne puissent pas être tous ici pour voir la Géorgie de leurs yeux, après avoir tant fait pour nous aider à parvenir à l'étape finale du voyage.

Bien d'autres devaient attendre en ce moment de nos nouvelles : Colin Mudie, dont les plans de l'*Argo* s'étaient avérés si efficaces ; Tom Vosmer, impatient de savoir si les anciennes techniques de construction navale avaient résisté aux rigueurs de trois mois de voyage ; et bien sûr Vasilis. Le charpentier grec taciturne devait dormir à poings fermés à Spetsai, avant de commencer une nouvelle journée de travail. Je l'imaginai en train de suivre le quai jusqu'à son chantier sur son vieux scooter, en train de donner à manger aux chats, puis de prendre un *skipani* pour s'attaquer à l'un de ses habituels bateaux de pêche. Vasilis ne verrait jamais son chef-d'œuvre franchir la frontière soviétique, mais nous avions toujours conservé son *skipani* préféré, comme il nous l'avait demandé le jour de notre départ de Spetsai. L'outil n'était plus cloué à la poupe de l'*Argo* parce que sa lame, aussi affûtée qu'un rasoir, constituait un danger pour les hommes qui montaient à bord par l'arrière, mais Peter Wheeler l'avait rangé dans le baril à outils et s'en servait souvent pour ses réparations en mer.

Tous les efforts associés au Voyage de Jason arrivaient à un point culminant de l'entreprise. Demain, nous nous aventurerions en territoire nouveau, totalement inconnu. Tous mes plans, tous mes calculs s'arrêtaient à la frontière turque ; au-delà de cette ligne, l'expédition se trouvait entièrement entre les mains de nos hôtes soviétiques. Et pourtant j'avais l'impression que tout se passerait pour le mieux. Depuis des mois, Sarah Waters partageait ma confiance. Sarah, membre clé de notre équipe, dirigeait le « bureau » central de l'expédition depuis le stade de l'idée originale.

— Oh, les Soviétiques s'occuperont très bien de vous, m'avait-elle assuré. Dès que vous aurez traversé la frontière, je n'aurai plus rien à faire. J'en profiterai pour fermer le bureau deux semaines et prendre mes vacances. Envoyez-moi un télégramme quand vous repartirez de là-bas, c'est tout.

Et l'*Argo* continuait de tirer sur son ancre avant de franchir les derniers milles. La mer grondait sur les galets de la plage. L'équipage dormait. A minuit, la brise nocturne que nous espérions se mit à souffler de la terre. Cormac leva l'ancre et nous prîmes le large. Le rivage était presque orienté nord-sud car nous commencions à contourner le fond de la mer Noire, côte que les Grecs appelaient « l'extrême borne », la limite de leurs voyages maritimes. Nous nous trouvions maintenant à l'est du méridien de La Mecque. La brise de nuit s'avéra si favorable que l'*Argo* fila trop vite. Nous risquions d'arriver à la hauteur de la frontière avant l'aurore. J'ordonnai donc de carguer la voile et pendant trois heures, l'*Argo* attendit patiemment sur l'eau, perpendiculairement au vent, en dérivant de biais vers l'URSS.

L'aurore nous révéla les deux pylônes, et nous déferlâmes de nouveau notre toile couverte de moisissure. Les trois guerriers mycéniens rouges qui la décoraient avaient fâné, mais ils continuaient d'avancer de leur pas raide vers la Colchide, en brandissant leur bouclier orné de la tête de bélier symbolique. Le soixante-dix-huitième jour après avoir quitté Volos, ils se préparaient à entrer dans le royaume de la Toison d'Or. A six heures quatre du matin, les deux pylônes s'alignèrent et nous voguâmes dans les eaux soviétiques. Pas une seule embarcation en vue ; nous étions tout seuls. L'*Argo* glissait gaillardement sur la surface des flots, en tanguant un peu sous la houle, avec une visibilité si mauvaise à l'aube que nous ne distinguions rien à un demi-mille devant nous. Un crachin permanent tendait la voile triste, impénétrable, sur notre passage. Quelque chose bougea légèrement dans la pénombre, une tache plus grise sur la grisaille générale. Je plissai les yeux : quelqu'un venait-il à notre rencontre ?

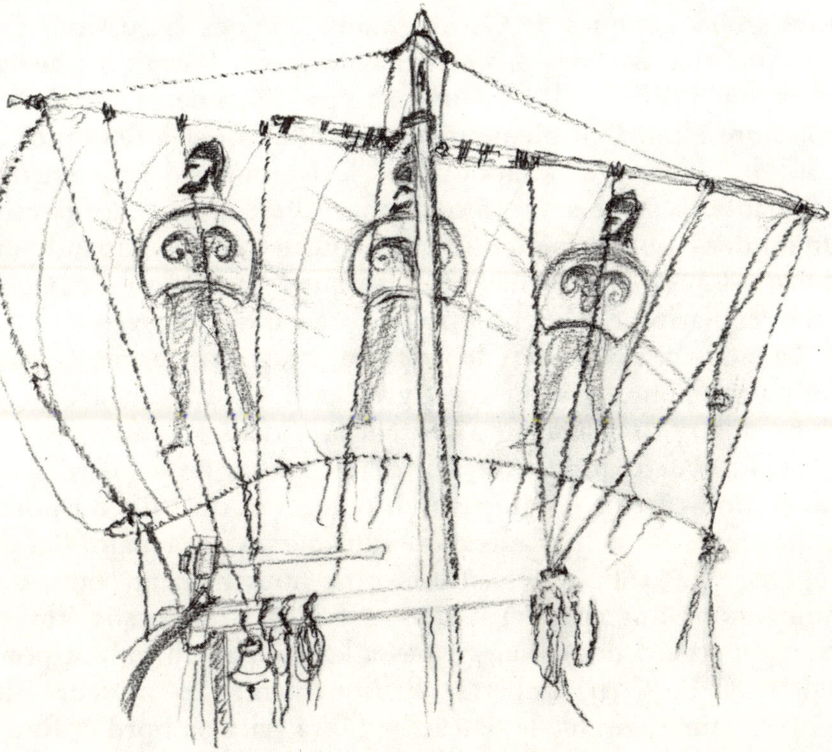

Depuis six semaines, nous n'avions eu aucun contact avec les autorités soviétiques. A notre escale d'Istamboul, je m'étais rendu au consulat d'URSS pour demander à un attaché, qui m'avait accueilli très aimablement, de prévenir Moscou que l'expédition se déroulait de façon satisfaisante. Il me l'avait promis ; il était au courant de tout ce qui concernait l'*Argo*, en soi un très bon signe. Mais bien entendu je ne pouvais pas prévoir avec précision quand l'*Argo* atteindrait la frontière ; tout dépendrait du vent et du temps, de ce qui nous arriverait pendant la longue traversée le long de la côte turque. Cela faisait plus de six mois que j'avais écrit à Youri Senkévitch, le voyageur-médecin russe, et expliqué à une commission de la télévision soviétique mes espoirs de vérifier les origines de la légende de la Toison d'Or en Géorgie. La commission avait promis de m'aider et d'organiser à mon intention la visite des sites archéologiques de Géorgie, ainsi que des discussions sur mes théories avec des professeurs géorgiens. Il avait même été question d'offrir à l'*Argo* une équipe de rameurs, et de les conduire à bord en pleine mer pour nous aider à remonter la côte de Géorgie et à embouquer le Rhioni, s'il était encore navigable. Mais je savais à quel point il est délicat d'organiser un rendez-vous en mer entre deux bateaux, surtout quand l'un d'eux est aussi petit et bas sur l'eau que l'*Argo* et qu'il navigue sans régularité, à la merci du moindre caprice des vents.

La tache noire derrière le rideau de pluie prit forme. C'était un patrouilleur, gris sur fond gris, et il se dirigeait droit sur nous. L'*Argo* se trouvait à présent loin dans les eaux soviétiques. La vedette fonça, traça un cercle autour de la galère, puis un second cercle. L'équipage nous regarda du haut du pont, impassible. Nous leur adressâmes des signes de la main. Pas de réponse. Les silhouettes en uniforme nous fixaient comme si nous étions une épave à la dérive. Seul un marin soviétique, hors du regard des officiers, passa la tête par un hublot pour agiter le bras en cachette. Brusquement, les moteurs du patrouilleur rugirent, le bateau se cabra, vira de bord et fonça de nouveau dans le brouillard en laissant un large sillon d'écume derrière lui. Nous le vîmes reprendre position, sentinelle montant la garde le long de la côte. L'*Argo* le dépassa, poussé par le vent, mais pour lui, la petite galère n'existait plus...

Soudain notre petit talkie-walkie s'anima :

— *Argo ! Argo !* Vous m'entendez ? lança une voix très claire. Ici *Tovaritch,* qui vous appelle.

Je saisis le petit appareil.

— *Tovaritch ! Tovaritch !* Ici *Argo.* Je vous entends cinq sur cinq. A vous.

Je relâchai le bouton d'émission et j'attendis.

Pas de réponse. La radio siffla doucement dans ma main, puis la voix répéta :

— *Argo ! Argo !* Vous m'entendez ? Répondez, je vous prie.

J'essayai de nouveau de répondre, mais sans succès. De toute évidence, nous ne pouvions entendre le vaisseau mystérieux mais la radio de l'*Argo* était trop faible pour que le *Tovaritch* nous reçoive. Nous ne pouvions qu'avancer sous le vent en écoutant la voix de l'opérateur radio inconnu, qui essayait scrupuleusement, toutes les dix minutes, d'établir le contact. C'était comme jouer à colin-maillard.

— En tout cas, quelqu'un nous attend, fis-je observer.

— Si c'est le *Tovaritch* auquel je pense, dit Adam, je le connais. C'est le grand navire-école soviétique qui a fait partie l'an dernier de la Course des grands bateaux. Un trois-mâts à gréement carré.

Nous continuâmes d'avancer. Le vent tenait bon et l'*Argo* filait à près de quatre nœuds sur l'eau. Le soleil chassa presque tout le brouillard, le ciel devint plus clair et autour de nous l'eau prit une belle teinte vert pâle, opaque à l'endroit où les bancs et les alluvions modifiaient sa composition. On avait l'impression de naviguer dans du jade liquide. Le soleil donnait des reflets gris perle aux amoncellements de nuages dans le lointain, et l'air lavé par la pluie possédait la limpidité lumineuse que l'on voit parfois après le passage d'un orage. Presque imperceptibles, au loin, trois traits fins émergèrent à l'horizon. Je regardai dans mes jumelles, les trois traits devinrent les hauts des mâts d'un bateau qui avançait dans notre direction. Un quart d'heure plus tard, les mâts étaient visibles à l'œil nu. Ils se couvrirent de pétales blancs — les voiles.

Puis la coque de l'inconnu apparut au-dessus de l'horizon : il se dirigeait vers nous à la voile. C'était vraiment le *Tovaritch*, le trois-mâts brigantine à voiles carrées de la flotte-école soviétique, un bateau représenté sur des milliers de cartes postales et de calendriers, qui avait navigué à la voile sur tous les océans du monde et participé à toutes les courses de grands voiliers. Tout amateur de grands voiliers connaît le *Tovaritch*, et ce jour-là il était à son avantage. Le soleil du matin chantait sur ses pyramides de toile et sa coque blanche se détachait sur le gris des nuages et le vert pâle des flots. Il avait vraiment de la gueule. Et il venait manifestement à notre rencontre.

— Ça, c'est ce que j'appelle un comité de réception ! lança un Argonaute admiratif, de son banc de nage.

Le *Tovaritch* modifia son cap pour passer à moins de cent mètres de l'*Argo*. De minuscules silhouettes grimpèrent comme des écureuils dans les agrès du trois-mâts et se glissèrent le long de ses vergues. Toutes les hautes voiles disparurent à tour de rôle, proprement ferlées. Puis le *Tovaritch* traça un demi-cercle et prit position par notre bâbord. Les cadets étaient restés perchés sur les vergues. Un coup de sifflet — nous l'entendîmes distinctement par-dessus les vagues —, et les cadets soviétiques ôtèrent leurs bonnets blancs et poussèrent trois vivats. On eût dit un ballet aérien. Les Argonautes, assis sur leurs bancs de nage crasseux, dans leurs vêtements en loques, avec tout leur attirail disparate pêle-mêle dans des barils et des sacs sous leurs pieds, dans leur malheureuse galère épuisée par le voyage, regardèrent le trois-mâts immaculé, étincelant sous sa peinture neuve, récuré méticuleusement chaque semaine par deux cents et quelques élèves officiers...

D'autres bateaux se pressaient maintenant à l'horizon. Des yachts sortaient du port de Batoum, qui venait d'apparaître au nord-est. Le bateau de tête avait son nom peint en lettres de plus d'un mètre de haut sur sa coque bleue : *Kolkhida*, la forme géorgienne du mot Colchide. L'ancienne légende n'était donc pas oubliée. Le *Kolkhida* se dirigea droit sur nous, vira de bord avec élégance et se plaça à la hauteur de l'*Argo*, en face du

Tovaritch. L'équipage du plaisancier nous fit de grands signes. « Bienvenue, *Argo !* Bienvenue en Géorgie ! » nous crièrent-ils en anglais. Le barreur secouait énergiquement une bouteille. Ce devait être du champagne géorgien, car de la mousse jaillit soudain, des verres se tendirent, et les marins du yacht levèrent leur verre à notre santé, vidèrent le champagne et jetèrent les verres à la mer.

— Alors ! Et nous ? cria Tim Readman.

Il y eut des sourires et des hochements de tête. Le *Kolkhida* se rapprocha à une dizaine de mètres, et l'on nous lança trois bouteilles de mousseux.

Je me tournai vers bâbord, vers le *Tovaritch.* Son bastingage était garni de spectateurs qui nous faisaient de grands signes et lançaient des vivats. Je remarquai des opérateurs de télévision qui braquaient leurs objectifs sur l'*Argo,* et sur l'embelle du trois-mâts, un groupe de silhouettes en survêtements identiques, bleu marine — on aurait dit une équipe de football en train de poser pour le photographe. Je me rappelai la promesse qu'on m'avait faite : un groupe de rameurs soviétiques pour nous aider à remonter le Rhioni à l'aviron. Ils avaient l'air suffisamment costaud.

Notre canot pneumatique commença à faire la navette entre l'*Argo* et le *Tovaritch.* Parmi les premiers Russes qui enjambèrent le bastingage de poupe de notre galère se trouvait un gaillard robuste, au visage ouvert, à l'œil pétillant. Il me tendit la main avec le sourire, et je le reconnus d'après sa photographie.

— Vous êtes sans doute Youri Senkévitch, lui dis-je. Merci d'avoir organisé une réception aussi fastueuse. C'est merveilleux !

— Je suis content qu'elle vous plaise, répondit Youri. Nous vous attendons depuis deux jours, et tout le monde est impatient de vous accueillir.

Cependant les hommes en survêtement bleu envahissaient la galère — des colosses en chaussures de sport. Ils descendirent le long de la passerelle centrale de l'*Argo* pour serrer la main des Argonautes. Chaque survêtement portait l'écusson de la république de Géorgie. Ils avaient hâte de prendre les avirons.

— Nous pouvons ramer ? demanda le capitaine de l'équipe.

Mark Richards leva les yeux au ciel en feignant la stupéfaction.

— Je vous en prie ! Vraiment ! Prenez donc ma place et mon aviron.

Il quitta son banc de nage, remplacé aussitôt par un Géorgien à la carrure d'athlète, qui en quelques coups d'aviron habiles, prit bien en main la pale de quatorze pieds. Tous les nouveaux venus étaient des professeurs d'éducation physique, des athlètes bien entraînés, passés maîtres dans leur spécialité. Plusieurs enseignaient l'aviron ; deux faisaient du kayak ; le capitaine de l'équipe avait gagné une médaille aux Spartakides, les championnats de l'Union Soviétique. Même le garçon jovial, à peine moins râblé, qui baissa la tête sous l'ornement de proue en m'offrant de prendre la barre, était un barreur de compétition.

Avec cette invasion soudaine de visiteurs, il ne restait guère de place sur le pont minuscule de l'arrière de l'*Argo*. Les autorités se présentèrent sous la forme, ou plutôt l'uniforme, d'un officier supérieur des gardes-frontières soviétiques — avec beaucoup de galons sur les épaulettes et une galaxie d'étoiles d'or sur les revers. Il s'intéressa moins à vérifier les tampons sur nos papiers qu'à collectionner les tampons de l'*Argo* — il représentait la silhouette de la galère — pour en distribuer dans ses bureaux. Puis le fils de Youri Senkévitch, Nikki, vint rejoindre son père et l'on me présenta à un petit bonhomme aux gestes vifs, duquel émanait une impression d'efficacité. Je compris à ses yeux sombres et ses cheveux noirs qu'il était géorgien : Nugzar Popkhadzé, président du Comité de radio-télévision de Géorgie, et responsable de l'organisation matérielle de notre visite. Au demeurant, une vraie dynamo. Jusqu'où pensais-je que l'*Argo* avancerait ce jour-là ? Pourrions-nous atteindre le port de Poti, à l'embouchure du Rhioni ?

Non, c'était trop loin, répondis-je, mais si le vent se maintenait, nous arriverions sans doute à Poti le lendemain.

— Parfait, lança Nugzar en se frottant vivement les mains. Nous vous y attendrons.

Il n'ajouta pas un mot, mais ses yeux pétillaient et j'aurais dû me douter qu'il nous réservait une surprise.

Avec Nugzar, était monté à bord un visiteur dont on devinait la profession à cinquante mètres. Il avait vraiment l'air de ce qu'il était, un éminent professeur — mais il demeure rare de voir un érudit à lunettes rayonner d'un plaisir aussi manifeste sur l'arrière-pont d'un bateau non ponté secoué par la houle. Son nom ? Je le connaissais depuis trois ans, depuis mes premières études sérieuses sur l'arrière-plan archéologique de la légende de Jason et de la Toison d'Or. Othar Lordkipanidzé avait signé de nombreux articles que j'avais lus sur les premières relations des Grecs avec la Colchide. Il dirigeait les fouilles de l'ancienne cité colchidienne de Vani, sur les rives du Rhioni, présentait des communications très remarquées dans les conférences internationales, et venait d'être nommé directeur du prestigieux Institut de Recherches archéologiques de Géorgie.

— Nous nous faisons une joie de vous accueillir à Vani, me dit-il. Tout le monde est enthousiaste et nous avons tout préparé. Je pourrai vous faire visiter tous les sites archéologiques de Géorgie que vous souhaiterez voir.

Que se serait-il passé si l'*Argo* n'avait pas réussi ? me demandai-je, abasourdi par l'annonce de tous ces préparatifs. Rien ne nous garantissait que l'*Argo* puisse gagner la Géorgie. Le Bosphore pouvait nous barrer la route, nous aurions très bien pu sombrer pendant la tempête au large de Sinope. Or, de toute évidence, ici en Géorgie et à un niveau plus élevé à Moscou, des efforts énormes avaient été accomplis pour préparer notre visite — des mois d'organisation, des attributions de crédits, la coordination de calendriers précis, la sélection et la mise en condition de rameurs, le *Tovaritch* immobilisé pour la circonstance, un énorme mécanisme en mouvement — tout cela pour un petit bateau non ponté, avec pour équipage une poignée de volontaires, ballotté par les flots à une allure d'escargot vers la Géorgie soviétique... Heureusement que je n'avais pas imaginé tout cela pendant que l'*Argo* était en mer. Quelle responsabilité ! Je n'en profitai pas moins de ce magnifique accueil.

Ce soir-là, nous allâmes jusqu'à Kobaleti, petit port à vingt-cinq kilomètres environ au sud de Poti, où les basses terres du delta du Rhioni cèdent la place à un rivage sablonneux couvert de pins. Les rameurs russes furent un peu déçus que la brise nous porte et que nous puissions naviguer à la voile jusqu'au coucher du soleil : dans le noir, le bruit des vagues nous prévint que nous arrivions dans une zone d'eau peu profonde. Le *Tovaritch* avait déjà pris le large pour éviter les bancs, et les yachts qui nous escortaient gagnèrent le port de Poti pour la nuit. Six Argonautes partirent avec eux, kidnappés par des Géorgiens enthousiastes. Où allèrent-ils et avec qui ? Je n'en eus aucune idée avant leur retour, le lendemain matin : ils avaient passé la nuit à bambocher.

— Il y avait une femme au restaurant qui mesurait au moins deux mètres de haut ! annonça Tim Readman, admiratif (on eût dit un vieil écumeur des mers qui a trop longtemps navigué et qui raconte des craques à ses camarades).

Les galériens géorgiens enthousiastes qui remplacèrent ce soir-là mes Argonautes en bordée connurent les délices, voisins du yoga, que l'on éprouve à dormir sur des bancs de nage en bois dur et à prendre le quart près du câble d'ancre pour vérifier que l'*Argo* ne dérive pas dans le noir. Deux d'entre eux avaient eu un sacré mal de mer, mais cela n'avait pas émousssé leur énergie. Quand nous commençâmes à souquer pour franchir les derniers milles vers Poti, il y eut un craquement retentissant suivi de cris de joie. Cette fois, ce n'était pas le gouvernail qui se brisait mais un des taquets des tolets, de plus de trois centimètres de diamètre, sur lesquels pivotaient les avirons. L'ancien champion des Spartakides avait tiré si fort qu'il avait cassé son tolet.

Le *Tovaritch* réapparut pour nous guider et nous le vîmes embouquer un port qui ne pouvait être que Poti. Nous le suivîmes. A un demi-mille de l'entrée, nous nous arrêtâmes pour mettre de l'ordre et rendre l'*Argo* à moitié présentable — voile correctement ferlée, cordages lovés et notre bric-à-brac rangé hors de vue. Puis, rameurs anglais, irlandais et soviétiques nageant épaule contre épaule, nous fîmes notre entrée dans le port de Poti. Nous dépassâmes d'abord des rangées de grues, des ponts roulants, des tas de ferraille et des bateaux en chantier sur leurs cales. Enfin, nous tournâmes dans le bassin principal et Youri Senkévitch, à mes côtés, poussa un cri de surprise. Le fond du port était noir de monde ; ils débordaient sur le jardin public et s'entassaient sur les balcons de la vaste capitainerie du port qui dominait les môles. Chaque fenêtre, chaque recoin, même les cabines des grandes grues étaient bondées à craquer. Contre le quai, déjà amarré, le *Tovaritch* attendait avec ses trois immenses mâts au milieu des yachts qui nous avaient accueillis la veille. L'un d'eux battait pavillon bulgare : il avait traversé la mer Noire pour voir l'*Argo*.

— Attention les gars ! C'est pas le moment de rater un coup de pale ! Ne vous occupez que du bateau !

Aussi élégamment que nous en fûmes capables, l'*Argo* franchit les cent derniers mètres.

— Mouillez l'ancre !

Cormac lança l'ancre dans la vase du port.

— Bordée tribord, retenez ! Bordée bâbord, continuez de souquer.

Les rameurs géorgiens n'avaient pas besoin d'interprète ; ils savaient tous ce qu'il fallait faire. Ses avirons battant en cadence, l'*Argo* vira bord sur bord.

— En arrière maintenant. Tout le monde.

La bordée de bâbord inversa sa nage et l'*Argo* recula à la place qui lui était réservée. Un employé du port attrapa notre amarre de poupe et l'assura à une bitte du quai.

— Rentrez les avirons !

Dans un joyeux tintamarre de bois entrechoqué, les Argonautes firent glisser leurs avirons à bord et les posèrent en travers du bateau. Puis nous nous levâmes pour débarquer, pour poser enfin le pied sur le sol de Géorgie.

Un cordon d'agents retenait les spectateurs. Dès que nous montâmes sur le quai, ils laissèrent déferler sur nous une horde galopante d'enfants, des fillettes dont les tresses volaient au vent, tandis qu'elles couraient à qui nous atteindrait la première. Chacune portait un bouquet, qu'elle jeta dans les bras d'un Argonaute, si bien que nous fûmes bientôt submergés de fleurs. Un personnage haut en couleur se dressa alors devant moi, moustachu, pareil à un dragon de la garde avec sa tunique, ses bottes de cuir souple et son poignard à pommeau d'argent glissé dans sa ceinture. Il me saisit par le coude, leva le bras en un geste large et solennel, puis se mit à déclamer d'une voix sonore.

— C'est un discours de bienvenue, me murmura le professeur Othar Lordkipanidzé à l'oreille. Il parle en vieux géorgien.

Puis l'on me conduisit auprès du maire de Poti. On versa du vin dans deux coupes de terre cuite, peu profondes, et l'on m'offrit des fruits.

— Ce sont les présents traditionnels de bienvenue à un invité, m'expliqua Othar.

Les haut-parleurs des balcons déversèrent sur nous un hymne géorgien, et la foule houleuse reprit en chœur les paroles, à pleine gorge. Tout le monde se tourna vers un endroit où l'assistance formait un cercle. Au premier rang se trouvait une vingtaine d'hommes, presque tous âgés de soixante ans, à quelques années près. Ils faisaient beaucoup d'effet dans leur costume de style dragon — longues tuniques noires rehaussées d'argent, bottes noires, porte-cartouches sur la poitrine et foulards blancs sur la tête. Leur chef fit quelques pas, puis se retourna vers ses hommes, fièrement campés sur leurs jambes. Il leva le bras et le groupe entonna un chant. Les chanteurs traditionnels de Géorgie ont porté à sa perfection l'art étonnant du chant choral, si complexe et émouvant. Une perfection que j'écoutais pour la première fois de ma vie sans l'intermédiaire d'un disque. Les Argonautes l'entendraient à maintes reprises au cours des dix journées suivantes et aucun de nous ne pourrait jamais l'oublier.

Jason et ses hommes n'avaient pas bénéficié d'une réception si pittoresque et chaleureuse à leur arrivée au royaume du roi Aïétès. Ils s'étaient approchés des rivages Colchidiens avec d'infinies précautions, en longeant la côte sous le couvert des ténèbres. Les quatre jeunes nobles colchidiens qu'ils avaient sauvés de l'île d'Arès les avaient prévenus que leur grand-père, roi féroce et rusé, soupçonnait tous les étrangers qui se présentaient dans son royaume sans y être invités ; il arrêterait probablement les aventuriers et les ferait mettre à mort. Les Argonautes accostèrent donc en Colchide comme des voleurs effectuant une opération de reconnaissance sur une maison bien protégée. Ils se glissèrent sans bruit, pendant la nuit, dans l'embouchure du fleuve Phasis et ramèrent un peu avant de se réfugier dans les marécages, où ils dissimulèrent l'*Argo* parmi les roseaux. Là, ils tinrent conseil pour déterminer le meilleur moyen d'obtenir la Toison d'Or de son possesseur, le roi de Colchide.

Selon Apollonios, Jason tenait à respecter les lois de l'hospitalité. Aïétès n'avait-il pas offert un refuge à Phrixos quand celui-ci était arrivé en Colchide, des années auparavant ? Il était juste que les Argonautes exposent ouvertement au roi le but de leur mission, et attendent sa réaction. Ils apprendraient alors si Aïétès entendait les traiter en hôtes ou en ennemis. Jason partit donc au palais d'Aïétès, avec un bâton de messager pour montrer qu'il venait en paix, accompagné par deux Argonautes (Augéias et Télamon) et par les quatre petits-fils d'Aïétès, qui expliqueraient au roi la mission de l'*Argo*.

Le palais royal, dit Apollonios, se trouvait sur la rive droite, c'est-à-dire au nord du fleuve Phasis. Pour s'y rendre depuis la cachette de l'*Argo* au milieu des roseaux, il fallait traverser de sinistres bosquets d'osiers et de saules, desquels pendaient des cadavres de Colchidiens. Selon la tradition du pays, seuls les corps des femmes étaient ensevelis dans la terre. Quand un homme mourait, on enveloppait son cadavre dans une peau de bœuf non tannée et on l'accrochait à un arbre, pour qu'il se décompose à l'air libre. Le brouillard épais qui envahissait les marais rendait sans doute les abords du palais royal encore plus sinistres, mais il dissimula l'arrivée de Jason et de ses compagnons jusqu'aux portes mêmes de la forteresse royale.

La résidence du roi, bâtisse imposante avec plusieurs cours communicantes, de nombreux balcons, des ailes annexes et des portes pliantes qui permettaient d'accéder aux multiples communs de la domesticité, comprenait les appartements du roi et de son fils, le prince héritier Apsyrtos, ainsi qu'un bâtiment réservé aux femmes du palais, en particulier la fille d'Aïétès, la princesse Médée. Quand Jason et ses compagnons arrivèrent, les grandes portes de l'enceinte du palais étaient ouvertes, et ils entrèrent. Ils trouvèrent les serviteurs du roi occupés à leur besogne quotidienne : fendre du bois de feu, dépecer la carcasse d'un taureau pour les cuisines royales, et faire chauffer de l'eau pour les bains.

Ces détails précis du palais d'Aïétès sont peut-être inventés de toutes pièces ; Apollonios aurait simplement décrit l'image qu'il se faisait du palais d'un roi de Colchide. Mais ils peuvent également s'inspirer d'une relation ancienne retraçant le plan et l'organisation d'une forteresse colchidienne traditionnelle. Apollonios affirme que le roi Aïétès, qui régnait déjà sur la Colchide à l'arrivée de Phrixos, était encore en vie au temps de Jason, ce qui semble peu probable. Les historiens estiment qu'Aïétès devait être un titre perpétuel — en tout cas pour les auteurs grecs : ils appelaient tous les premiers rois de Colchide Aïétès.

La franchise de Jason à l'égard du roi de Colchide allait le mettre en grand péril. Le roi Aïétès invita les inconnus à déjeuner avec lui et, après le repas, demanda à ses petits-fils pourquoi ils étaient revenus si tôt de leur voyage, en ramenant des inconnus. Argos, l'aîné, expliqua leur naufrage sur l'île d'Arès, leur sauvetage par les Argonautes et leur retour sur les rives du Phasis. Les visiteurs, dit-il à son royal grand-père, étaient venus chercher la Toison d'Or du bélier sacré de Phrixos, pour la ramener en Grèce. Pour dédommager Aïétès de la perte de la Toison, Jason et les Argonautes offraient d'aider l'armée colchidienne à vaincre ses voisins du nord et ennemis héréditaires, les Sauromates.

Le roi Aïétès explosa de rage. Il se tourna brusquement vers Jason, Augéias et Télamon pour jurer que s'ils ne quittaient pas immédiatement son royaume avec leurs compagnons, ils auraient à en pâtir. Leur histoire de Toison d'Or, tonna-t-il, n'était qu'un mensonge. En fait, ils étaient venus l'attaquer pour s'emparer du trône de Colchide. Ils ne valaient pas mieux que des pirates. Comme ils avaient mangé à sa table, les lois de l'hospitalité les protégeaient ; sinon il leur aurait arraché la langue et coupé les mains, avant de les renvoyer à leurs compagnons de l'*Argo,* en guise d'avertissement. Qu'ils ne posent pas le pied sur son royaume !

Jason garda la tête froide, malgré cet éclat. Il répéta sa proposition : s'ils recevaient la Toison, les Argonautes se battraient dans le camp des Colchidiens contre les Sauromates. Et si le roi faisait preuve de cette générosité, Jason et ses hommes chanteraient les louanges d'Aïétès dans toute la Grèce.

Le malheureux Jason tomba alors exactement dans le même genre de piège que le jour où Péléas lui avait proposé le trône d'Iolcos, s'il ramenait la Toison d'Or — origine de toute l'aventure. Cette fois, ce fut le roi Aïétès qui tendit les filets. Il promit à Jason de lui remettre la Toison s'il accomplissait avec succès une épreuve spéciale : mettre sous le joug deux taureaux soufflant le feu qui paissaient dans la plaine sacrée d'Arès, sur l'autre rive du fleuve, où se trouvait le chêne sacré de la Toison d'Or. Quand Jason aurait réussi à mettre ces taureaux sous le joug, il devrait les faire labourer un champ de quatre arpents en une seule journée. Puis il sèmerait dans les sillons les dents d'un serpent monstrueux. De ces dents sortiraient des hommes en armes, que Jason devrait tous tuer avant la tombée de la nuit.

L'exploit, prétendait Aïétès, n'était pas impossible. En tant que roi de Colchide, il savait lui-même juguler les bœufs, semer les dents et tuer les guerriers. Si Jason se montrait aussi capable que lui-même, il recevrait la Toison sur-le-champ.

Mais en secret, le roi Aïétès avait résolu de tuer les Argonautes. Même si Jason triomphait de l'épreuve, un « commando » colchidien irait mettre le feu à l'*Argo* et son équipage périrait dans les flammes. Pour punir ses quatre petits-fils de l'étourderie qui les avait poussés à conduire ces inconnus dangereux en Colchide, Aïétès se proposait de les envoyer en exil.

Et c'est alors que la princesse Médée entre en scène. Apollonios nous raconte que la princesse avait déjà aperçu Jason à son arrivée au palais. Ce premier coup d'œil au prince mycénien l'avait mise en émoi : elle était tombée totalement, désespérément, amoureuse du jeune homme. Pendant que les visiteurs parlementaient avec Aïétès, Médée se trouvait dans ses appartements, tourmentée par sa passion ardente pour l'inconnu, pressentant d'épouvantables conséquences. Elle savait déjà qu'elle ne pourrait jamais résister à sa passion, quoi qu'il advienne. Elle ne laisserait pas Jason quitter la Colchide sans l'aider, même contre son père.

On connaissait déjà, en Colchide, les pouvoirs magiques de la jeune Médée, mais elle n'avait pas encore la mauvaise réputation que lui ferait plus tard la Grèce entière. En Colchide, c'était une prêtresse vierge, qui connaissait toutes les herbes magiques, la façon de les préparer et l'art de lancer des sorts et des enchantements. La mutation fantastique que lui valut son rôle dans l'histoire de Jason — de vierge touchée par l'amour en reine meurtrière — devint l'une des plus célèbres métamorphoses de la tragédie grecque classique. Mais pour l'instant, la jeune princesse colchidienne était un personnage de beauté pure et de séduction sans mélange. Quand Jason et ses compagnons retournèrent à l'*Argo,* Argos le jeune noble colchidien, leur parla des pouvoirs magiques de Médée et les exhorta à faire appel à l'aide de la princesse contre le roi Aïétès.

Le *Tovaritch*, trois-mâts barque, bateau-école soviétique, s'était dérangé pour nous accueillir.

Les écrivains grecs qualifiaient la Colchide de « riche-en-or ». Voici qui confirme cette épithète et la légende de Jason : (*A gauche*) Bracelets d'or massif à têtes de bélier datant du IVe siècle av. J.-C. (*A droite*) Orpailleur svan du Caucase avec une augette de bois pour isoler la poudre d'or. (*En bas*) Les chercheurs d'or plaçaient des peaux de moutons dans les torrents pour recueillir des particules d'or dans la laine. Ce serait, selon Strabon, le géographe grec du IIIe siècle av. J.-C., l'origine de la légende de la Toison d'Or.

Il proposa à Jason de le conduire à un endroit où il rencontrerait Médée à coup sûr, car il savait que la princesse se rendait régulièrement au temple sacré de la déesse des mondes inférieurs, Hécate.

Jason accepta. Il partit avec Argos vers le lieu sacré, accompagné par Mopsos, le devin. Aux abords du bosquet, Mopsos retint Argos, sachant que pour le succès de la rencontre, Jason et Médée devaient se trouver seuls. Quand Médée vit Jason s'avancer vers elle dans le bois, « son cœur cessa de battre, dit Apollonios, un brouillard tomba sur ses yeux, et une bouffée de chaleur lui monta aux joues. Elle ne pouvait ni s'avancer vers lui ni battre en retraite ; ses pieds s'étaient enracinés dans le sol ». Jason lui parla doucement, l'invita à ne pas avoir peur. Il venait humblement implorer son aide. Si elle avait le cœur de l'assister, lui dit-il, cette générosité immortaliserait son nom ? Il lui rappela comment la princesse Ariane avait aidé Thésée à triompher du labyrinthe et du Minotaure. Les dieux l'avaient récompensée en lui donnant dans le ciel une couronne d'étoiles — la Couronne d'Ariane, joyau parmi toutes les constellations. La beauté de Médée, dit Jason, ne pouvait être que le signe d'un cœur chaleureux et tendre.

« L'hommage de Jason fit fondre Médée..., écrit Apollonios. L'instant précédent, ils regardaient tous les deux le sol, profondément gênés ; l'instant suivant, ils se souriaient et se dévisageaient avec la lumière de l'amour dans les yeux. » Médée révéla alors à Jason le secret qui lui permettrait de placer sous le joug les taureaux crachant le feu, de labourer le champ et de vaincre la récolte de guerriers armés. Elle avait déjà préparé à son intention un baume magique, un onguent confectionné à partir d'une plante rouge sang qui poussait dans les monts Caucase. Si Jason célébrait à minuit une cérémonie en l'honneur d'Hécate, puis enduisait son corps de ce baume, il deviendrait invulnérable pendant une journée. Il pourrait juguler les taureaux, labourer le champ et semer les dents de serpent. Quand les hommes armés se lèveraient des sillons, il l'enthousiasme de nos hôtes athlétiques. Quand le bateau de tête de notre flottille de moustiques touchait le fond, son barreur larguait la ligne de remorque et le bateau suivant obliquait aussitôt à la recherche d'un meilleur chenal. Parfois trois ou quatre petits bateaux exploraient devant nous toute la largeur du fleuve en quête d'un passage.

L'*Argo* n'avait besoin que de soixante-quinze à quatre-vingt-dix centimètres d'eau pour flotter, mais il touchait vraiment très souvent. Tout le monde sautait alors par-dessus bord, poussait, tirait, soulevait, dans le fleuve jusqu'à la taille et, à force de bras, replaçait la galère en eau plus profonde. Quand nos moustiques à moteur hors-bord n'eurent plus assez d'eau pour continuer, tous les Argonautes plongèrent dans le Rhioni et tirèrent l'*Argo*, dans l'eau jusqu'à la poitrine. Nous savions que nous étions revenus dans le chenal principal quand les haleurs de têtes disparaissaient sous l'eau. Tout ceci était accompli avec tellement d'allant et de panache, qu'on se laissait entraîner par l'esprit de l'aventure. Nos athlètes géorgiens voulaient prouver qu'ils avaient vraiment aidé l'expédition à atteindre son but. Remonter l'*Argo* contre le courant à la force des bras en était une démonstration splendide. Même la pluie torrentielle qui tomba cette nuit-là, la nuit la plus mouillée de tout le voyage, ne suffit pas à calmer leur enthousiasme. Aucun ne prit un seul instant de sommeil. L'*Argo* accosta à un banc de vase dans le noir, quelque part en Géorgie occidentale, sous une pluie battante, avec des éclairs qui déchiraient sans cesse un ciel d'un noir de poix. Nous avions perdu contact avec les bateaux remorqueurs, personne sur les rives ne savait jusqu'où nous avions remonté — les conditions atmosphèriques étaient trop détestables pour partir à notre recherche, et d'ailleurs il n'y avait aucun chemin de halage le long des berges. Sans nourriture, avec les dernières bouteilles de vin de Géorgie comme consolation, tout l'équipage se réfugia sous l'abri précaire de feuilles de plastique et entonna son répertoire de chansons.

Le lendemain, le temps ne valait pas mieux, et l'*Argo* avança de plus en plus lentement contre le courant furieux. Othar Lordkipanidzé envoya un ami me chercher. Les Géorgiens veilleraient sur l'*Argo*, me dit-il, et le conduiraient à Vani sans encombre. Entre-temps, Othar désirait me montrer le site archéologique sur lequel il travaillait. Cela m'aiderait à comprendre les liens de la Géorgie avec la Grèce antique, et me donnerait plusieurs indices sur les raisons de la survivance d'une légende comme celle de la Toison d'Or.

Un des indices se trouvait à même la terre. Après de fortes pluies, dans les collines dominant Vani, le ruissellement ramène souvent des objets d'or à la surface. Un des collaborateurs d'Othar trouva dans la boue, le jour même de l'arrivée de l'*Argo*, un fragment de bracelet d'or. Les habitants du pays ont ramassé ainsi d'élégants diadèmes d'or, des colliers d'un travail remarquable, composés à partir de milliers de minuscules boules d'or associées, des boucles d'oreilles, des pendentifs et toutes sortes de bijoux d'or. Ces objets datent de la période grecque classique, époque à laquelle une cité grecque prospérait sur ce site — plusieurs siècles après Jason, mais l'important, c'est que cet or est d'origine colchidienne. Il s'agit bien d'or de Géorgie. Othar me fit observer qu'à l'époque classique, la Colchide était si réputée pour sa production d'or que les auteurs grecs la qualifiaient de « riche en or », épithète qu'elle partageait avec Mycènes. Les objets d'or de Vani et des autres villes colchidiennes confirment bien notre légende, qui parle d'un trésor en or au fond de la mer Noire. L'endroit d'où venait l'or n'a jamais cessé d'être identifié avec la Géorgie.

Autre indice pour mes recherches, une hache rituelle de bronze que l'équipe d'Othar avait découverte sur le site des fouilles, trois semaines auparavant. C'était un objet magnifique, d'une forme spéciale qui n'a pas varié en Géorgie occidentale depuis l'Age de Pierre jusqu'à notre siècle ; on se souvient encore, à Vani, que les paysans géorgiens se servaient de haches de la même forme pour éclaircir les taillis. La hache rituelle découverte par les collaborateurs d'Othar datait du huitième siècle avant notre ère ; sa décoration représentait un guerrier à cheval, armé d'un épieu et portant un casque ou un chapeau conique. Il s'agissait d'un chef de guerre colchidien — première représentation connue du genre de seigneur tribal colchidien qui devait régner sur la vallée du Phasis à l'époque où Jason et ses hommes y étaient parvenus. Ce guerrier à cheval constitue à ce jour l'image la plus parlante de ce que devaient être le roi Aïétès et ses descendants.

Les fouilles de la vallée du Rhioni ont révélé la nature de la société colchidienne à la fin de l'Âge du Bronze. Les Colchidiens étaient des cultivateurs qui construisaient des villages fortifiés et enterraient leurs rois entourés d'outils agricoles. Ce détail est inhabituel, presque unique dans les cultures primitives, et Othar me suggéra que l'épreuve du labour imposé à Jason par le roi colchidien Aïétès traduit ce respect pour les prouesses agricoles. L'histoire des dents de serpent semées a sans doute été empruntée par Apollonios à la célèbre légende de Cadmos, qui subit la même épreuve et triomphe de la récolte de guerriers par le même stratagème du rocher lancé. Mais le fait qu'Aïétès ait demandé à Jason de se livrer à des épreuves agricoles, domaine dans lequel il était passé maître, demeure sans doute lié à l'importance des premiers rois de Colchide en tant que promoteurs de l'agriculture.

Mais la toison ? demandai-je à Othar. Une fois admises la « richesse en or » de la Colchide et la relation de ses rois avec les travaux agricoles, pourquoi la légende des Argonautes insiste-t-elle sur la nature sacrée de la toison de bélier ? Othar me montra une figurine d'argile représentant un bélier, trouvée dans une tombe de Vani et manifestement un objet rituel. Les jours suivants, m'assura-t-il, il me montrerait des dizaines et des dizaines de ces béliers sacrés : je comprendrais alors ce qu'ils signifiaient.

Le lendemain, l'*Argo* avait presque terminé la remontée du fleuve, et l'on nous invita à assister au gala des Argonautes, que les gens de Vani avaient organisé en notre honneur. Dans un jardin public de la rive du Rhioni, ils avaient construit une scène. En fin d'après-midi, le soleil perça les nuages et baigna le parc d'une lumière douce, dorée ; après la pluie presque ininterrompue de la journée, les arbres et les arbustes luisaient d'un vert profond. Le parc, envahi de Géorgiens dans leurs plus beaux habits, avait un air de fête, de kermesse campagnarde. Othar souriait de toutes ses dents quand il me présenta à ma cavalière de la soirée, la « princesse Médée », actrice géorgienne d'une étonnante beauté, choisie pour sa peau claire et ses cheveux d'un noir de jais, bouclés et retenus par un mince ruban doré, à la manière classique. Elle était vêtue d'un costume grec d'un blanc pur, chaussée de sandales légères et elle portait un bouquet de roses rouge foncé. Elle souriait d'un air espiègle tandis que ses deux dames d'honneur, de belles Géorgiennes vêtues du costume traditionnel — longues robes dorées de coupe médiévale — essayaient de garder leur sérieux.

On invita tous les Argonautes à s'installer au premier rang, devant la scène, puis la population de Vani se pressa derrière nous et la soirée se déroula. Elle commençait, bien entendu, par un autre discours officiel de bienvenue, prononcé par un notable en costume traditionnel. Puis vinrent les choristes, tous des habitants de la ville, qui chantaient à la perfection. Un flûtiste exécuta un air mettant en valeur sa virtuosité et des Géorgiennes en costumes du Moyen Âge jouèrent de douces mélodies sur des instruments ressemblant à des harpes. Bientôt, tout le plancher de la scène fut envahi par de jeunes danseurs de sept à huit ans, il y en avait quarante ou cinquante, et ils bondirent et tapèrent du talon pendant tout leur numéro avec beaucoup d'ardeur et de discipline. Puis ce furent d'autres chanteurs, d'autres musiciens, et le spectacle touchant d'un danseur soliste, vigoureux malgré ses soixante-quinze ans, accompagné par un enfant de six ans qui répétait comme en écho tous les pas de danse du vieillard — magnifique symbole de la façon dont les traditions se transmettent de génération en génération. Et quels efforts pour nous souhaiter la bienvenue ! Au cours de cette soirée de deux à trois heures, douze ou quatorze numéros différents s'étaient succédé avec moins de vingt secondes d'entracte entre chacun d'eux. Un spectacle étourdissant qui nous avait tous captivés.

Le lendemain, les nouveaux Argonautes, nos hôtes géorgiens et les rameurs volontaires de Géorgie partirent ensemble visiter la source de l'or de Colchide. Nous remontâmes la vallée du Rhioni pour nous engager dans les premiers contreforts des montagnes, vers le nord. Dans la vallée, on pouvait se croire en Bourgogne : la même impression de fertilité épanouie et de culture savante qui remontait à des siècles. Les mêmes récoltes, également : des vignes et des vignes, des champs de maïs, des vergers de pruniers, de pommiers et de poiriers. Le long des routes de campagne, de grands peupliers en file indienne. Les maisons des paysans, très particulières, basses, et souvent en bois avec parfois un toit en tôle ondulée, s'élevaient sur des pilotis bas pour s'isoler de la riche terre humide. A chaque tournant de la route nous découvrions une nouvelle preuve de prospérité agricole assurée — abondance bucolique et belle vie. Des légumes poussaient à profusion dans les jardins impeccablement travaillés. Des oies et des poulets picoraient au milieu des dindons. Des truies se promenaient le long de la route, à la tête de troupeaux frétillants de porcelets tachetés. Même les chiens avaient l'air en parfaite santé. La pluie nourricière fertilisait une bonne terre noire, et quand nous traversâmes le Rhioni sur un pont, les eaux du fleuve chargées d'alluvions semblaient assez riches pour qu'on y sème des graines.

Cette corne d'abondance nous valut une table vraiment princière. Nos hôtes n'avaient pas l'intention de laisser leurs invités mourir de faim. Même à la plus brève des haltes apparaissaient des amuse-gueules : poulet froid, pain et fruits frais. Les repas prévus méritaient tous le nom de festin. Dès la porte de la salle à manger, dans une maison privée ou dans un lieu public, on recevait le choc : de longues tables, pour asseoir trente personnes de chaque côté, couvertes de nappes, d'assiettes, de verres et de couverts, garnies de tous les plats auxquels les hôtes avaient pu songer. Des quantités invraisemblables. Une profusion gastronomique hallucinante. Cochon de lait, esturgeon, caviar, poulet sous toutes ses formes, rôti de porc, poisson blanc, chich-kebab, rôti d'agneau, pâtés, fromages, gâteaux, pain blanc, pain de maïs, et tous les fromages, caillés, blancs, jaunes et fumés. Tout ceci serait arrosé de vins de Géorgie, rouges ou blancs, d'eaux-de-vie, d'une étrange boisson non alcoolisée à base de thé, d'une sorte de Coca-Cola, d'eau minérale ou de vodkas, nature ou parfumée au citron. Un véritable banquet médiéval. A mesure que le repas avançait, on apportait fièrement d'autres délices devant les invités, jusqu'à ce qu'il n'y ait plus de place où les mettre — et l'on empilait les plats les uns sur les autres.

Ce premier jour, nous visitâmes le pays des Svans, les montagnards de Géorgie. La plupart vivent dans le Grand Caucase bien qu'autrefois leur territoire s'étendait dans le piémont. En prenant de l'altitude, nous vîmes les premiers Svans, immédiatement reconnaissables à leurs calottes de feutre gris : ils travaillaient à la route elle-même, car on était en train d'améliorer et d'empierrer cette voie d'accès aux montagnes. La région constitue un vrai cauchemar pour un ingénieur de travaux publics. Les flancs du Caucase se dressent en grandes murailles verticales, fendues de gorges et flanquées d'incroyables précipices. La route se tordait en tous sens pour tenter de pénétrer dans le massif, suivait une vallée jusqu'à ce que cette porte se ferme, puis abandonnait cette ligne d'attaque pour traverser une crête et grimper quelques kilomètres de plus sur le flanc de la gorge voisine. Parfois, nous plongions dans des tunnels neufs, de simples trous dans le rocher, ou bien nous nous accrochions sur des plates-formes artificielles plantées en porte à faux sur la face de la falaise.

Les panoramas étaient magnifiques. Des forêts de pins sylvestres défilaient sur les pentes et, au-dessous de nous, la rivière retenue par un barrage dormait un long lac sinueux dont la surface était tapissée par des milliers et des milliers de troncs flottants qui attendaient d'être ramassés et sciés. De la hauteur d'où nous les admirions, ces énormes grumes semblaient des allumettes. Nous nous arrêtâmes un moment à mi-chemin de cette ascension vertigineuse, et nous découvrîmes que l'équipe de la station régionale de télévision de Nugzar aurait pu doubler les chorales qu'ils avaient filmées, car ils se mirent à chanter un merveilleux répertoire de chansons svans, avec pour chambre d'écho les immenses flancs des montagnes. Parfois, on avait l'impression d'une tyrolienne. La comparaison avec les Alpes fut encore plus marquée lorsque nous débouchâmes sur le haut plateau : de petits chalets de bois isolés, des vaches brunes paissant des prairies parsemées de fleurs sauvages, des pics couverts de neige dans le lointain, des hommes et des femmes en train de flâner ici et là — une image vraiment « suisse » du Caucase.

La nuit tomba avant que nous puissions atteindre notre destination, Mestia, la capitale des Svans. Comme nous traversions le dernier col, une silhouette apparut soudain dans les phares, bloquant la route : un jeune homme sur un petit cheval gris. Il tenait à la main une sorte de totem, une lance qui s'ornait, à la pointe, d'un masque à l'air très étrange — difficile de préciser davantage dans les ombres mouvantes. Une bande de tissu fixée à la hampe claquait au vent. Le cheval piaffait, nerveux, dans l'éclat des phares. La voiture s'arrêta et Nugzar me demanda d'avancer à pied. Derrière le cavalier, une phalange d'hommes barrait la route : certains à pied, d'autres à cheval, tous vêtus du costume svan et brandissant des oriflammes. Quelqu'un fit un discours et l'on plaça dans ma main une corne de vache pleine d'une boisson amère — de la bière de millet. Il s'agissait d'une députation de notables svans qui attendaient les Argonautes pour leur souhaiter la bienvenue. Les fers des chevaux claquèrent et lancèrent des étincelles sur la route empierrée : la petite cavalcade fit demi-tour et partit au trot nous faire escorte dans Mestia.

On ne peut comprendre la légende de la Toison d'Or sans évoquer la Svanétie, le pays des Svans. Des historiens estiment que la culture montagnarde des Svans remonte à quatre mille ans au moins, peut-être davantage — mais en tout cas à l'époque où les Argonautes sont parvenus en Colchide. La langue, les usages, les traditions et les croyances de ce peuple des montagnes datent de l'époque héroïque. Et le bélier apparaît sans cesse en tant que symbole traditionnel, en général associé à des rites magiques ou sacrés. Un conte populaire svan, par exemple, raconte que dans les monts Caucase se trouve une grotte secrète dans laquelle un bélier d'or, entravé par une chaîne d'or, veille sur un trésor caché. Nul ne sait à quand remonte ce conte, mais les Svans ont représenté symboliquement le bélier depuis l'Age du Bronze ; et ces figurines sont considérées en général comme la preuve d'une sorte de culte du bélier, peut-être fondé sur la vénération du bélier comme animal sacré.

Bélier trouvé à Kala (fin de l'Âge du Bronze)

Dans le village de Kala, près de Mestia, par exemple, se trouve une petite statuette de bronze représentant un bélier, datant à peu près de l'époque où Jason aurait accosté au pays de la Toison d'Or. Elle possède à sa base un trou qui permettait de la fixer sur une hampe. Les gens de Kala conservent précieusement ce bélier dans l'église. De Raja, dans une vallée à l'est de Mestia, vient une figurine symbolique de bélier encore plus ancienne — la double spirale des cornes de bélier, en bronze, trouvée dans une tombe datée du milieu du deuxième millénaire av. J.-C. A Larilari, à quatre-vingts kilomètres à l'ouest de Mestia, une équipe d'archéologues sous la direction de Schota Tzartolani, Géorgien d'origine svan, étudiait lors de notre passage en Svanétie le contenu de plusieurs tombes des cinquième et sixième siècles avant notre ère. Ils m'ont montré des dizaines de statuettes du bélier sacré, toutes en bronze, enterrées avec les morts.

Or la Svanétie était la principale source de l'or colchidien. Le lendemain matin, nous pûmes voir comment cet or était obtenu, expérience cruciale pour la compréhension de la légende de la Toison d'Or. Quatre chercheurs d'or svans nous attendaient, dans les eaux peu profondes de l'Enguri, rivière qui arrose Mestia, pour nous montrer la façon dont les Svans extraient leur or. Trois d'entre eux avaient jadis gagné leur vie comme orpailleurs professionnels ; le quatrième, plus jeune, avait aidé son père dans le même métier jusqu'à la fin de la Seconde Guerre mondiale, quand le gouvernement avait retiré l'agent à qui ces hommes vendaient leur or.

C'était Nugzar qui avait organisé la démonstration. Le principal outil des Svans n'était autre qu'une peau de mouton. Chaque printemps à la fonte des neiges et des glaciers dans les hautes vallées, les « mineurs » svans montaient dans les hauteurs jusqu'aux torrents affluents de l'Enduri. Chacun avait son endroit de préférence, où il savait par expérience que l'eau de la fonte charrierait de petites quantités d'or arrachées à des filons du rocher. Dans ces torrents, les Svans plaçaient des peaux de mouton, la toison vers le haut. Ils clouaient ces peaux à plat sur des planches qu'ils installaient au fond du torrent, lestées par des pierres, pour que les eaux glissent sur elles, souvent en une série de paliers d'une planche sur l'autre. Quand l'eau coulait sur les toisons, les petites particules de la poudre d'or, plus denses que le sable et les alluvions, se trouvaient prises dans la laine. Chaque chercheur d'or svan savait quand surveiller son piège à or, en fonction de la richesse du torrent et du débit de l'eau selon la saison. Au bon moment, il retirait les peaux du courant et lavait le dépôt qui s'était accumulé dans la laine, à la recherche de particules d'or. Parfois, dans un secteur très riche, la première toison, la plus en amont dans le lit du torrent s'imprégnait tellement de poussière d'or qu'elle devenait, pour ainsi dire, une toison d'or.

Strabon, le géographe grec, avait soupçonné la vérité dès le troisième siècle avant notre ère. « On raconte que dans leur pays (en Colchide) les torrents des montagnes charrient de l'or, et que ces Barbares en obtiennent au moyen d'augettes perforées et de peaux en toison — telle serait l'origine du mythe de la toison d'or... » Deux mille ans plus tard, n'était-il pas stupéfiant de rencontrer des hommes qui connaissaient encore l'ancienne technique et l'avaient pratiquée dans leur jeunesse ? Enfoncés jusqu'aux chevilles dans les eaux glacées de l'Enguri, ils me firent la démonstration des outils de leur métier : peaux de mouton clouées sur une planche, petite houe pour étaler les dépôts alluviaux sur la laine, grattoir pour nettoyer la toison, et une augette de bois toute simple pour éliminer le limon et isoler l'or. Dans l'après-midi, au cours d'une cérémonie brève mais émouvante, le père respecté d'un héros svan — alpiniste tué dans un accident de montagne — m'offrit une peau de mouton à « cueillir » de l'or et un costume traditionnel svan.

Il ne me restait, pensais-je, qu'une seule question à poser. Existait-il des preuves attestant la présence réelle de Grecs, ou de Mycéniens comme on les appelait alors, au pays de la Toison d'Or dès l'époque de Jason ? On n'avait encore trouvé en Géorgie aucune poterie, aucun bijou, aucune autre preuve matérielle de la venue de Mycéniens, et les sceptiques pouvaient prétendre que toutes ces histoires de Toison d'Or et de bélier sacré avaient été inventées des siècles plus tard, quand les colonies grecques s'étaient établies sur les rives du Phasis. Aucune preuve sauf celle que fournit la langue — mais elle est déterminante. Les Grecs désignaient le grand fleuve de Géorgie par le mot « Phasis », et pour connaître ce nom, il fallait qu'ils fussent en contact avec la Colchide longtemps avant la fin du premier millénaire av. J.-C. Rismag Gordésiani, directeur de l'Institut des Études méditerranéennes de Tiflis, a expliqué la signification de cet indice.

Jusqu'au dernier quart du deuxième millénaire av. J.-C., le peuple de Colchide parlait une langue connue sous le nom de kartvélien. Le nom du fleuve dans cette langue était « Pati » mot que les Grecs ont emprunté pour en faire « Phasis » selon les règles classiques des changements de prononciation. Puis, peu de temps avant 1000 av. J.-C., la langue kartvélienne de Géorgie occidentale est tombée en désuétude. Les gens du fleuve se sont mis à parler une langue dérivée, le mengrékien, dans laquelle le fleuve s'appela « Poti » (nom qui survit dans celui de la ville de Poti, sur le delta). Mais les Grecs conservèrent le nom original de Phasis, adopté forcément très longtemps avant la fondation de leurs colonies de la mer Noire, à l'époque classique. Ce qui intriguait le plus Rismag Gordésiani, sans qu'il puisse encore trouver la moindre justification, c'était que le mot grec ancien pour désigner la peau de mouton semblait lié au mot kartvélien qui signifie « toison ».

Existait-il, me demandai-je, des relations entre la Grèce et la Géorgie antérieures au voyage de l'*Argo ?* Pourquoi donc le bélier volant était-il venu en Grèce sauver Phrixos menacé de mort ? Comment Jason et les Argonautes savaient-ils qu'ils devaient se rendre en Colchide pour trouver la Toison d'Or ? Toutes ces questions dépassaient le cadre de notre recherche. Le Voyage de Jason avait rempli la mission qu'il s'était assignée. Nous avions démontré qu'il était matériellement possible qu'un bateau de la fin de l'Âge du Bronze se rende d'Iolchos aux rives du Phasis. Avec seulement vingt avirons, au lieu des cinquante hommes de Jason, notre galère avait remonté le courant du Bosphore et survécu aux rigueurs de la mer Noire. En chemin, nous avions confronté à la réalité la géographie de l'ancienne légende et découvert des correspondances dépassant les limites de la simple coïncidence. Enfin, au pied du Caucase, grâce aux archéologues géorgiens, nous avions découvert la preuve d'un culte du bélier très ancien, d'une Colchide « riche en or », et vu de nos yeux l'origine réelle d'une toison d'or. Je pensais qu'il ne me restait plus rien à apprendre sur la Conquête de la Toison d'Or.

Je me trompais. Pendant une semaine nous fûmes submergés par le torrent tumultueux de l'hospitalité géorgienne. Après notre visite des montagnes, on nous conduisit à Tiflis, où l'on nous gava et nous abreuva, avant et après d'inoubliables visites de monastères et de musées. Au Musée national, nous eûmes l'occasion d'admirer deux adorables bracelets d'or massif, à têtes de bélier, découverts par Othar sur le site de Vani. Et nous nous sommes vraiment amusés comme des fous. Tim Readman, qui devait se marier dès son retour en Angleterre, promit de porter le costume blanc traditionnel de Géorgie le jour de ses noces (ce qu'il fit), et nous commençâmes à avoir du mal à trouver de la place pour tous les présents qui pleuvaient sur nous : poignards d'ornement, coupes et cornes à boire, verre taillé, trophées, bannières et cadeaux de toute espèce. Nos camarades, les rameurs géorgiens, accompagnaient les Argonautes partout, et nos regrets étaient vraiment sincères quand

nous dûmes nous préparer enfin à retourner vers la côte pour retraverser la mer Noire. Ce fut alors que je tombai, tout à fait par hasard, sur ce que je considère comme la preuve définitive que la légende de Jason se fonde sur un fait réel.

Notre dernier jour en Géorgie, le 2 août, nous repartîmes donc vers le port pétrolier de Batoum. En chemin, Othar me proposa de visiter un dernier site archéologique, près de Kobuléti, où l'*Argo* avait passé sa première nuit à l'ancre au large des côtes de Géorgie. J'en avais très envie, car c'était sûrement sur cette plaine côtière que Jason et les Argonautes avaient débarqué, là que se trouverait le genre de village qu'ils avaient découvert à leur arrivée dans le royaume d'Aïétès, à la recherche de la Toison d'Or.

De nouveau, il pleuvait. A la suite d'Othar, je pataugeai sur une sorte de tertre bas qui s'élevait comme la bosse d'un bouclier au-dessus des basses terres marécageuses de la côte : Namchédori, le site que les archéologues avaient décidé d'étudier. Plusieurs tertres semblables avaient été identifiés dans la région, mais aucun autre n'avait encore été fouillé. En haut du monticule, nous découvrîmes que le côté opposé avait été tranché, comme un gâteau coupé en deux. A nos pieds s'étalait l'habituel paysage archéologique, fait de boue, de flaques, et de ce qui semblait les vestiges d'une ancienne construction de bois découverte par les ouvriers au milieu du tertre.

David Khahutaïshvili, l'archéologue responsable des fouilles, nous expliqua qu'il s'agissait d'un site sacré. L'enceinte de soixante-dix mètres de diamètre se composait d'une palissade de poteaux de dix mètres de haut, protégée par des douves. Au centre se dressait une sorte de bâtiment de bois, très probablement un temple, divisé en neuf petites pièces. Je lui demandai naturellement si son équipe avait trouvé les traces d'un culte du bélier dans le temple. J'avais vu tellement de statuettes de béliers sacrés que sa réponse négative me surprit et m'intrigua. Quel genre de culte célébrait-on dans ce cas ? Sa réponse me déçut au début. A la fin de l'Âge du Bronze, ici et dans la région environnante, les cultes étaient associés au taureau. Les archéologues avaient trouvé des totems de taureaux à plusieurs endroits, des tablettes de pierre ou d'argile d'environ trente centimètres de long qui se terminaient par une fourche — représentation bien connue des cornes d'un taureau.

Puis je me souvins d'un épisode que les figurines rituelles de bélier avaient chassé de mon esprit au cours de ces derniers jours : les taureaux sacrés de l'épreuve de Jason. Pour accéder à la Toison, il avait dû domestiquer les taureaux sacrés qui vivaient dans la plaine proche de l'arbre sacré de la Toison d'Or. Or j'avais sous les yeux, par pur hasard, un temple consacré au culte d'un taureau sacré, situé exactement dans la partie de la Colchide qu'il fallait, et datant de la fin de l'Âge du Bronze ! Les détails étaient d'une précision stupéfiante. La Toison se trouvait-elle dans un temple ou un bosquet consacré au culte du taureau ?

Mais il existait un autre élément dans la légende. Dès son départ à la conquête de la Toison d'Or, Jason savait que celle-ci était gardée par un serpent monstrueux qui ne dormait jamais, posté en sentinelle devant l'arbre sacré auquel était suspendue la Toison. Après avoir réussi à domestiquer les taureaux, encore fallait-il que Jason triomphe du serpent. Selon la légende, il y était parvenu également avec l'aide de Médée. Après la tombée de la nuit les deux complices se rendirent ensemble à l'endroit sacré et Médée charma le serpent sentinelle, qui ferma les yeux. A la hâte, Jason arracha la Toison d'Or de l'arbre, et les deux amants coururent se réfugier sur l'*Argo,* qui largua aussitôt ses amarres et s'éloigna au plus vite pour échapper à la vengeance des Colchidiens dépouillés de leur totem sacré.

Mais le serpent ? Je posai la question à l'archéologue de Kobuléti. Son équipe avait-elle trouvé la moindre référence à un serpent ou des serpents ?

Vous pouvez imaginer ma surprise et ma joie quand il me répondit par l'affirmative.

— Oh, oui ! Je vais vous montrer.

Il me conduisit dans un bâtiment voisin, où les archéologues avaient rangé les trouvailles réalisées dans le temple ancien et sur d'autres sites de la région. Il prit sur une étagère un objet de culte en forme de corne de taureau, tablette d'argile d'une quarantaine de centimètres de longueur et s'achevant par la fourche caractéristique. Il passa le doigt sur le devant.

— Regardez ! Là, ce sillon en zigzag ? C'est le symbole d'un serpent. D'un serpent protecteur. L'objet date du huitième ou du septième siècle avant notre ère, et nous avons trouvé des pavés, des becs à feu et des totems de taureau encore plus anciens, qui portaient ces symboles de serpent. Nous pensons que les anciens Colchidiens gardaient des serpents dans leurs temples comme sentinelles. Jusqu'à une époque récente, la coutume géorgienne voulait que l'on ait dans sa maison un « serpent de garde ».

Enfin, tout concordait. C'était à coup sûr la confirmation définitive de l'histoire de Jason, le genre de détail que ne pouvaient inventer ni Apollonios, ni les autres auteurs de la légende de la Toison d'Or. L'archéologie prouve qu'à la fin de l'Âge du Bronze il existait, sur la plaine côtière, des temples consacrés au culte du taureau, et a l'intérieur de ces temples des serpents pour garder les objets rituels. Toute l'histoire des épreuves de Jason et du vol de la Toison d'Or s'explique à la lumière des découvertes archéologiques.

La Toison d'Or était bel et bien une toison d'or : une peau de mouton des montagnes du Caucase qui servait à recueillir l'or des torrents, et s'imprégnait de poussière d'or. On l'avait sans doute apportée dans les basses terres en suivant les routes commerciales, dont l'existence est attestée par la présence en montagne de poteries fabriquées dans la plaine. A moins qu'elle ne fût arrivée à titre de tribut, ou comme don rituel, du peuple des montagnes au roi plus puissant de la côte. Bien entendu, les gens du plat pays auraient placé cette toison dans le temple, entouré de palissades, où ils rendaient un culte au taureau. Pour obtenir la toison, Jason avait dû d'abord circonvenir les taureaux sacrés eux-mêmes, puis, une fois dans l'enceinte,

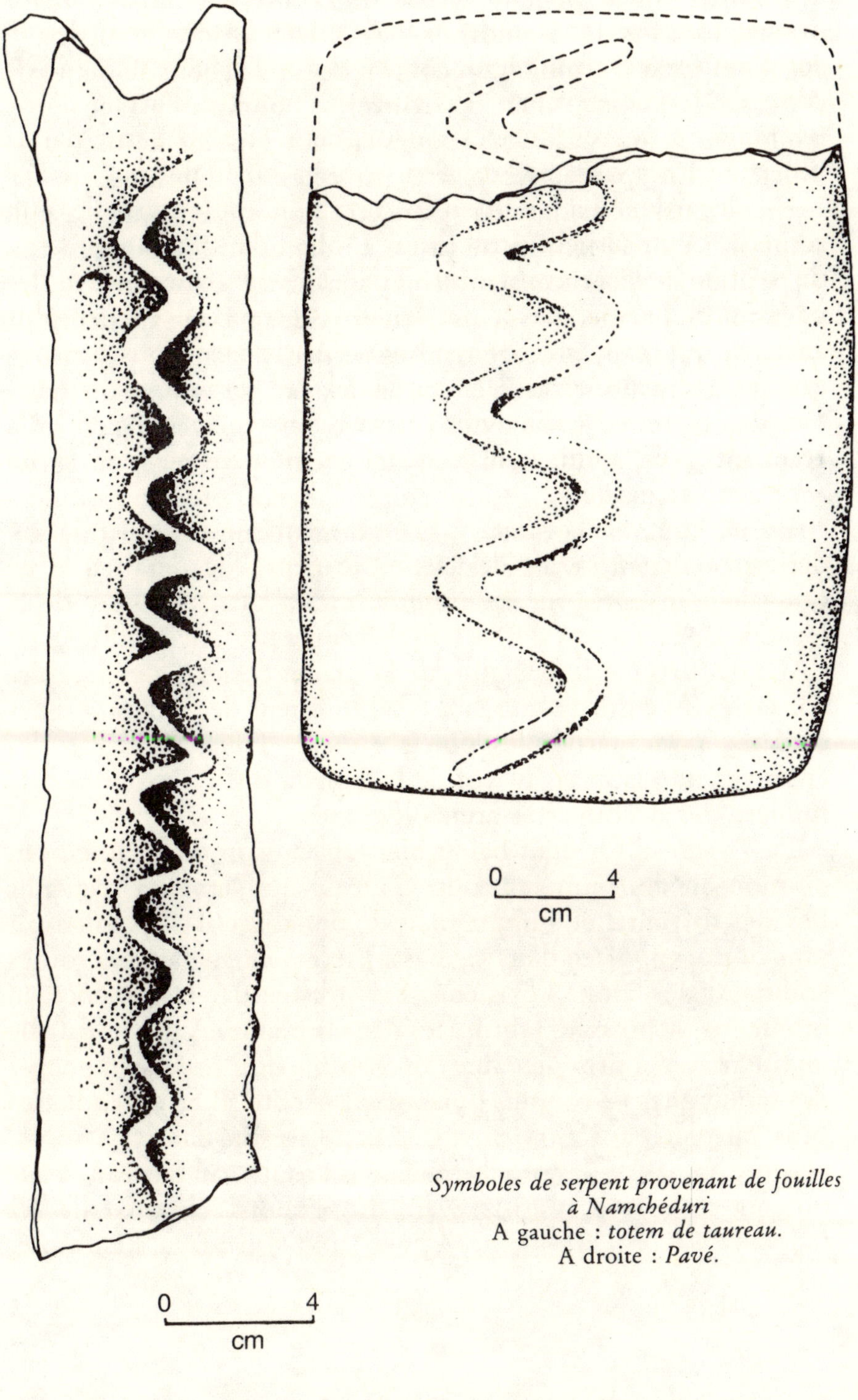

Symboles de serpent provenant de fouilles à Namchéduri
A gauche : *totem de taureau.*
A droite : *Pavé.*

triompher du serpent de garde qui protégeait le sanctuaire.

Jusque dans le moindre détail, l'archéologie confirme la légende. Ce qui semblait un conte à dormir debout au début du Voyage de Jason, venait de trouver sa solution en Géorgie, à mille cinq cents milles nautiques de notre point de départ — Iolchos. En Grèce, les pierres muettes de Dimini, que les archéologues considéraient peut-être comme Aïsonia, la ville temporaire de la famille de Jason en dehors d'Iolchos pendant sa période de disgrâce, semblaient confirmer le commencement et la fin de l'ancienne Quête. Ici, en Géorgie, le sanctuaire du culte du taureau, protégé par ses serpents, dans le pays où le bélier passait pour sacré et où les toisons servaient à extraire l'or des torrents, nous avions trouvé des preuves encore plus frappantes du fondement véridique de notre légende. Pour moi, cet instant à l'entrée du temple boueux, près de Kobuléti, marquait la fin de la Quête — sans doute comme pour Jason, il y a de cela trente-trois siècles.

Épilogue

Qu'arriva-t-il ensuite à Jason, à Médée et aux Argonautes errants ? Comment retournèrent-ils en Grèce avec la Toison d'Or et le récit de leurs aventures ? La légende originale devient très confuse. Il y a autant de versions du voyage de retour que de poètes ayant traité le sujet.

Selon Apollonios, les Argonautes gagnèrent d'abord la côte d'Anatolie ; à l'embouchure du fleuve Halys, ils débarquèrent Daschylos, fils du roi des Mariandyni, pour lui permettre de rentrer chez lui. Ensuite, poussés par un vent favorable, ils traversèrent la mer Noire jusqu'à l'embouchure du Danube, où ils s'engagèrent. Ils suivirent le fleuve puis un de ses affluents jusqu'à l'Adriatique. Apollonios n'a pas une idée très claire de sa géographie, car aucun affluent de ce genre n'existe. Il affirme cependant que les Argonautes débouchèrent dans l'Adriatique. Là, ils rencontrèrent le frère de Médée, le prince Apsyrtos, qui bloquait l'embouchure du fleuve avec la flotte colchidienne. Moins nombreux, les Argonautes proposèrent une trêve. Apsyrtos accepta de les laisser passer, mais à condition que le sort de Médée serait déterminé par le roi de la région : il déciderait si elle devait retourner en Colchide ou accompagner Jason à Iolchos. Jason accepta cet arbitrage, mais Médée, furieuse, lui reprocha sa faiblesse. S'il l'aimait vraiment, il devait le lui prouver en la débarrassant de son frère, et elle le persuada de tendre un piège à Apsyrtos. Elle fit dire à celui-ci qu'elle avait été enlevée par les Argonautes et contrainte à suivre Jason contre son gré. Qu'Apsyrtos se rende à un rendez-vous secret sur une île déserte, elle quitterait l'*Argo* à l'insu de tous, en emmenant la Toison. Apsyrtos se rendit donc sur l'île, seul et sans armes, et pendant que Médée détournait son attention, Jason, qui s'était embusqué, tua le Colchidien dont le sang se répandit sur les vêtements de sa sœur. Cette mauvaise action, rupture d'une trêve et meurtre d'un homme sans arme, ne pouvait que susciter un châtiment des dieux. Dès lors, le mariage entre Médée et Jason était condamné.

Selon une autre version de l'histoire, Médée attira son frère à bord de l'*Argo* alors que celui-ci se trouvait encore dans la mer Noire ; elle le tua elle-même et démembra son corps. Puis, comme l'*Argo* s'éloignait, elle lança les morceaux du cadavre dans son sillage pour retarder les vaisseaux colchidiens, qui s'arrêtèrent afin de recueillir les restes de leur prince et de lui offrir des obsèques rituelles, à terre.

Une troisième version du retour assure que l'*Argo* remonta le Phasis jusqu'au Fleuve du Monde, qui entourait l'ensemble du monde habitable, selon les croyances des Grecs de l'époque. En naviguant au sud puis à l'ouest, les Argonautes seraient revenus dans la Méditerranée en portant l'*Argo* à travers le désert de Libye. Mopsos le devin y serait mort, d'une morsure de serpent venimeux. De la côte libyenne, les Argonautes survivants auraient fait voile vers le nord et la Crète, où Talos, énorme géant articulé, en bronze, qui patrouillait les rivages de l'île et lançait des rochers aux inconnus, les menaça et les empêcha de débarquer, mais Médée lui jeta un mauvais sort et comme il se figeait, pétrifié, il s'érafla la cheville, seul point faible de son corps. Le géant perdit le fluide qui coulait dans ses veines, s'effondra et mourut... De là, les Argonautes rentrèrent chez eux à Iolchos.

D'autres versions du retour de l'*Argo* affirment que la galère quitta la mer Noire en remontant le Don vers le nord, puis en contournant l'Europe pour rentrer, soit par les Colonnes d'Hercule, soit par le Rhin et le Rhône — ou même par le Pô, dans le nord de l'Italie. Bien entendu, tous ces itinéraires sont imaginaires. Aucun n'est réalisable avec une galère. Ils sont simplement le reflet des conceptions géographiques contemporaines de leurs auteurs, désireux de faire étalage de leur science, et d'éviter le récit sans intérêt d'un retour sur le même itinéraire que l'aller — la mer Noire et le Bosphore, cette fois avec les courants en leur faveur. Aucun autre itinéraire n'est possible.

Apollodore, l'auteur romain, affirme qu'ils étaient rentrés ainsi. Il note que, de son temps, les marins faisaient encore des sacrifices sur le cap de la côte asiatique du Bosphore, à l'entrée nord, au lieu-dit Pointe de Jason, parce que Jason s'y était arrêté au retour de son expédition pour remercier les dieux en quittant la mer Noire. D'après une autre tradition locale, au moment où l'*Argo* redescendit le Bosphore, la princesse Médée lança à terre la boîte qui contenait toutes ses drogues magiques, ramassées en Colchide. Depuis lors, l'endroit est devenu un centre réputé de cures médicales.

Quand les Argonautes arrivèrent enfin dans la baie d'Iolchos, Jason était en droit de réclamer le trône, puisqu'il rentrait triomphant. Le roi Péléas régnait encore, bien que ce fût un vieillard. Mais rien ne prouvait que le roi honorerait sa promesse, et les Argonautes n'étaient pas assez nombreux pour prendre la ville de force, alors Médée, selon la légende, se glissa dans Iolchos sous un déguisement. Elle alla au palais royal, où elle fit croire aux filles du roi qu'elle pourrait leur enseigner un moyen de rendre la jeunesse au roi Péléas : qu'elles tuent leur père et fassent bouillir son corps dans un chaudron garni d'une préparation spéciale qu'elle leur donnerait. Naturellement, les filles de Péléas se refusèrent à croire Médée sur parole, mais elle leur donna le change par sa sorcellerie. Elle prit un vieux bélier, lui trancha la gorge, le plongea dans le chaudron puis, par un tour de passe-passe, ressortit du chaudron un jeune agneau vivant. Les filles de Péléas, abusées, se rendirent dans la chambre du roi, le tuèrent comme Médée l'avait conseillé et jetèrent dans le chaudron le cadavre dépecé. Au moment où elles prenaient conscience de l'énormité de leur acte, les

Argonautes marchèrent sur la ville et le peuple d'Iolchos, sans roi, se rendit et accepta les prétentions de Jason au trône.

Telle est la version la plus sanglante du retour des Argonautes. Selon un récit moins violent, Jason revint simplement avec ses hommes, que l'on croyait morts depuis longtemps, et Péléas lui remit sans histoire le trône d'Iolchos. Entre-temps, le père et la mère de Jason étaient morts, et notre héros décida de ne pas conserver le trône. Il le restitua peu après à Péléas. Sans doute Jason trouvait-il la vie à Iolchos un peu terne après ses voyages à l'étranger.

Quoi qu'il en soit, sa passion pour Médée se refroidit. Il décida de prendre une autre épouse, la fille du roi de Corinthe, et, selon la légende, Médée exerça une vengeance terrible : elle envoya à la princesse corinthienne, comme présent de mariage, une tunique empoisonnée. Quand la jeune fille s'en revêtit, la tunique s'enflamma aussitôt, et la pauvre princesse mourut carbonisée au milieu de souffrances atroces, bien qu'elle se fût jetée dans un puits pour éteindre les flammes mortelles. Ce récit horrible, parce qu'Euripide l'a immortalisé dans sa pièce Médée, demeure plus connu dans la Grèce moderne que les événements joyeux de la Conquête de la Toison d'Or. Et pour cette raison, à l'inverse des jeunes Géorgiennes, aucune Grecque ne s'appelle Médée. Dans la lointaine Colchide, au contraire, on se souvient de la fille du Roi Aïétès comme d'une jeune et séduisante princesse follement éprise d'un bel inconnu, qui abandonna par amour sa famille et son pays pour le suivre jusqu'au bout du monde, où elle mena une vie malheureuse. Sans doute les jeunes Géorgiennes réfléchissent-elles maintenant à deux fois avant de quitter leur foyer pour suivre les étrangers.

Jason et Médée ne furent pas les seuls à souffrir un triste retour. La plupart des Argonautes rentrèrent chez eux sans incident, mais quelques-uns connurent des morts violentes. Hercule n'avait rien oublié, ni pardonné à Calaïs et Zétès d'avoir persuadé aux autres de prendre le large au lieu de revenir au rivage essayer de retrouver Hylas, saisi par une nymphe des eaux. Pour venger cette mauvaise action, Hercule pourchassa les fils du Vent du Nord à leur retour en Grèce, et les tua sur l'île de Ténos après les jeux célébrés à l'occasion des funérailles de Péléas. Au-dessus de leurs cadavres, il plaça d'énormes rochers en équilibre instable qui se balançaient chaque fois que leur père Borée se mettait à souffler.

Lyncée-à-l'œil-perçant et Idas-le-vantard, se fâchèrent avec les jumeaux Castor et Pollux, leurs anciens camarades. Ils se querellèrent, soit à propos de deux belles filles que chacun des groupes voulait épouser, soit plus probablement sur le partage du butin après quelque rapine exécutée en commun. Quelle qu'en fût la cause, le différend était mortel. Les jumeaux traquèrent Idas et Lyncée, mais ce dernier, grâce à sa vision fabuleuse, put éviter une embuscade en apercevant de très loin des jumeaux qui s'étaient cachés dans un arbre creux. Au cours d'un combat sanglant, Idas tua Castor d'un coup d'épieu ; puis Pollux parvint à venger son frère en taillant Lyncée en pièces. Il serait lui-même tombé sous les coups du puissant Idas si Zeus n'avait pas frappé ce dernier à mort, de sa foudre. Seul Pollux resta donc en vie. Ne pouvant supporter la pensée de vivre sans son jumeau, il supplia leur père Zeus de les réunir de nouveau. Ce vœu lui fut accordé et Castor et Pollux prirent place parmi les étoiles — la constellation des Gémeaux.

Jason lui-même ne s'en sortit guère mieux. Il s'était installé à Corinthe où il avait conduit l'immortel *Argo*. Le grand vaisseau, halé à terre comme la plupart des bateaux au soir de leur vie, commença à se dégrader. Un jour où il se sentait seul et déprimé, Jason alla s'asseoir dans l'ombre de l'*Argo*. La grande pièce de bois de l'étrave, pourrie par les ans, se brisa soudain et dans sa chute écrasa le crâne de son capitaine.

Presque tous les événements du voyage aller, la période de l'exploration et de l'espoir conservent dans la légende un caractère positif et optimiste : l'histoire des femmes de Lemnos, la défaite d'Amychos, le roi-boxeur, l'assistance apportée à l'aveugle Phinéas, le vaillant passage des Roches Cyanées, le sauvetage des petits-fils du roi Aïétès sur l'île d'Arès, et la conquête de la Toison d'Or elle-même. Mais quand la vieillesse des héros devint un thème favori des poètes tragiques grecs, la légende s'enfonça dans la mélancolie et le pathétique — reflet sans doute des événements contemporains de la Grèce, où le monde de vie mycénien subit alors l'invasion, la guerre et la destruction.

Heureusement, aucune catastrophe du même genre ne ternit le retour de Géorgie du moderne *Argo*. Ce n'était pas sans mal que nous étions parvenus à remonter la galère jusqu'à Vani ; elle était amarrée près du jardin public pour que les habitants de la ville puissent l'admirer. Au cours des aventures de la remontée du Rhioni, l'équipage n'avait évité que de justesse deux ou trois accidents graves et je craignais que l'un de nous ne se blesse si nous prenions le risque — beaucoup plus grand — de redescendre le fleuve en crue quand viendrait le moment de retourner à la mer Noire. J'exprimai mes craintes à Nugzar, mais il m'assura qu'il se chargeait de ramener le bateau à la côte pour que nous puissions repartir vers le Bosphore.

Il n'était pas question de transporter la galère par la route. Les ponts au-dessus des routes seraient trop bas pour que l'*Argo* passe dessous, une fois chargé sur une remorque de poids lourd. Pas de problème, me répondit Nugzar avec son optimisme habituel : nous soulèverons l'*Argo* avec un hélicoptère. Je restai sans voix. L'*Argo* pesait huit tonnes et mesurait plus de seize mètres — seul un énorme hélicoptère pourrait en venir à bout. Qu'à cela ne tienne ! Une équipe de pilotes d'hélicoptères vint inspecter l'*Argo* pour voir s'ils pourraient nous aider, mais ils convinrent que l'opération serait trop dangereuse.

Puis quelqu'un proposa de charger l'*Argo* sur un train spécial — les Géorgiens refusaient de s'avouer battus. Des ingénieurs vinrent prendre des mesures et l'on consulta les responsables des chemins de fer. Peter Wheeler se rendit dans un atelier de constructions métalliques et conçut avec l'ingénieur de la maison une sorte de berceau en poutrelles d'acier. L'*Argo* était, pour une grue, une charge longue, délicate à soulever. A la moindre fausse manœuvre, il risquait de se briser en deux. Au jour dit, une grue mobile se glissa avec précaution sur les prairies détrempées par la pluie. Le berceau métallique pendait à son crochet. Lentement, le grutier immergea le berceau dans le fleuve en crue et le déposa au fond du lit ; seules les tiges verticales dépassèrent des tourbillons d'eau boueuse. Tous les Argonautes, Géorgiens et visiteurs, dirigèrent l'*Argo* avec des cordages et les avirons pour le mettre en place dans son berceau, où nous l'amarrâmes.

Lentement, le grutier enroula son câble et l'*Argo* sortit des eaux du Phasis. La grue pencha dangereusement car ses roues s'enfonçaient dans le sol imbibé. Il n'était pas question de rouler avec l'*Argo* dans les airs. Le grutier lui fit traverser les prairies à petits sauts de grenouille, puis le déposa sur la remorque du camion qui le conduirait à la gare. Cette nuit-là, un train spécial emporta l'*Argo* à travers les plaines de Géorgie et le lendemain à midi, la galère flottait dans le port de Batoum, prête à repartir.

Je projetai de retourner en Turquie sur l'*Argo*, puis de louer un bateau de pêche pour remorquer la galère jusqu'à Istamboul (800 milles nautiques) où elle prendrait ses quartiers d'hiver. Rentrer à la rame et à la voile ne prouverait rien de plus. Mes Argonautes n'avaient plus beaucoup de temps, chacun devait reprendre son travail et, franchement, les difficultés du voyage aller nous avaient épuisés physiquement. Quand j'expliquai mes plans à Youri Senkévitch, il partagea mon avis.

— Mais avant de vous lancer ainsi, me dit-il, permettez-moi de prendre contact avec la Marine marchande soviétique, pour voir si nous ne pouvons pas vous aider. Le ministre est très serviable. Il aura peut-être une idée.

Deux jours plus tard, un télégramme arriva de Moscou. Notre vieil ami le *Tovaritch* partait pour un voyage d'entraînement en Méditerranée, et le cabinet du ministre avait donné des instructions pour l'envoyer à Batoum, où il prendrait l'*Argo* en remorque jusqu'au Bosphore. L'équipage n'en croyait pas ses oreilles : un trois-mâts comme remorqueur ! C'était un geste magnifique, jamais nous n'aurions pu en rêver.

Ainsi donc, nous fîmes la traversée de Batoum au Bosphore derrière le *Tovaritch,* tirés par le beau brigantin à voiles carrées, sans rien à faire sauf surveiller à tour de rôle l'amarre de toue à bord du petit *Argo* ballotté comme un jouet au bout d'une ficelle. Enfin, l'embouchure du Bosphore apparut. Le *Tovaritch* devait naviguer en droiture, sans s'arrêter, et nous avions déjà transbordé tout notre matériel. Il ne restait plus qu'à larguer le filin. Je remerciai le capitaine Oleg Vandenko, du *Tovaritch,* et notre petit canot pneumatique me ramena à l'*Argo.* Les rives du Bosphore se refermèrent sur nous et le *Tovaritch* ralentit pour nous permettre de défaire l'amarre de toue. Le voilier soviétique continua sa route dans le Bosphore. Nous lui adressâmes de grands signes, puis nous prîmes les rames pour nous diriger vers la rive européenne.

Le pauvre *Argo* se ressentait de ses voyages. Ses deux gouvernails s'étaient brisés une deuxième fois, l'un pendant la remontée du Rhioni, l'autre en mer Noire. Deux avirons s'étaient cassés ; des chevilles de tolets avaient lâché ; la voile de coton était tellement rongée par la moisissure des journées humides, au fond de la mer Noire, que nous n'aurions pu l'utiliser que sous une brise légère. Comme son équipage, la galère était crottée et épuisée. En ramant avec nos tolets de fortune nous fendîmes le courant jusqu'au rivage. Je parcourus les berges des yeux, à la recherche d'un endroit où accoster, le temps de me rendre auprès des douanes turques et des autorités portuaires pour mettre nos papiers en règle.

Une seule personne savait que nous rentrions : j'avais envoyé un télégramme à Irgun, mon ami loyal de vingt-trois années, pour le prévenir de notre retour. J'entendis un coup de klaxon, et j'aperçus, miraculeusement, Irgun lui-même qui me faisait signe, au bout d'une jetée. Un instant plus tard, il nous aidait à fixer les amarres.

— Tout est arrangé, me dit-il. J'ai un ami au bureau des

douanes, ici. Il vous fera tous les papiers en quelques minutes.

Je retrouvais ma famille turque...

Les Argonautes restèrent quatre jours à Istamboul pour les dernières corvées de l'expédition. Nous déchargeâmes la galère et rangeâmes les souvenirs de cet extraordinaire voyage, puis nous préparâmes le bateau pour ses quartiers d'hiver. Je tenais à ce qu'on en prenne grand soin car il n'était pas encore au bout de ses aventures. Après avoir suivi les traces de Jason et des Argonautes, j'avais l'intention de reprendre la mer avec l'*Argo* au printemps suivant, pour refaire le voyage d'Ulysse à son retour de Troie, tel que Homère l'a raconté dans l'*Odyssée*.

Dalan Bédrettin, maire d'Istamboul, décida que l'*Argo* serait l'invité de la ville : l'hospitalité turque ne se démentit donc pas. Il organisa la mise en cale sèche de l'*Argo* pour l'hiver sur les rives du Bosphore, dans un parc à bateaux situé en face de Bébek, à l'endroit même où nous avions tellement peiné contre le courant du détroit. Ce fut là que je fis mes adieux à l'*Argo*, dont le nez pointait sous ses bâches d'hiver. Les Argonautes, l'un après l'autre, étaient déjà rentrés ou en route vers leurs foyers et leurs emplois. Peter Moran et John Egan allaient passer quelques semaines de plus à visiter la Grèce avant de retourner en Irlande, chacun de son côté. Mark Richards et Tim Readman s'en allèrent en traînant un énorme coffre de bois plein de souvenirs : ils rentraient en Angleterre par le train, via la Bulgarie. Quelques semaines plus tard, Tim devait se marier. Les deux médecins, Nick et Adam, étaient déjà repartis dans leur clinique. Jonathan Cloke et Peter Warren avaient des avions à prendre. Cormac espérait retourner à bord de son chalutier irlandais pour la campagne de la fin de l'été. La bande des Argonautes se dispersait, mais Peter Warren me promit d'organiser une réunion pour le Nouvel An : nous nous retrouverions pour échanger nos souvenirs.

Enfin, il fallut que je parte à mon tour. Je promis à ma famille turque de revenir en hiver pour vérifier l'*Argo*. Peut-être Kaan, leur fils, participerait-il au Voyage d'Ulysse ? Bien entendu, répondirent-ils, et déjà Husnu, l'un des Turcs qui avaient ramé avec nous le long des rivages de la mer Noire voulait savoir à quelle date l'*Argo* reprendrait la mer. Il était prêt, ainsi que plusieurs Argonautes turcs, à nous aider pour le projet Ulysse.

L'an prochain, me dis-je, j'essaierai de ramener l'*Argo* à Spetsai pour que Vasilis, le charpentier, le revoie. Je rassemblai mes affaires et me préparai à partir. Toute ma famille turque était présente pour me faire ses adieux. Je me rappelai le jour où les Argonautes avaient quitté Vani en Géorgie. J'avais vu des larmes dans les yeux de notre équipage géorgien. L'an prochain, plusieurs Géorgiens participeraient peut-être à l'aventure. En tout cas, je les inviterais. Je montai dans la voiture qui devait me conduire à l'aéroport d'Istamboul. Au moment où la voiture quitta le trottoir, il se produisit un énorme bruit d'eau qui tombe. Surpris, je tournai la tête. La servante de la famille se tenait au milieu de la rue. Elle venait de lancer un seau d'eau derrière la voiture. C'est une ancienne coutume — pour que l'invité qui s'en va revienne. Dans mon cas, je savais que ce serait vrai.

APPENDICE I

Origine de la légende

Dans l'*Odyssée,* Homère évoque le « célèbre *Argo* qui est parvenu à échapper aux Rochers Errants » sur le chemin du retour des rivages de Aïétès. Et dans l'*Iliade,* il parle d'Enéos, le fils de Jason et de la reine Hypsipylé de Lemnos. Comme Homère est la plus ancienne source de la mythologie grecque qui ait survécu jusqu'à nos jours, l'histoire des Argonautes précède donc les premiers textes de l'Histoire. De combien ? Nous n'avons aucun moyen de le savoir, mais il est évident d'après le texte d'Homère que le public de l'époque connaissait bien au moins l'épisode des Lemniennes, la visite au pays du roi Aïétès, et bien entendu l'existence de l'*Argo* lui-même.

Le poète béotien Hésiode, presque contemporain d'Homère (il vivait à la fin du huitième siècle av. J.-C.) connaissait l'histoire des Argonautes car il cite dans ses écrits la visite de Jason au roi Aïétès, sa rencontre avec la princesse Médée et son retour à Iolchos avec « la demoiselle à l'œil vif dont il fit son épouse aimante ». Dans un groupe de textes dit « hésiodiques », attribués autrefois à Hésiode mais considérés aujourd'hui comme apocryphes, il existe également des références à Phrixos, à la jeunesse de Jason et à l'épisode de Phinéas et des Harpies.

Au cours du siècle suivant, le septième siècle avant notre ère, Minnermos, assure que Jason est allé vivre à Corinthe et non à Iolchos, quand il est revenu de Colchide. A mesure que l'on découvre des nouveaux fragments de textes grecs anciens, de nouveaux détails se font jour — bien que le tableau d'ensemble ne soit pas cohérent : Simonide, au sixième siècle av. J.-C., confirme le passage des Sympligades mais prétend que la Toison n'était pas en or mais teinte de pourpre de mer. Au cinquième siècle av. J.-C., il se produisit une importante floraison de la légende, qui devint un thème favori des poètes et des dramaturges. Eschyle n'écrivit pas moins de six tragédies inspirées par divers thèmes liés aux Argonautes. La plupart des pièces sont perdues, mais nous conservons certains titres : *Phinéas, les Lemniennes Hypsipylé,* et *Kabeïri.* Sophocle a écrit *Athamas* (sur le père de Phrixos), *Les Colchidiens,* et *Phinéas ;* il a également composé une tragédie sur le combat avec le roi Amychos, et trois pièces sur des épisodes survenus pendant le voyage de retour de l'*Argo.* Au total, pas moins de huit poètes tragiques ont traité des thèmes liés aux Argonautes, mais l'unique pièce qui ait survécu et influencé la perception moderne de la légende demeure la *Médée* d'Euripide. Comme aucun historien ou géographe de l'Antiquité ne pouvait parler de la mer Noire sans citer l'*Argo,* leurs récits sont émaillés d'allusions à des peuples et à des contrées visitées par les Argonautes. Le plus célèbre des historiens grecs, Hérodote, a avancé l'hypothèse intéressante que l'*Argo* aurait été poussé par les vents jusqu'à la côte d'Afrique du Nord au cours de son voyage épique.

Ainsi donc, quand Apollonios de Rhodes entreprit la composition de son épopée, les principaux événements de la saga de Jason étaient bien établis. Nous ne savons pas à quelles sources Apollonios a puisé pour sa célèbre version de la légende, mais son récit de l'attaque des Argonautes pour les monstres du mont de l'Ours ressemble beaucoup au passage de l'*Odyssée* d'Homère où les compagnons d'Ulysse sont attaqués par les Lestrygons. Il est tout à fait possible qu'Apollonios ait disposé d'autres sources homériques, aujourd'hui perdues, car le géographe Strabon précise qu'Homère avait écrit sur « des endroits du tour de la Propontide et du Pont-Euxin, jusqu'en Colchide, but de l'expédition de Jason ».

La légende continua de passionner les imaginations après l'œuvre d'Apollonios. En 40 av. J.-C., Diodore de Sicile composa une version en prose traînant un peu en longueur mais remarquable pour son interprétation réaliste des épisodes de l'aventure. Pour lui, le bélier volant était la figure de proue du bateau qui emporta Phrixos et Hellé ; la princesse, sujette au mal de mer, serait tombée par-dessus bord dans les Dardanelles et se serait noyée. Des premier et deuxième siècles de notre ère, datent les versions d'Apollodore et de Valérius. Puis, vers le troisième ou le quatrième siècle, apparut une *Argonautique* « orphique », dans laquelle le principal rôle est tenu par le musicien Orphée.

Dès les premiers temps, les lecteurs se demandèrent s'il s'agissait d'une histoire vraie ou d'une création de l'imagination. Strabon croyait ferme à l'authenticité du récit. La légende des Argonautes, a-t-il écrit sans ambiguïté, montrait que « les Anciens faisaient de plus longs voyages par terre et par mer, que les hommes des dernières générations ». C'est Strabon qui rapprocha pour la première fois de la légende de la Toison d'Or la technique colchidienne d'extraction de l'or à l'aide de peaux de mouton. Mais bien des commentateurs postérieurs, emportés par leurs rêves, n'hésitèrent pas à forger des interprétations fantaisistes et improbables. La Toison d'Or devint un parchemin enluminé de lettres d'or, ou même un document contenant le secret des alchimistes pour transformer des scories en or. Au dix-neuvième siècle, des spécialistes de l'étude du folklore avancèrent des théories faisant de la Toison un symbole de soleil ou un nuage d'orage — au choix. Si c'était un symbole solaire, la lumière venait du roi Aïétès, fils du soleil selon la mythologie ; le bélier représentait le soleil qui revient à l'est après s'être couché ; et Médée le reflet rouge de l'aube et du crépuscule. Pour les partisans de l'interprétation « nuage », la Toison devenait la pourpre des orages, et en Grèce l'on peut voir les nuages se diriger en été vers l'est et la Colchide, pour retourner au printemps et en automne, chargés de pluie. Selon cette conception, il était significatif qu'un grand nombre d'Argonautes fussent les descendants d'esprits de l'eau — nymphes, divinités fluviales, et Poséidon lui-même. Enfin l'on n'hésita pas non plus à voir dans la Toison d'Or le symbole des champs de blés mûrs ondulant sous le vent des rivages de la mer Noire, ou même une représentation imagée d'une mer agitée, dorée par le soleil couchant !

Il appartenait à Janet Brown, de l'université de Cambridge, de mettre un peu d'ordre dans toutes ces idées. Son étude *The Voyage of the Argonautes* (Methuen, 1925) demeure une œuvre de base. Après avoir passé toutes les « preuves » en revue, Janet Brown est parvenue à la conclusion que « longtemps avant Homère, il y eut des voyages en Colchide pour chercher de l'or, et Jason effectua l'un d'eux. Jason, Minyen de Thessalie, était lié par sa race minyenne à Phrixos, sauvé par un bélier d'or et réfugié à l'est... Le voyage de Jason, écrit-elle, fut une expédition réelle à la recherche d'or réel ».

Le texte d'Apollonios existe en français. Entre 1978 et 1981, les éditions « Les Belles-Lettres » ont publié dans leur collection « Guillaume Budé », la meilleure édition critique annotée existant à cette date : Apollonios de Rhodes, *Argonautiques*, en trois volumes, Éditions Francis Vian, traduction Émile Delage.

APPENDICE II

Résumé du texte d'Apollonios de Rhodes

Livre I

En traversant l'Anauros gonflé par l'hiver pour se rendre à un banquet que donnait le roi Péléas, Jason perdit une de ses sandales. Dès que le roi Péléas le vit avec un pied nu, il se souvint d'un oracle et décida d'envoyer Jason accomplir une mission si dangereuse qu'il escomptait ne plus jamais revoir le jeune homme.

Le bateau fut construit par Argos, sous le regard bienveillant de la déesse Athéna, mais comme le récit en a déjà été fait par d'autres poètes, Apollonios se borne à citer la liste de l'équipage. La voici :

Orphée, le musicien
Astérion de Peiresiae
Polyphème, âgé mais encore vaillant, de Larissa
Iphiclos de Phylax, oncle maternel de Jason
Admétos, roi de Phérae
Erytos d'Alope, fils rusé d'Apollon
Echion d'Alope, son frère
Aïthalidès, leur parent, et porte-parole de l'expédition
Coronos de Gyrton, fils de Caïnos l'invincible
Mopsos, qui pouvait comprendre le langage des oiseaux
Eurydamas de Ctimène

Eurytion, fils de Téléon
Eribotès, fils d'Iros
Oïléos, le guerrier impétueux
Canthos, fils d'Eubée
Clytios, fils d'Eurthos
Iphitos, son frère
Télamon de Salamine
Pélée de Phthia
Butès, fils de Téléon
Phalère « à l'épieu de cendre », fils unique d'Alcon
Tiphys de Siphae, nautonier habile
Phlias d'Araïthyrée
Talaos, fils de Bias
Aréïos, son frère
Léodochos, son frère
Hercule, l'homme le plus fort qui ait jamais vécu
Hylas, écuyer d'Hercule
Nauplios, fils de Clytonée
Idmon, le devin
Castor de Sparte, champion de course à cheval
Pollux de Sparte, son frère jumeau, champion de boxe
Lyncée à l'œil perçant, fils d'Apharée
Idas le vantard, son frère
Périclymène, aux multiples formes, fils de Nélée de Pylos
Amphidamas, fils d'Aléos
Céphée, son frère
Ancée le fort, fils de Lycurgue
Augéias, le riche Eléate
Astérios, fils d'Hypérasios
Amphion, son frère
Euphème de Ténare, le coureur le plus rapide du monde
Ergine de Milet
Ancée de Samos
Méléagre de Chalydon
Laocoon, son demi-oncle
Iphiclos, habile au javelot, oncle de Méléagre

Palaïmon le boiteux, fils présomptif d'Héphaïstos
Iphitos, fils de Naubolos
Zétès, fils ailé de Borée
Calaïs, fils ailé de Borée
Acaste, fils du roi Péléas d'Iolchos
Argos, le maître charpentier
Jason, fils d'Æson, héritier légitime du trône d'Iolchos

Quand l'*Argo* fut prêt et bien équipé, son équipage se rendit sur la plage où la galère se trouvait, à Pagase de Magnésie. A leur départ, la population d'Iolchos s'émerveilla de voir réunis des hommes aussi splendides, et les femmes prièrent pour qu'ils reviennent sains et saufs. Dans la demeure de Jason, où son père était cloué au lit, la mère du héros lui fit de longs adieux baignés de larmes. Jason calma ses craintes puis partit à son tour rejoindre ses compagnons, qui attendaient sur la plage. A leur surprise, deux autres volontaires d'Iolchos se présentèrent au dernier moment : Acaste, le fils du roi Péléas, et Argos le charpentier du bateau. Ils défiaient l'un et l'autre l'ordre strict du roi Péléas de ne pas prendre la mer avec l'expédition.

Jason demanda alors à l'équipage rassemblé d'élire son chef pour l'aventure. Tous les yeux se tournèrent aussitôt vers l'incomparable Hercule, mais il déclina aussitôt cet honneur. Ils devaient désigner à leur tête, dit-il, l'homme qui les avait réunis. Sa proposition fut adoptée sans réserve.

Le premier ordre de Jason fut que les Argonautes offrent un sacrifice à Phoebus. Il envoya chercher des bœufs chez lui, pour le sacrifice. Et le temps que les bêtes arrivent, il décida de lancer l'*Argo* à la mer.

Les hommes se dévêtirent pour passer à l'action, fixèrent une grosse corde autour de l'*Argo* pour le consolider, puis creusèrent un fossé sur la plage, qu'ils garnirent de rondins lisses. Ils hissèrent l'*Argo* sur le premier rouleau, puis fixèrent les avirons à bord de sorte que les poignées dépassent de chaque côté. Chaque homme prit sa place, prêt à soulever, et sur un cri de Tiphys le timonier, les jeunes hommes poussèrent l'*Argo* vers la mer et le retinrent avec les haussières. Ensuite, ils adaptèrent les avirons aux chevilles des tolets, montèrent le mât et embarquèrent le matériel et les provisions, en s'assurant que tout était bien rangé à sa place. Après quoi, ils tirèrent au sort leur place sur les bancs de nage, en laissant le banc central, d'un commun accord, à Hercule et Ancée, les deux plus forts du groupe. Puis ils firent un tas de galets sur la plage, pour dresser un autel à Apollon, et quand les bouviers de Jason arrivèrent avec deux bœufs, les animaux furent sacrifiés selon l'usage au dieu des départs, pour implorer une bonne traversée. Idmon le devin interpréta les flammes et la fumée ; il annonça que la mission serait un succès. L'expédition subirait mainte épreuve mais les Argonautes ramèneraient la Toison. Lui-même, cependant, était condamné à mourir sur quelque rivage lointain d'Asie.

Les jeunes héros passèrent la soirée sur la plage, à festoyer, boire du vin et se raconter des histoires. Jason, assailli par des doutes de dernière minute, s'assit à l'écart des autres et Idas vint le provoquer. Puisqu'il participait à l'expédition, se vanta Idas, elle ne pouvait que réussir. Il était tellement habile à l'épieu qu'il était même prêt à défier les dieux. L'impiété d'Idas scandalisa les autres ; Idmon le rappela à l'ordre et l'avertit de ne pas blasphémer. Idas répliqua vertement, et les deux hommes en seraient venus aux coups si Orphée ne s'était pas levé pour prendre sa lyre et entonner un chant apaisant, qui retraçait la création du monde. Quand il se tut, la querelle était oubliée, et les hommes s'allongèrent sur la plage pour dormir.

Tiphys le timonier s'éveilla à l'aurore et secoua l'équipage. L'étrave parlante de l'*Argo,* taillée dans l'un des arbres sacrés de Dodone, poussa un cri d'impatience. Les Argonautes embarquèrent, on fit des libations sur les flots, et on ramena les amarres à bord. Au son de la musique d'Orphée, les hommes partirent à la rame, spectacle splendide, sous les regards approbateurs des dieux, et Chiron le centaure descendit des pentes du mont Pélion jusque dans le ressac pour leur faire ses adieux. Dès qu'ils quittèrent le port, les Argonautes calèrent le mât, bandèrent les étais, hissèrent la voile et la déferlèrent. Puis, avec une brise favorable en poupe, les Argonautes se prélassèrent sur les bancs de la galère qui filait le long de la côte, et Orphée joua sur sa lyre une musique si douce que les poissons se mirent à gambader dans le sillage du bateau.

Après les caps Sepcias et Skiathos, l'*Argo* longea la côte de Magnésie par temps clair, jusqu'à ce que le vent tourne contre eux et les pousse sur la plage d'Aphétaë. Là, les Argonautes s'attardèrent trois jours puis repartirent, passèrent devant les monts Ossa et Olympe, traversèrent vers le cap Canastra et se retrouvèrent en vue du mont Athos le lendemain à l'aube. Comme le vent tenait, Tiphys décida de continuer et l'*Argo* courut encore vingt-quatre heures devant une belle brise, si bien qu'à l'aurore, quand la galère s'encalmina, les Argonautes purent couvrir à la rame la distance qui les séparait de l'île de Lemnos.

A Lemnos, l'année précédente, les femmes avaient massacré tous les mâles. Leurs maris les avaient délaissées au profit de captives ramenées de raids sur la côte de Thrace, et les Lemniennes vengeresses avaient non seulement supprimé leurs maris et les concubines thraces, mais tous les mâles de l'île. Le seul homme qui eût échappé était le vieux roi Thoas, père d'Hypsipylé. Elle l'avait envoyé à la dérive dans un coffre de bois, espérant ainsi le sauver. Des pêcheurs le ramenèrent à terre sur l'île d'Eunée.

Les Lemniennes découvrirent qu'elles préféraient aux tâches féminines traditionnelles les soins des troupeaux, le travail de la charrue et le port de l'armure, mais elles vivaient dans la crainte constante d'un raid des Thraces. En voyant arriver l'*Argo* elles se revêtirent aussitôt de leurs tenues de guerre et accoururent vers la plage.

Les Argonautes envoyèrent à terre Aïthalidès le messager, qui réussit à convaincre les Lemniennes de laisser les voyageurs passer la nuit à terre. Mais le lendemain, l'*Argo* ne reprit pas la mer.

A l'invitation d'Hypsipylé, les Lemniennes tinrent une assemblée dans la ville. Hypsipylé conseilla aux femmes de traiter les Argonautes généreusement. Si elles envoyaient du vin et de la nourriture au bateau, les hommes n'auraient aucune raison de pénétrer dans la ville. S'ils le faisaient, ne risquaient-ils pas de découvrir l'horrible secret du massacre des mâles ? Mais Polyxo, la vieille nourrice d'Hypsipylé, prit la parole à son tour. Comment les Lemniennes survivraient-elles à l'avenir sans hommes ? Qui les défendrait contre une attaque étrangère ? Et quand la génération actuelle vieillirait, comment engendreraient-elles des enfants pour prendre leur suite ? La solution, c'était d'inviter les Argonautes et de leur offrir tout — les maisons, le bétail et la ville elle-même.

L'assemblée se laissa convaincre. Hypsipylé envoya une messagère inviter le chef des Argonautes à venir dans sa maison et les autres Argonautes à débarquer.

Jason, paré de ses plus beaux vêtements, fit beaucoup d'effet sur ces dames lorsqu'il monta du port au palais d'Hypsipylé. La reine le convainquit que les hommes de Lemnos avaient été bannis — et non massacrés — à cause de leur infidélité, et lui offrit modestement le trône de Lemnos. Jason refusa, mais accepta de tout cœur de venir dans la ville avec ses compagnons. Ils y furent somptueusement traités. Seuls Hercule et quelques compagnons restèrent de garde près de l'*Argo*. Les journées passèrent en festins et réjouissances, et la galère demeurait au port. Hercule impatient organisa enfin une assemblée, dont toutes les femmes furent exclues, et il ne ménagea pas ses reproches à ses compagnons. Ils avaient oublié le but de leur mission. Jamais ils ne conquerraient la Toison s'ils restaient s'amuser à Lemnos : ils deviendraient la risée de la Grèce entière.

Les Argonautes repentants se préparèrent au départ, et les femmes de Lemnos, devinant leurs intentions, vinrent leur faire leurs adieux. Hypsipylé promit à Jason de lui réserver le trône de Lemnos jusqu'à son retour, s'il le désirait, et pour sa part, Jason demanda que si Hypsipylé lui donnait un fils, elle envoie l'enfant auprès de ses grands-parents paternels, à Iolchos.

Et l'*Argo* repartit, d'abord à Samothrace, où Orphée initia ses compagnons aux rites secrets, puis vers l'embouchure de l'Hellespont — à la rame. Là, ils prirent un vent favorable et négocièrent le détroit à la voile en une seule nuit ; ils arrivèrent à la presqu'île du mont de l'Ours, où ils accostèrent, dans un port du nom de Havre-Sûr. Sur le conseil de Tiphys, ils laissèrent leur pierre d'ancre à la source appelée Artace, et la remplacèrent par un rocher plus lourd.

Les Doliones qui peuplaient la presqu'île accueillirent aimablement les Argonautes ; le roi Cyzique, de l'âge de Jason, invita les voyageurs au festin donné à l'occasion de ses noces récentes avec Cléité, princesse du continent. Les Argonautes déplacèrent leur galère et l'amarrèrent dans le port de la cité des Doliones. Un groupe fit l'ascension du mont Dindymun dans l'intention de découvrir l'itinéraire qu'ils suivraient. Le chemin qu'ils prirent est connu sous le nom de Sentier de Jason.

En leur absence, un « commando » de monstres sauvages à six bras venus de la montagne attaqua soudain l'*Argo :* ils essayèrent de le prendre au piège en bloquant l'entrée du port avec des rochers. Mais Hercule montait la garde à bord, il les repoussa et en tua plusieurs. Sur ces entrefaites, les autres Argonautes arrivèrent et les monstres vaincus se retirèrent avec de lourdes pertes.

Les Argonautes prirent la mer et naviguèrent à la voile toute la journée, jusqu'à ce que la brise se calme. Ensuite le vent tourna contre eux, se mit à souffler en tempête et les drossa vers le pays des Doliones où ils cherchèrent un abri. A l'endroit où ils touchèrent la côte, le rocher auquel ils s'amarrèrent à la hâte porta le nom de Roche Sacrée.

Les Argonautes ignoraient où ils se trouvaient, et dans le noir, les Doliones les prirent pour un groupe de pillards et les attaquèrent. Au cours du combat sanglant qui suivit, Jason tua Cyzique. Hercule, Acaste, Pélée, Télamon, Idas, Clytios, Castor, Pollux et Mélagre tuèrent chacun au moins un guerrier dolione. Les autres battirent en retraite dans leur cité et barricadèrent les portes.

L'aube révéla l'erreur tragique, et les Argonautes furent accablés de remords. Pendant trois jours, ils pleurèrent Cyzique avec les Doliones. Ils célébrèrent des jeux funéraires, marchèrent trois fois, en armure de bronze, autour du cadavre, qu'ils enterrèrent sous un tertre — qui subsiste encore. La jeune épouse Cléité, ne pouvant surmonter son chagrin, se pendit, et des larmes que versèrent les nymphes des bois à sa mort jaillit une source, appelée Source de Cléité par les gens de la région — qui en signe de deuil ne mangèrent que de la nourriture crue et se refusèrent à moudre le blé chez eux, coutume encore observée chaque année en des temps plus récents.

Pendant les douze jours qui suivirent, le mauvais temps bloqua les Argonautes sur la côte de la presqu'île. Puis, juste avant l'aurore, un martin-pêcheur apparut et voleta au-dessus de la tête de Jason endormi. Mopsos le devin comprit le présage. Quand l'oiseau s'envola pour se poser sur la figure de proue de l'*Argo,* Mopsos éveilla Jason pour lui conseiller de sacrifier à Rhéa, la déesse mère, qui commandait aux vents. Alors seulement les bourrasques cesseraient.

Après avoir abrité l'*Argo* dans un mouillage plus sûr, Jason et ses compagnons grimpèrent sur le mont Dindymun d'où ils jouirent d'une vue qui s'étendait de l'Hellespont au Bosphore, avec la Thrace en face d'eux. Là, ils coupèrent un vieux cep et Argos le charpentier sculpta habilement une image de la déesse, qu'ils posèrent sur un bloc de rochers. Non loin, ils construisirent un autel, puis ils se couronnèrent de feuilles de chêne et, en armure, accomplirent une danse en levant les genoux, et en frappant sur leur bouclier du plat de l'épée pour dominer les lamentations qui s'élevaient encore de la ville des Doliones. En retour, la déesse accorda aux arbres une abondance de fruits, l'herbe germa et les animaux sauvages sortirent de leurs terriers en remuant la queue. Une source jaillit de la montagne à un endroit où il n'y avait jamais eu d'eau. Jusqu'à ce jour, les habitants l'appellent source de Jason.

A l'aube, le vent s'était apaisé, et ils partirent par calme plat, chacun rivalisant avec les autres aux avirons. L'après-midi, quand le vent du large ébouriffa la mer, seul Hercule était encore capable de ramer à longs coups ; mais quand l'*Argo* parvint en vue du Rhyndacos, son aviron se brisa dans ses mains et il demeura impuissant, fou de rage.

Ce soir-là, ils accostèrent sur les rivages de Mysie. Pendant que les autres Argonautes établissaient le camp sur la plage, Hercule arpenta les bois à la recherche d'un pin qui conviendrait pour fabriquer un autre aviron. Il trouva le bon arbre, ébranla les racines de plusieurs coups de massue, puis l'arracha de ses mains. Entre-temps Hylas, son écuyer, était parti tout seul puiser de l'eau. Il arriva à une source appelée Pégae et la naïade qui y vivait, voyant le jeune homme dans toute sa beauté, fut prise de désir pour lui. Quand Hylas se pencha pour emplir son aiguière, la nymphe tendit les bras pour l'embrasser. Elle lui glissa un bras autour du cou et avec l'autre elle entraîna Hylas dans les profondeurs.

L'Argonaute Polyphème, qui allait à la rencontre d'Hercule, fut le seul à entendre le dernier cri du jeune homme. Le croyant attaqué par des bêtes sauvages ou des brigands, Polyphème courut dans la direction du cri, mais ne trouva personne. Il tira l'épée et se mit à fouiller les bois en appelant Hylas par son nom. Lorsqu'il rencontra Hercule qui rentrait avec son arbre, Polyphème lui parla de l'absence de l'écuyer et Hercule, fou d'inquiétude, partit aussitôt à la recherche d'Hylas.

En même temps que l'étoile du matin, un vent favorable se leva. Sur la plage, Tiphys pressa l'équipage d'embarquer sans délai. Ils montèrent à bord aussitôt et prirent le large. Bientôt ils voguaient vite, sous vent arrière. Au petit jour, ils s'aperçurent qu'Hylas, Hercule et Polyphème n'étaient pas dans la galère et une vive discussion s'engagea : fallait-il continuer ou rebrousser chemin ? Jason, accablé, demeurait indécis. Télamon l'accusa d'avoir délibérément abandonné Hercule à terre, et il aurait forcé Tiphys à virer de bord si Zétès et Calaïs ne l'en avaient empêché. Au même instant Glaucos, le dieu de la mer, s'éleva des flots et ordonna aux Argonautes de continuer leur route. Zeus, leur dit-il, avait décidé qu'Hercule devait terminer ses travaux au lieu d'aller en Colchide. Polyphème s'installerait à Chio et Hylas resterait le mari de la naïade. Télamon s'excusa auprès de Jason pour son éclat, et ses excuses furent acceptées de bonne grâce. Sur la côte, Hercule obligea les gens de Chio à continuer de chercher Hylas, puis partit terminer ses Travaux. Polyphème resta pour fonder une cité.

Toute la journée et le lendemain, l'*Argo* navigua à la voile, puis la terre apparut devant eux, et ils échouèrent la galère sur une vaste plage.

Livre II

Ils venaient d'accoster dans le territoire de l'arrogant Amychos, roi des Bébryces, le plus grand fanfaron du monde. Il avait l'habitude barbare de ne laisser personne quitter son royaume sans livrer un combat de boxe contre lui. Il avait déjà tué plusieurs seigneurs voisins. Il descendit vers la galère et lança son défi avec une telle grossièreté que Pollux le prit pour un affront personnel et accepta le combat sur-le-champ. Les deux hommes ôtèrent leurs tuniques et se préparèrent à boxer. Sur le plan physique, ils étaient fort différents : Amychos, pareil à un ogre ; Pollux mince et souple. Ils enfilèrent des gants de peau durcie et prirent position sans délai. Amychos adopta son style habituel : il fonçait sur son adversaire pour l'accabler sous des coups puissants ; mais au début, Pollux mit à profit sa technique et son agilité supérieures pour esquiver les charges. Quand il eut pris la mesure de son homme, le jeune spartiate résista à l'attaque et les deux combattants échangèrent coup pour coup. Bientôt ils s'écartèrent pour reprendre leur souffle. Puis ils passèrent de nouveau à l'attaque et Amychos essaya de terrasser Pollux d'un grand crochet. Le Grec détourna le coup sur son épaule et décocha à Amychos un coup mortel derrière l'oreille. Les os éclatèrent et le roi des Bébryces s'effondra et mourut.

Aussitôt, les Bébryces qui assistaient au combat passèrent à l'attaque, mais les Argonautes les repoussèrent et les contraignirent à s'enfuir en laissant plusieurs morts.

Jason et ses compagnons pansèrent leurs blessures et célébrèrent leur victoire. Le lendemain matin, ils remontèrent le Bosphore. Tiphys, habile à la barre, les sauva d'une énorme vague, et ils accostèrent près de la demeure du vieux Phinéas, l'augure aveugle. Zeus lui avait ôté la vue car les prophéties du devin étaient trop précises et complètes. Et pour couronner ce châtiment, le maître de l'Olympe avait envoyé les Harpies tourmenter Phinéas. A chaque repas, elles fondaient du ciel pour arracher les aliments de sa table et la puanteur qu'elles répandaient gâtait la nourriture qu'elles n'emportaient pas. Phinéas savait déjà qui étaient les Argonautes, car Zeus lui avait révélé qu'une bande d'hommes partis à la conquête de la Toison d'or le délivrerait des Harpies. Accablé par les ans, Phinéas vint accueillir les voyageurs et demanda si Zétès et Calaïs se trouvaient parmi eux, parce que seuls les deux fils de Borée seraient capables de le délivrer des horribles Harpies. Zétès et Calaïs se mirent à l'affût près de Phinéas dès que la table fut dressée pour le banquet de bienvenue. Comme il fallait s'y attendre, les Harpies surgirent aussitôt, dérobèrent de la nourriture et répandirent leur odeur épouvantable. Mais comme les Harpies repartaient, Calaïs et Zétès — utilisant leur pouvoir de voler — les pourchassèrent, l'épée nue. Au moment où ils rattrapaient leurs proies et les touchaient du bout des doigts, Iris, la messagère des dieux, s'interposa. Partie en toute hâte de l'Olympe, elle arrêta Calaïs et Zétès au-dessus des Îles Flottantes et leur ordonna de ne faire aucun mal aux Harpies, car elles étaient les chiens de chasse de Zeus. Elle leur promit que les Harpies cesseraient de tourmenter Phinéas. Calaïs et Zétès firent donc demi-tour et depuis ce jour-là, les îles Flottantes où ils abandonnèrent la poursuite prirent le nom d'îles du Retour.

Pendant ce temps, Phinéas avait invité les autres Argonautes à son banquet et il leur expliqua l'itinéraire qu'ils devaient suivre. Le plus grand danger serait les Roches-qui-se-heurtent, dès qu'ils reprendraient la mer. Aucun bateau n'avait jamais réussi à passer entre ces rochers qui se resserraient pour écraser tout bateau pris entre eux. Que les Argonautes se montrent prudents : qu'ils lâchent une colombe quand ils se trouveraient près des roches, si elle passait sans mal entre eux, ce serait bon signe, et ils pourraient suivre l'exemple de la colombe.

S'ils réussissaient à franchir les Roches-qui-se-heurtent les Argonautes devaient tourner aussitôt vers l'est, et suivre la côte jusqu'où elle les conduirait. Phinéas leur fit la liste des tribus et des endroits devant lesquels ils passeraient avant d'atteindre enfin l'embouchure du Phasis, en Colchide. Mais il refusa de leur révéler ce qui leur arriverait là-bas — ce serait, dit-il, prophétiser trop loin.

Des vents contraires retardèrent les Argonautes plusieurs jours dans la demeure de Phinéas, mais ils purent enfin partir à la rame, en emmenant une colombe. Ils se trouvèrent alors à l'entrée du passage le plus étroit du détroit, et ils entendirent le claquement des Roches mouvantes et le tonnerre du ressac. Ils ramèrent de plus belle, et en tournant au coin d'un promontoire, ils virent que les Roches commençaient à s'écarter. Euphème lâcha la colombe, qui s'envola vers l'espace. Les Roches se refermèrent à grand fracas mais la colombe avait pu se glisser sans mal — les Roches ne lui avaient arraché que quelques plumes de la queue. Tiphys cria aux rameurs de souquer vers l'espace vide dès que les Roches s'écarteraient de nouveau et les Argonautes ahanèrent sous l'effort. Mais au moment où ils entrèrent dans le passage, une grande vague menaça de les engloutir. De nouveau, l'habileté de Tiphys les sauva, et Euphème courut en tous sens dans la galère pour crier à ses compagnons de ramer de toutes leurs forces. Mais le reflux d'une deuxième vague puissante saisit l'*Argo* et le retint juste à l'endroit fatal où les Roches allaient se rencontrer. La galère semblait condamnée. A cet instant, Athéna, qui suivait des yeux l'épreuve redoutable, décida d'intervenir. De sa main gauche elle retint une des Roches et de la droite, elle poussa l'*Argo* comme une flèche. Le bateau prit de la vitesse et passa. Seul le bout de son ornement de poupe fut arraché par les Roches-qui-se heurtent. Depuis ce jour-là, elles restent solidement enracinées au sol, car il était prédit qu'il en serait ainsi dès qu'un bateau les franchirait sans encombre.

Les Argonautes prirent à l'est, dépassèrent le Rhébos et le cap Noir, puis l'embouchure du Phyllis, où Phrixos et le bélier volant s'étaient arrêtés quand ils avaient gagné la Colchide. Parfois ils naviguaient à la voile, souvent ils devaient ramer, et ils peinaient comme des bœufs à la charrue. A l'île de Thynias, ils eurent une vision d'Apollon volant dans le ciel, et ils construisirent donc un autel en l'honneur du dieu, sur lequel ils firent des sacrifices. Le troisième jour, un vent frais les poussa jusqu'au cap d'Achéruse, derrière lequel se trouve le vallon contenant la bouche de l'Hadès. Là, un souffle glacé se répand à l'aube et recouvre tout de givre. Le murmure constant des feuilles des arbres se mêle au grondement de la mer. Ils furent accueillis en ces lieux par Lycos, roi de la tribu des Mariandyni, et traités comme des princes. Les Mariandyni, ennemis des Bébryces, honorèrent tout particulièrement Castor et Pollux, car celui-ci les avait débarrassés du roi-boxeur, Amychos le cruel. Lycos promit de leur élever un monument dominant la mer, où tous les marins pourraient le voir en passant.

A l'aube, au retour du festin de Lycos, comme l'équipage traversait un marécage pour atteindre la galère, un sanglier sauvage surgit des roseaux et chargea Idmon, qui tomba, mortellement blessé. Ses compagnons le portèrent à l'*Argo* où il mourut — confirmant sa propre prophétie. On l'enterra sous un tertre proche des hauteurs d'Achéruse, et peu après Tiphys mourut à son tour, terrassé par un mal foudroyant. On l'enterra sous un tertre près de son compagnon. Cette double perte plongea les Argonautes dans un profond désespoir. Ils demeurèrent paralysés par le chagrin. Enfin, Ancée décida de les secouer un peu. Si l'expédition ne reprenait pas la mer, leur dit-il, jamais ils ne reverraient leur pays natal. Les Argonautes élirent Ancée comme timonier pour remplacer Tiphys, attendirent une brise favorable, et reprirent leur voyage ce douzième jour.

Ils s'arrêtèrent pour rendre hommage à la tombe de Sthénélos, fils d'Actor, puis longèrent rapidement la côte à la voile, guidés par Dascylos, le fils de Lycos. A Sinope, ils prirent trois recrues de plus — Deiléon, Antolychos et Phlogios, abandonnés là à la suite de l'expédition d'Hercule contre les Amazones — puis, à l'embouchure du Thermodon, ils descendirent à terre dans l'espoir de se battre à leur tour contre les intrépides Amazones. Mais un autre vent favorable du nord-ouest les encouragea à continuer leur route et le lendemain, ils passèrent devant les terres riches en fer des Chalybes, qui ne labourent jamais le sol ni ne paissent les troupeaux, mais extraient, au prix de peines infimes, le métal qu'ils vendent pour assurer leur subsistance. Puis les Argonautes longèrent tour à tour le pays des Tibarènes et les montagnes des Mosynchis, qui vivent dans des maisons de bois et font aux yeux de tous ce que les autres peuples accomplissent dans l'intimité. Ils s'accouplent même en public.

Plus loin, ils trouvèrent l'île d'Arès, et lorsqu'ils s'en approchèrent à la rame, ils virent fondre sur eux un des oiseaux féroces qui infestaient l'endroit. L'oiseau décocha une plume acérée qui blessa Oïléos à l'épaule gauche. Eribotès arracha la plume et pansa la blessure. Comme un autre oisau passait à l'attaque, Clytios l'abattit d'une flèche bien ajustée. Sur une suggestion d'Amphidamas, l'équipage se mit en armures et pendant qu'une moitié ramait, les autres protégeaient leurs compagnons avec leurs boucliers. Quand la galère arriva à l'île, les Argonautes déclenchèrent un tel tapage en frappant sur leurs boucliers que tous les oiseaux s'enfuirent, pris de panique, en décochant une pluie de plumes que dévia le toit de boucliers.

Sur l'île d'Arès, les voyageurs rencontrèrent quatre naufragés — les fils de Phrixos. Ces jeunes gens avaient quitté la Colchide pour se rendre au pays de leur père dans l'intention de réclamer leur héritage mais leur bateau colchidien s'était brisé sur un écueil au cours d'une tempête. Accrochés à des épaves, ils avaient gagné l'île d'Arès. Ils demandèrent aux Argonautes de leur porter secours. Jason et les naufragés découvrirent bientôt qu'ils étaient liés par la race, et décidèrent d'unir leurs forces.

Ils allèrent sacrifier à Arès, sur un autel de petites pierres voisin d'un temple sans toit. A l'intérieur se trouvait un rocher noir fixé au sol, tenu pour sacré par les Amazones, qui venaient y sacrifier des chevaux. Jason révéla ensuite le but de sa mission aux quatre princes colchidiens, qui lui promirent d'aider les Argonautes à parvenir en Colchide et d'intercéder en faveur de Jason auprès de leur grand-père, le roi Aïétès. Mais ils prévinrent leurs nouveaux compagnons : malgré leur concours, l'entreprise serait dangereuse. Aïétès était puissant, ses sujets très nombreux, et Jason n'avait aucune chance de s'emparer de la Toison par la force. En outre, elle était gardée par un énorme serpent qui ne dormait jamais.

Poussée par une bonne brise, la galère passa ensuite devant l'île de Phélyra, puis les terres des Macrones, des Sapeïres et des Byzères, et arriva enfin en vue du Caucase, où Prométhée est enchaîné, tandis qu'un aigle se nourrit de son foie. A la tombée de la nuit, les voyageurs parvinrent à l'embouchure du Phasis et, pilotés par Argos, le fils aîné de Phrixos, ils s'engagèrent dans l'estuaire. Ils abaissèrent la vergue et la voile, ôtèrent le mât de l'*Argo,* qu'ils arrimèrent, puis ils remontèrent le fleuve à la rame. Jason fit une libation de vin doux, en reconnaissance, puis, sur le conseil d'Argos, ordonna à ses hommes d'engager la galère au milieu des roseaux, pour la dissimuler pendant la nuit.

Livre III

Les déesses Héra et Athéna, constatant que l'*Argo* était parvenu à destination, tinrent conseil sur la meilleure manière d'aider Jason à obtenir la Toison d'Or. Elles décidèrent de solliciter l'assistance d'Aphrodite. Si Aphrodite pouvait faire en sorte que Médée, la fille d'Aïétès, tombe amoureuse de Jason, la conquête de la Toison deviendrait possible. Aphrodite accepta de demander à Éros, son fils, de décocher à Médée une flèche de son carquois ; mais comme Éros était notoirement capricieux, elle le soudoya en lui promettant un présent — une balle magnifique faite de cercles d'or entrelacés — s'il remplissait sa mission sur-le-champ. Éros accepta et s'envola pour tendre son embuscade.

Pendant ce temps, les Argonautes tenaient conseil eux aussi. Ils décidèrent que Jason, avec Télamon, Augéias et les quatre fils de Phrixos se rendraient ouvertement au palais d'Aïétès pour lui expliquer leur mission. Le petit groupe s'en fut donc, au milieu de bosquets de saules et d'osiers, près du fleuve, à l'endroit où les Colchidiens suspendaient les cadavres de leurs morts dans les arbres. Protégés par une brume propice, ils parvinrent sans être vus jusqu'aux portes du palais d'Aïétès. La cour principale du palais, décorée de marbre et où s'élevaient d'immenses colonnes, s'ornait de quatre fontaines forgées par Héphaïstos : elles déversaient du vin, du lait, de l'huile et de l'eau — cette dernière chaude ou fraîche selon la saison. Pour Aïétès, Héphaïstos avait également forgé une charrue en fer durci et fabriqué des taureaux aux pieds et aux gueules de bronze, qui crachaient un feu violent.

La cour intérieure du palais entourée de chambres et de portiques, desservait des appartements réservés à la reine, au prince Apsyrtos, son fils et héritier du trône, et aux deux filles d'Aïétès — Chalciope et Médée. Cette dernière aperçut les voyageurs qui entraient et son cri alerta Chalciope, qui se précipita dehors pour reprocher à ses fils de l'avoir quittée et d'être partie au pays de leur père. Mais Éros venait d'arriver. Il attendait, une flèche déjà sur son arc. Dès que Médée posa les yeux sur Jason, Éros décocha sa flèche et elle toucha son but. Médée fut transpercée par l'amour.

Quand les visiteurs eurent pris un bain, les serviteurs d'Aïétès leur préparèrent un banquet, et à la fin du repas le roi demanda à ses petits-fils ce qui s'était passé. Argos, l'aîné, lui raconta leur naufrage et leur sauvetage par les Argonautes. Il expliqua que Jason était venu chercher la Toison sur l'ordre d'un roi cruel. Mais Aïétès refusa de croire ce récit. Saisi de rage, il accusa ses petits-enfants d'avoir conduit en Colchide des hommes dont les intentions réelles étaient de s'emparer du trône. Sans les lois de l'hospitalité, il aurait tranché les mains et arraché la langue de ces visiteurs impudents. Il leur ordonna de quitter la Colchide sur-le-champ.

Jason, pour apaiser le roi, lui proposa de gagner la Toison en se battant avec ses Argonautes dans le camp de l'armée colchidienne contre les ennemis d'Aïétès. Le roi, après réflexion, proposa de donner la Toison à Jason, mais seulement s'il triomphait d'une épreuve mortelle : il lui imposa de mettre sous le joux deux taureaux crachant le feu qui paissaient sur la plaine d'Arès, non loin du fleuve. Puis, avec ces bêtes, il labourerait un champ de quatre arpents. Dans les sillons, il sèmerait des dents de dragon, desquelles naîtraient une armée de guerriers en armes, qu'il devrait abattre avant la tombée de la nuit. Il n'obtiendrait la Toison d'Or qu'à ce prix.

Jason accepta les conditions d'Aïétès, malgré le danger, et retourna à l'*Argo* avec ses compagnons pour mettre l'équipage au courant. Argos conseilla alors de solliciter l'aide de Médée, car elle était adepte des arts magiques : seuls ses talents pourraient encore sauver Jason. On en convint, et Argos repartit au palais pour discuter avec Chalciope, sa mère. Celle-ci craignait que la colère d'Aïétès ne se retourne contre ses fils et elle supplia donc Médée d'aider les Argonautes. Médée, déjà sous le coup de son amour pour Jason, savait qu'elle l'aiderait jusqu'au bout, même si cela l'obligeait à trahir son père.

Après une nuit sans sommeil, Médée, accompagnée par ses servantes, partit à l'aube au sanctuaire de la déesse Hécate, dont elle était prêtresse. Informé par Argos, Jason quitta aussitôt l'*Argo* pour se rendre dans ce temple et rencontrer la jeune fille, comme par hasard. Les servantes de Médée se retirèrent pour les laisser seuls ensemble, et Jason implora humblement l'aide de Médée. Quand il se tut, Médée lui remit un onguent qu'elle avait préparé. Que Jason sacrifie à Hécate à minuit, ordonna la magicienne, puis qu'il enduise son corps du baume, le matin venu : pendant une journée il deviendrait invulnérable. Quand il aurait labouré le champ et que la récolte d'homme en armes surgirait, qu'il lance un rocher parmi eux : saisis de confusion, ils se combattraient mutuellement. Il ne lui resterait qu'à achever les survivants. Les yeux de Jason rencontrèrent alors ceux de Médée, et Jason comprit à son tour qu'il était tombé amoureux. S'il survivait à l'épreuve, dit-il à la jeune fille, il l'emmènerait en Grèce avec lui, et elle serait sa reine.

Ils se séparèrent, et cette nuit-là Jason suivit les instructions de Médée. Il fit son sacrifice à Hécate puis, au matin, s'enduisit de l'onguent magique, dont il mit quelques gouttes sur son bouclier et son javelot. Ses compagnons voulurent vérifier les effets du charme, et ils constatèrent que même les coups les plus violents ne pouvaient endommager les armes de Jason. L'équipage remonta alors le fleuve à la rame jusqu'à la plaine d'Arès, où Aïétès et ses guerriers attendaient, pour assister à l'épreuve. Jason bondit à terre, avec les dents de serpent qu'il devait semer, et deux taureaux soufflant le feu se précipitèrent à l'attaque. Sans se soucier de leur haleine brûlante, Jason s'empara d'eux et les mit sous le joug. Puis il les attela à la charrue d'acier et leur fit labourer le champ, si bien qu'à la fin de l'après-midi, les quatre arpents étaient ensemencés des dents du dragon. Alors la récolte de guerriers nés de la terre leva soudain, et comme Médée l'avait prédit, un rocher que Jason lança au milieu du champ provoqua une telle confusion qu'ils se battirent entre eux. Jason tailla en pièces ceux qui restaient. A la tombée de la nuit, l'épreuve était terminée et les Argonautes regagnèrent leur bateau, tandis qu'Aïétès se retirait dans sa ville en songeant au meilleur moyen de se débarrasser de ces intrus.

Livre IV

Cette nuit-là, tandis qu'Aïétès complotait l'élimination des Argonautes, Médée se glissa hors du palais pour gagner l'endroit où l'*Argo* était amarré à la berge. Elle pressa l'équipage de ramer jusqu'au bosquet sacré où se trouvait la Toison. Elle débarqua avec Jason et le conduisit dans l'enceinte consacrée. L'énorme serpent les entendit venir et se mit à siffler, pour donner l'alarme. Mais Médée apaisa le serpent par une douce mélopée et lorsqu'il se détendit, elle lui lança dans les yeux une drogue magique, qui endormit le reptile. Jason arracha la Toison du chêne, et les deux amants prirent la fuite vers la galère, Jason chargé de la Toison scintillante. Dès qu'ils furent à bord, l'*Argo* s'élança vers l'aval, pour sortir des eaux du Phasis avant que les Colchidiens ne leur barrent le passage.

Ils y parvinrent de justesse. Déjà le roi Aïétès dans son char de guerre conduisait une armée de guerriers le long du fleuve. A l'arrivée des Colchidiens, l'*Argo* prit le large. Saisi de fureur, Aïétès menaça ses hommes des pires châtiments si Médée et la Toison n'étaient pas ramenées. Le jour même, la flotte colchidienne appareilla pour poursuivre l'*Argo*.

Héra envoya aux Argonautes une brise favorable, et en trois jours la galère se trouvait au large de la Paphlagonie, où Dascylos, le fils de Lycos, retourna à terre parmi son peuple. L'équipage tint conseil et décida que leur meilleure chance d'échapper aux vaisseaux colchidiens serait de ne pas rentrer en Grèce par les Roches-qui-se-heurtent mais en remontant le Danube, puis en descendant un de ses affluents jusqu'à la mer Adriatique — l'*Argo* traversa donc le Pont-Euxin jusqu'au delta du Danube et embouqua le bras nord. Mais le prince Apsyrtos qui dirigeait la poursuite avait divisé ses forces, et tandis qu'une escadre colchidienne empruntait les Roches-qui-se-heurtent, l'autre s'était également dirigée vers le Danube. Cette escadre prit le bras sud du delta, plus court, et arriva donc dans l'Adriatique avant l'*Argo*. Là, ils tendirent un piège aux Argonautes, et, opposé à des forces largement supérieures, Jason se résigna à parlementer. Mais Médée, apprenant que son destin allait dépendre de la décision d'un roi de la région, reprocha à Jason son manque de cœur. Elle proposa de tendre une embuscade à son frère Apsyrtos : elle lui fit croire qu'elle avait été enlevée et entraînée sur l'*Argo* contre son gré, et elle l'invita, seul et sans armes, à une rencontre secrète. Là, Jason assassina le prince colchidien, acte si vil que seule Circé, la grande sorcière et sœur d'Aïétès, pourrait effacer ce crime. Mais les Argonautes l'ignoraient — jusqu'au jour où au milieu d'une tempête, l'*Argo* lui-même prit la parole : son étrave parlante leur ordonna de se rendre à l'île de Circé. Ils remontèrent donc le fleuve Eridanos puis descendirent le Rhône et débouchèrent dans la mer Tyrrhénienne pour implorer l'assistance de Circé. Elle lava Jason de sa faute, le mieux qu'elle put, par sa magie noire, et l'*Argo* repartit vers la Grèce. En passant à la hauteur des Sirènes, Orphée noya leur chant ensorceleur sous les accords de sa lyre, puis Héra veilla à ce que l'*Argo* passe sans dommage les périls de Scylla et de Charybde, ainsi que le ressac redoutable des îles Mouvantes.

Mais au large de l'île des Phéaciens, les Argonautes durent affronter la deuxième escadre colchidienne qui les attendait et ils auraient péri sans l'intervention du roi Alcinoüs des Phéaciens. Il décréta que Médée pourrait rester avec Jason s'ils étaient vraiment mari et femme. Comme Arêté, l'épouse d'Alcinoüs avait prévenu Médée de ce jugement, Médée et Jason célébrèrent leurs noces dans la grotte sacrée de Macris. Les Colchidiens abandonnèrent donc la poursuite — mais les tribulations de l'*Argo* n'étaient pas terminées pour autant. Une tempête du nord le drossa vers la Libye, où la galère s'échoua sur les bas-fonds du golfe de Syrte. Partis à la recherche d'eau dans le désert, les Argonautes furent guidés jusqu'à une source par les Hespérides, qui se lamentaient encore du vol de leurs pommes d'or par Hercule. Canthos, qui volait un troupeau de moutons pour nourrir ses compagnons affamés, fut tué par une pierre lancée par le berger ; et Mopsos mourut de la piqûre d'un serpent venimeux. Finalement, avec l'aide de Triton, l'*Argo* s'arracha aux bancs de sable du golfe et fit voile vers la Crête, où Talos, le géant de bronze, les empêcha de débarquer en détachant des gros rochers qu'il lança sur les inconnus. Mais Médée l'immobilisa en lui jetant le mauvais œil ; la cheville du géant s'écorcha contre un rocher. C'était le seul point vulnérable de Talos : la veine se brisa sous sa peau d'airain et les humeurs s'écoulèrent. Talos s'écroula et mourut.

Les Argonautes passèrent cette nuit-là en Crête puis repartirent, mais ils tombèrent sur d'étranges ténèbres, d'un noir de poix. Ils auraient fait naufrage dans l'obscurité si Apollon ne leur était pas apparu soudain, pour leur montrer le danger. L'*Argo* mouilla donc dans les eaux de l'île d'Anaphè. Et en passant par Égine, où ils prirent de l'eau, les Argonautes retournèrent enfin sur la plage de leur départ.

ARGO
PLAN GÉNÉRAL

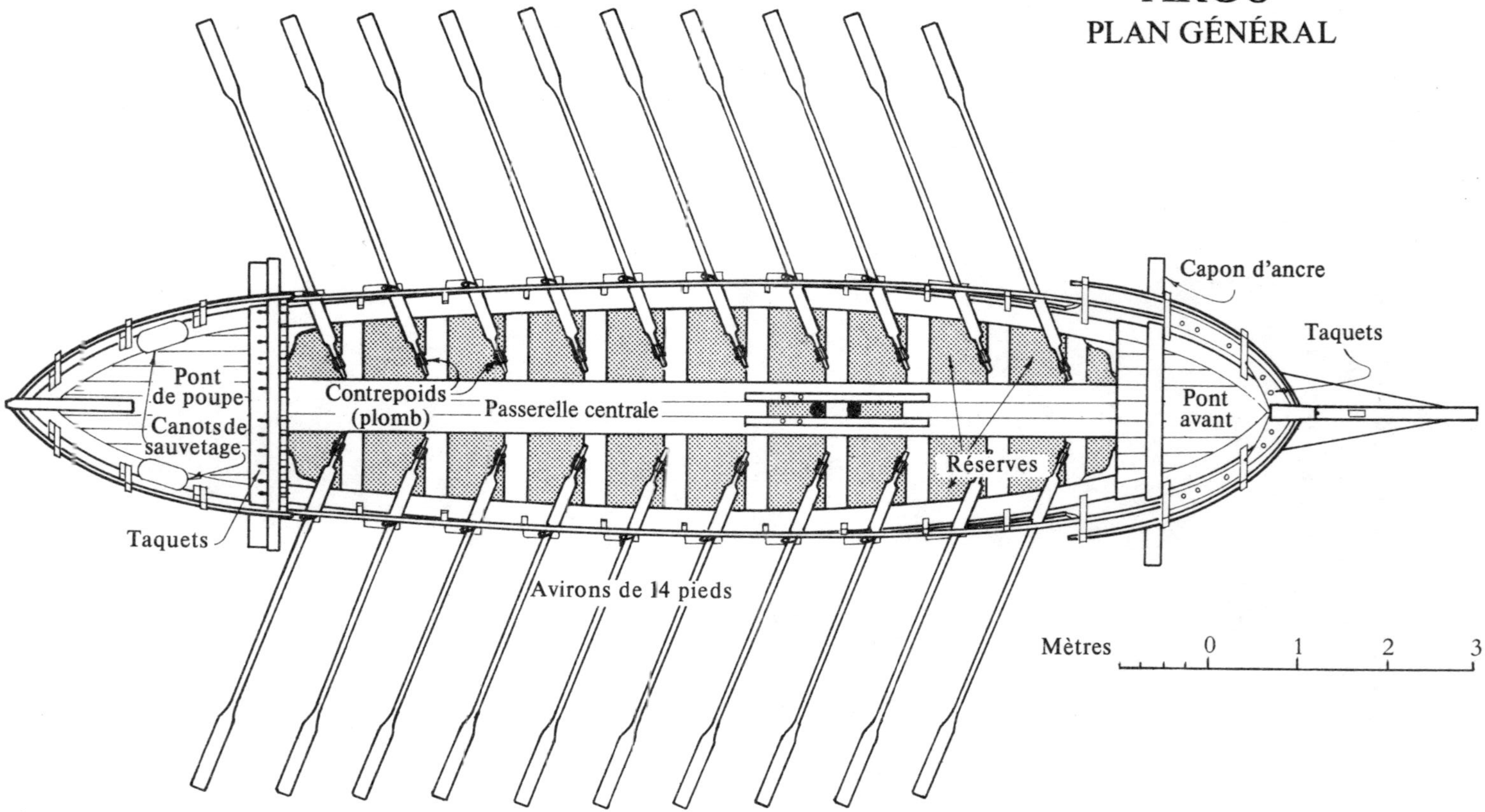

ARGO
PLAN DE GRÉEMENT

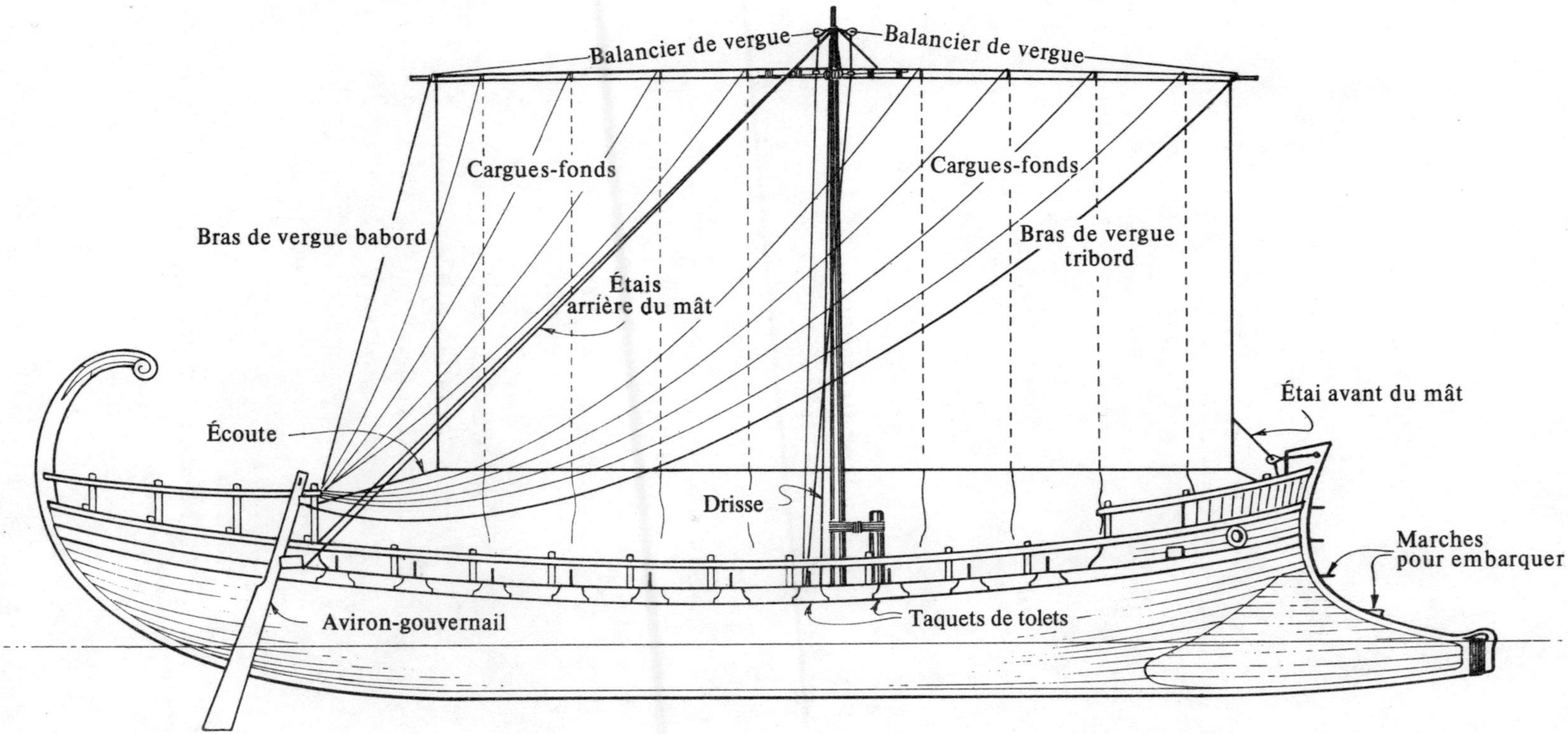

Remerciements

Le récit du Voyage de Jason montre amplement que l'entreprise n'aurait jamais abouti sans l'assistance de nombreuses personnes, dans plusieurs pays. La liste d'« Amis des Argonautes » que nous présentons ici ne saurait être complète, mais elle donne une idée de l'esprit de coopération internationale qui nous a aidés à atteindre notre but.

Je tiens à remercier en premier Sarah Waters, coordinatrice de notre projet. A Windsor, avec la collaboration de Constance Messenger, elle a dirigé le « bureau » de l'expédition avec son tact habituel. Son rôle dans le Voyage de Jason a été vital pour la réussite finale, et il était extrêmement rassurant pour nous de savoir que Sarah, à la « base » de l'expédition, effectuait les tâches quotidiennes à la perfection. De l'autre côté de l'Atlantique, l'équipe du *National Geographic Magazine*, nous a offert une fois de plus son encouragement et le concours photographique pour lequel la revue est renommée à juste titre.

Dans les îles Britanniques, nous avons reçu l'assistance de Lord Killanin ; Dr John Harvey ; Arthur Beale Ltd ; E. E. P. Barrus Ltd (moteur hors-bord pour le canot pneumatique) ; Beaufort Air-Sea Equipment (prêt très généreux de canots de sauvetage et de gilets de sauvetage) ; Henri Lloyd (cirés) ; Munster Simms Engineering (pompes à main) ; le bureau de Londres d'Olympic Airways ; Seafarer Navigation Ltd (radio d'urgence et autre matériel) ; Telesonic Ltd ; et Zodiac UK (canot pneumatique).

En Grèce, Wendy Vosmer s'est avérée sublime dans le rôle qu'un visiteur a décrit, à juste titre, comme celui d'une « mère » pour l'équipe de construction, et j'adresse mes remerciements à Clem et Jessie Wood pour leur hospitalité, qui ne s'est jamais démentie, ainsi qu'à Andy et Métula. En Grèce aussi, merci à Richard Arnold-Baker ; Edward Hékimian, Pandélis Kartapanis, du chantier naval de Pefkakia ; Angelos Kilaïdonis ; Lance Rowell ; Anastasis Rodopoulos ; Harry Tzalas, et Sotiris Zeïbekis, capitaine du port de Limnos. Nous avons également bénéficié de l'aide d'Olympic Airways et de l'Office du Tourisme de Grèce, ainsi que du maire et du conseil municipal de Volos.

En Turquie, j'aimerais remercier la marine turque et notamment quatre amiraux : Mustafa Turumçoglü, commandant des gardes-côtes turcs ; Yasar Onkal, commandant de l'École navale ; Sadun Oztürk, commandant du Bosphore, qui nous a fourni très aimablement un jeu complet de cartes de la mer Noire établies pour la marine turque ; et l'amiral à la retraite Nejet Sérim. Au journal *Milliyet,* Sevin Okyay s'est dépensée sans compter pour soutenir l'expédition, et ce fut toujours un plaisir de la voir quand elle nous rendit visite dans les petits ports de la côte turque. Yelman Emçam, au ministère du Tourisme et de la Culture, invita ses collaborateurs à assister l'*Argo,* et ils le firent avec la gentillesse et l'hospitalité caractéristique des Turcs, en particulier à Çanakkalé (Meryem Basli et Lale Sumer), à Erdek (Vural Mentéséoglü), à Istamboul (directeur régional Çengis Taner) et à Samsun (Erdopan Istankoylü). A Istamboul, Bill Bauer, directeur de l'hôtel Sheraton, a rendu notre séjour beaucoup plus confortable que nous ne nous y attendions ; et le maire, Dalan Bédrettin, non seulement s'est occupé de nous à l'aller, mais a pris soin de l'*Argo* à notre retour. A Erdek, je remercie un autre hôtelier, le propriétaire de l'hôtel Avelok, pour son aide et son hospitalité. Les gouverneurs et les maires de toutes les régions et de toutes les villes où nous sommes passés en Turquie n'ont jamais failli à leur tradition d'hospitalité, et nous gardons d'excellents souvenirs d'Akçakoça, d'Amasra, de Cide, de Samsun de Sinope et de Zonguldak. A Istamboul, nous avons été les hôtes du Yacht-Club de Fenerbaché ; à Eregli Çengiz Guceri nous a servi de guide pour les grottes de l'Hadès, et nous avons été reçus à bras ouverts par Turgut Goray, que m'avait présenté Alpay Cin, président de la Fédération turque de Yachting, dont les membres maintiennent les meilleures traditions de camaraderie entre marins. Quand nous avons brisé des gouvernails, Ayhan Demir (à Sinope) et Hilmi Gurler (à Samsun) nous ont aidés à réparer. Necmettin Akgunduz (à Sinope) et Nihat Sumer (à Samsun) nous ont offert leurs conseils archéologiques compétents. Sévim Berker, qui a collaboré avec l'équipe de télévision de la BBC en Turquie, nous a beaucoup aidés, ainsi que l'équipe de cinéma « à terre », dirigée par John Miller du Manchester TV centre, qui trouvait toujours le temps de nous apporter le courrier et ce dont nous avions besoin, tout en réalisant le documentaire sur notre voyage. La même assistance nous a été fournie par Stephen Phillips, correspondant d'ITN, à l'occasion de ses visites pour rendre compte des progrès de notre expédition.

En URSS, je tiens à remercier le ministère de la Marine marchande d'avoir mis le *Tovaritch* à notre disposition pour le retour à Istamboul, ainsi que pour l'inoubliable réception de l'*Argo* en Géorgie. Pour préparer notre visite en Union Soviétique, c'est la télévision soviétique qui a effectué le gros du travail. Le service des Relations avec l'étranger, sous la direction de Lev Korolyev, m'a mis en relation avec les producteurs de l'émission Voyage-Club de Youri Senkévitch (Stas, en particulier) et avec la commission comprenant Boris Sémyonov, Nina Sevruk, Irina Jélézova et Zinaïda Yevgrafova. Plus tard, Sergeï Skvortsov et Pavel Korchaguine sont venus de Moscou en Géorgie pour nous faciliter la tâche.

J'espère que le texte a déjà donné une idée de l'accueil fantastique que nous ont réservé les Géorgiens, et les grands responsables en sont Nugzar Popkhadzé et Othar Lordkipanidzé. Parmi les archéologues qui nous ont aidés, je tiens à citer

Vachtang Lichéli et Alexandre Alexidzé — ils représenteront ici tous leurs collègues. David Chalikashvili et Tamar Makharoblidzé feront de même pour nos nombreux amis de la radio et de la télévision géorgiennes. Je tiens également à citer les trois chercheurs d'or svans qui ont eu l'amabilité de nous montrer la technique millénaire d'extraction de l'or avec des peaux de mouton. C'étaient : David Dzaparidzé, Walo Gulbani et Alexandre Dzaparidzé.

J'espère que les « amis des Argonautes » dont les noms n'ont pas été cités ici ni dans le texte me pardonneront cette omission. Je souhaite qu'ils aiment le récit du Voyage de Jason, et constatent que les résultats ont rétribué leurs efforts en notre faveur.

Je remercie enfin Monique Kervran, en Grèce, en Turquie et en France ; son analyse pénétrante de l'archéologie et son soutien inlassable nous ont été extrêmement précieux.

Table des photographies

Le Port Sacré **
Danse traditionnel à Erdek **
L'*Argo* remonte l'Hellespont *
L'*Argo* entre dans le Bosphore à Istamboul *
Coups de soleil sur les bras de Mustafa **
A l'entrée de la Corne d'Or *
Jonathan Cloke au match de lutte-à-l'huile **
Effort maximum contre le courant **
Les Roches-qui-se-heurtent **
Restes d'un pilier romain sur les Roches Cyanées *
A la rame au plus étroit du Bosphore *

Entre les pages 158 et 159

L'*Argo* passe au large des Roches Cyanées **
Une flottille de bateaux de pêche turcs accueille l'*Argo* **
Dans la mer Noire, au large de la côte turque **
Cormac O'Connor en train de pêcher **
Peter le coq avec Tim Readman, au marché *
Dr Adam Mackie **
Refuge dans l'anse de Gideros *
Le gouvernail de bâbord se casse *
Des membres de l'équipage carguent la voile *
Le cuisinier maintient le foc de fortune **
Le gouvernail cassé **
Mise en place des attelles *
Réparation temporaire *
Prélude à la tempête, au large de Sinope **
La vergue est baissée **
L'équipage montre des signes de fatigue *
Peter Wheeler, sur le sable noir *
L'aimant attire le sable riche en fer *
Officiers de la douane turque à Hopa **
L'*Argo* entre dans les eaux soviétiques **

Entre les pages 222 et 223.

Le *Tovaritch* vient au devant de l'*Argo* *
Le *Tovaritch* escorte l'*Argo* *
Garde-frontière soviétique **
Les athlètes russes **
Les volontaires géorgiens se mettent aux avirons *
Réception au port de Poti *
Le bouquet de l'arrivée *
Chanteurs traditionnels de Géorgie **
Prairies inondées des rives du Rhioni *
Des fusées marquent la fin du voyage **
Les Géorgiens halent l'*Argo* sur le fleuve **

Le Voyage de Jason

Tout le monde saute par-dessus bord pour pousser**
Gala à Vani : la danse des jeunes garçons*
Flûtiste géorgien*
Commémoration de l'arrivée de l'*Argo* en Colchide*
« La princesse Médée »*
Bracelets d'or massif du 4e siècle av. J.-C. **
Chercheurs d'or svans du Caucase**
Extraction de l'or avec une peau de mouton dans un torrent**

* Photographies de John Egan
** Photographies de Seth Mortimer
*** Photographies de Tom Skudra.

Table des matières

*Cet ouvrage
composé par Bussière
à Saint-Amand-Montrond
a été imprimé et broché par
Pollina à Luçon*

*Achevé d'imprimer en février 1987
N° d'édition : 9509
N° d'impression : 8824
Dépôt légal : mars 1987*

Imprimé en France